Josef Schatz

Die Mundart von Imst

Josef Schatz

Die Mundart von Imst

ISBN/EAN: 9783743308534

Hergestellt in Europa, USA, Kanada, Australien, Japan

Cover: Foto ©Thomas Meinert / pixelio.de

Josef Schatz

Die Mundart von Imst

DIE

MUNDART VON IMST.

LAUT- UND FLEXIONSLEHRE.

VON

DR. JOSEPH SCHATZ.

MIT UNTERSTÜTZUNG DER KAISERLICHEN AKADEMIE DER WISSENSCHAFTEN IN WIEN.

STRASSBURG.
VERLAG VON KARL J. TRÜBNER.
1897.

DIE MUNDART VON IMST.

LAUT- UND FLEXIONSLEHRE

VON

JOSEPH SCHATZ.

MIT UNTERSTÜTZUNG DER KAISERLICHEN AKADEMIE DER WISSENSCHAFTEN IN WIEN.

STRASSBURG.
VERLAG VON KARL J. TRÜBNER.
1897.

HERRN

PROF. DR. JOSEPH SEEMÜLLER

IN DANKBARKEIT

GEWIDMET.

Die Mundart, deren Laut- und Flexionslehre die vorliegende Arbeit behandelt, ist die des Marktes Imst im Oberinntale Tirols. Aus der historischen Entwickelung der Einzellaute ergibt sich, dass sie bodenständig und keine Mischmundart ist. Die ansässigen Bewohner, gegen 2400, sprechen sie einheitlich, es finden sich keine Unterschiede, welche auf eine getrennte Entwicklung Schlüsse gestatteten. Viele haben das Bewusstsein, dass die angeborne Mundart tiefer stehe als die städtische in Innsbruck herrschende, und sie bemühen sich im Verkehr mit solchen, welche die städtische Mundart oder die Schriftsprache gebrauchen, die mundartlichen Eigenheiten möglichst abzustreifen; die auffallenden Unterschiede zwischen der Imster und Innsbrucker Mundart werden dabei in der Regel richtig herausgefühlt. Es sind hauptsächlich *a* für das Imster *ou* (mhd. *ou*), *e* für *a* mhd. *ë* vor *l*, *r*), in den Endsilben sonantisches *n*, *m*, *ŋ* für *ə* (mhd. *-en*). Da auch fast alle Handwerker und Handelsleute des Marktes Landwirtschaft betreiben, ist eine einheitliche Verkehrssprache in Imst gewahrt und dem Eindringen fremder Bestandteile eine bedeutende Schranke gesetzt; denn der Bauer ist so in die Lage versetzt, seine Geschäfte im Markte selbst abwickeln zu können und seine Mundart wird deshalb nicht unmittelbar von einer fremden beeinflusst. Diejenigen Kreise aber, welche in engerem Verkehr mit Innsbruck stehen, können nicht so sehr fremdes Sprachgut (abgesehen vom Wortschatz) in die Mundart bringen, weil sie mit den Bauern nur in der angebornen Mundart verkehren. Diese sind fremdem Einflusse nur schwer zugänglich.

Die Imster Mundart wird ausserhalb des Marktes und der zu ihm gehörenden Weiler Gunggelrün (geschrieben Gungelgrün) und Brennbühel (Brennbichl) noch in Tarrenz, eine halbe Stunde nordöstlich von Imst, in Karres, eine Stunde, und Roppen, zwei Stunden südöstlich, gesprochen. Die nächsten Ortschaften, Wald, Arzl, eine Stunde südlich, Imsterberg, Mils südwestlich haben die Dehnung des *i*, *ë*, *o* vor *r* in weiterm Umfange als Imst lautgesetzlich durchgeführt. Nassreid zwei Stunden nordöstlich von Imst hat *r* vielfach zur stimmhaften, bezw. stimmlosen Spirans entwickelt; der musikalische Hochton ruht zum grössten Teil auf den exspiratorisch schwachtonigen Silben. Östlich davon und östlich von Roppen sind die *n* der Nebensilben erhalten.

Dass unsere Mundart dem bairischen Dialektgebiete angehört, ergibt sich ohne weiteres aus den Vokalen der Stammsilben. Den Verlauf der West- und Nordgrenze des Bairischen in Tirol habe ich in der Deutschen Litteraturzeitung 1895 Sp. 78 f. angegeben. Es ist die tirolische Landesgrenze: Graubündten, Vorarlberg und das Allgäu sprechen alemannisch. Nur der Weiler Lechleiten im obersten Lechtal, der noch zu Tirol gehört, hat die alemannische Mundart wie das eine Viertelstunde entfernte vorarlbergische Wart; das nächste tirolische Dorf Steg im Lechtal ist davon 14 km. entfernt. Die bairischen Grenzorte gegen das Schwäbische sind Forchach, Rinnen, Nassreid; schwäbisch sind Weissenbach, Berwang, Bieberwier.

Eine wissenschaftliche Arbeit über die Imster Mundart ist nicht vorhanden. Vielfach wird das Sprachgebiet des Oberinntals dem Alemannischen oder Schwäbischen zugeteilt. Vgl. Schöpf in Frommanns deutschen Mundarten II S. 332 f., Thaler ebenda III S. 317, beide mit unklaren Ansichten; Weinhold, bair. Gramm. S. 5 (alemannisch), ebenso Behaghel in Pauls Grundriss I S. 539. I. V. Zingerle nannte die Oberinntaler und Vinstgauer „germanisierte Romanen, welche den alemannischen Dialekt angenommen haben . . .“, siehe Tirol. Weisthümer 2, S. VIII f. V. Hintner in Österreich-Ungarn in Wort und Bild, Abteilung Tirol und Vorarlberg 1893 S. 298 weist die ganze Mundart des Oberinntals dem Schwäbischen zu. Den Unterschied zwischen der Sprache des Oberinntals gegenüber dem Schwäbisch-Alemannischen betonen richtig Staffler, Tirol und Vorarlberg, Innsbruck 1839 S. 105 ff. und Schneller, Zeitschrift des Ferdinandeums, Innsbruck 1877 S. 70. Dem Bairischen weisen sie zu H. Fischer, Geographie der schwäbischen Mundart 1895; vgl. auch Karte 26; Kauffmann, deutsche Grammatik[2] 1895 S. 6 und O. Bremer bei Mentz, Bibliographie der deutschen Mundartenforschung 1892.

Die Urkunden des Imster Gemeindearchivs reichen bis 1448 zurück, die des Pfarrarchivs bis 1435. Für die freundliche Zugänglichmachung der Archive sei Herrn Bürgermeister O. Pfeifer und Herrn Kanonikus J. P. Rauch auch an dieser Stelle gedankt. Was sich aus ihnen zur Aufhellung der historischen Entwicklung der Mundart gewinnen lässt, habe ich an Ort und Stelle verzeichnet.

Von in der Imster Mundart verfassten Gedichten sind die von K. Deutsch, A Sträussla vom Barg, Imst 1890 zu nennen, so wie das 'Gespräch über die Herren' von Lutterotti in seinen Gedichten im Tiroler Dialekte, Innsbruck 1854 (1896[3]).

Die Lautschrift ist im Anschlusse an Kauffmann gewählt; nur für den gutturalen Reibelaut habe ich χ statt x verwendet.

Herr Prof. J. E. Wackernell und Herr Dr. Leopold Huter haben den Verfasser durch manche Beihilfe zu Dank verpflichtet; in besonderem Masse aber gebürt der Dank Herrn Prof. J. Seemüller, dessen Anregung und Förderung die Arbeit ihr Entstehen verdankt, der mich auch bei der Korrektur sämtlicher Bogen wesentlich unterstützte, und der kaiserlichen Akademie der Wissenschaften in Wien, welche in freigebiger Weise einen Teil der Druckkosten übernahm und so die Veröffentlichung des Buches ermöglichte.

Innsbruck, am 11. Dezember 1896.

INHALT.

Die nicht mit § bezeichneten Zahlen beziehen sich auf die Seiten.

BERICHTIGUNG.

S. 78 lese man § 63 statt § 53

LAUTLEHRE.

I. ZUR PHONETIK DER MUNDART.

A. DIE EINZELLAUTE.

DIE VOKALE.

§ 1. **Reine Vokale**, solche die dem Gehör von nasalem Beiklange frei erscheinen.

i. Der Zungenrücken bildet am vordersten harten Gaumen bis zur Kante der Alveolen Enge; die Spannung der Zunge ist deutlich fühlbar beim langen *i* (*ī*), weniger beim kurzen *i* (*i*), bei dem auch die Ausflussöffnung etwas weiter ist. Der Klangfarbe nach unterscheiden sich *i* und *ī* der Imster Mundart nicht von einander. Die Lippen bewegen sich beim kurzen *i* schwach seitlich, beim langen *ī* energischer, so dass die Mundwinkel sich öffnen.

e. Die Artikulationsstelle liegt etwas weiter rückwärts als beim *i*. Es hat die Klangfarbe eines mittleren *e*; die Mundwinkel bewegen sich nur schwach seitlich. Zwischen langem und kurzem *e* (*ē* und *e*) besteht kein merkbarer Unterschied der Artikulation oder der Klangfarbe.

ö. Der Zungenrücken ist gegen den mittleren (hinteren) harten Gaumen emporgehoben, die Spannung ist fühlbarer als bei irgend einer anderen Vokalartikulation; die Engenbildung geschieht weiter rückwärts als beim *e*, die Lippen nehmen eine Mittelstellung zwischen Längs- und Rundöffnung ein, die Mundwinkel sind geschlossen.

a. Es hat die Klangfarbe des rein gesprochenen schriftdeutschen *a*; der Zungenkörper senkt sich etwas und bewegt sich schwach nach rückwärts, die Lippen bilden die grösste Öffnung, die bei Vokalen der Ma. vorkommt.

***ǫ*.** Dieser Vokal nimmt seiner Klangfarbe nach ziemlich genau die Mitte zwischen *a* und *o* ein. Der Zungenrücken ist mässig gegen den weichen Gaumen hin gehoben, die Lippen sind etwas vorgeschoben und bilden Rundöffnung. Die Längen *ā* und *ǭ* unterscheiden sich von den Kürzen *a* und *ǫ* nicht.

***o*.** Seine Klangfarbe entspricht der eines mittleren schriftdeutschen *o*. Der Zungenrücken artikuliert weiter rückwärts als bei *ǫ* und *u*, die Lippen werden vorgeschoben und bilden eine Rundöffnung. Langes *o* kommt nicht vor, ebenso nicht langes *ö* (dafür die Diphthonge *ou* und *öi*).

***u*.** Die Engenbildung ist stärker als bei *o*, geschieht aber etwas weiter vorne; die Lippen werden stark vorgestülpt, die Rundöffnung ist schmal, die seitlichen Teile sind geschlossen. *u* und *ū* werden gleich artikuliert.

***ə*.** Es ist der Vokal, der sich bei annähernd passiver Lage der Artikulationsorgane ergibt. Seine Klangfarbe ist der des *a* ähnlich, vor Nasalen der des *o*, *u*. Steht *ə* am Ende eines Satzes, vor einer Pause, so tritt Senkung des Gaumensegels ein, es ist schwach nasaliert.

§ 2. Nasalierte Vokale. Das Gaumensegel hängt schlaff herab wie beim ruhigen Atmen. ***ĩ*, *ī̃*, *ã*, *ā̃*,** unterscheiden sich der Artikulation nach nicht von *i*, *ī*, *a*, *ā*; bei ***ẽ*** ist die Engenbildung etwas stärker als bei *e*, es kommt, abgesehen vom Nasalklang, der Klangfarbe des schriftdeutschen engen *ē* am nächsten. ***õ*, *ũ*, *ū̃*** entsprechen einem weit gebildeten *o*, *u* in der Artikulation, in der Klangfarbe aber dem *o*, *u* der Mundart. *ẽ* und *õ* kommen nur als Kürzen vor, die Längen dazu sind die Diphthonge *ẽi*, *õu*.

§ 3. Die reinen Diphthonge der Ma. sind:

***iə*.** *i* hat hier die Artikulation und Klangfarbe eines offenen *i*, die Lippen beteiligen sich nur schwach.

***öi*.** *ö* ist hier geschlossener als *ö*, es scheint überhaupt mit einem längeren Teile des Zungenrückens artikuliert zu werden (mouilliert?); das *i* ergibt sich bei dieser Bildungsweise von selbst, wenn die ö-Artikulation, noch während die Stimme tönt, von rückwärts gelöst wird.

ęa. *ę* ist sehr weit gebildet; die Zungenartikulation nach vorne und oben ist schwach. Das *a* kommt dem *a*-Vokal am nächsten, doch liegt es um eine Stufe nach *e* hin.

ai. Der Mund wird bei *a* nicht so weit geöffnet wie beim *a*-Vokal es hat auch etwas hellere Resonanz ohne sich vom *a* weiter zu entfernen; *i* ist weit gebildet, die Lippen artikulieren nur schwach; seine Klangfarbe kommt der des weiten *i* des Schriftdeutschen näher als der des engen *ē*.

au. *a* kommt dem isolierten *a*-Laut fast gleich: *u* ist sehr weit, hat aber *u*-Klang, nicht *o*-Färbung; die Vorstülpung der Lippen ist nicht merklich, dagegen die Bildung der engen Rundöffnung energisch.

ǫa. Das *ǫ* hier unterscheidet sich kaum von dem *ǫ*. Die Lippenartikulation ist dieselbe. *a* ist dem *a*-Vokale sehr ähnlich, bei der Bildung senkt sich Zunge und Unterkiefer.

ou. Bei *o* nimmt man deutlich eine Bewegung der Zunge nach rückwärts wahr, bei *u* eine solche nach aufwärts. Die Lippen nehmen ziemlich dieselbe Stellung ein wie bei *o* und schliessen sich bei *u* noch mehr ohne nach vorwärts sich zu bewegen. *o* ist enger als isoliertes *o*, *u* weiter als *u*.

uə. *u* ist weit gebildet; *ə* hat hier eine *o*-Färbung, doch tritt nicht irgend ein bestimmter Vokalklang zu Tage.

ui. *u* und *i* sind hier dem Klange nach den isolierten Vokalen *u* und *i* gleich zu setzen, *u* auch der Artikulation nach, während *i* unter schwächerem Ausatmungsdruck gebildet und schlaffer artikuliert wird.

oi (in *lois* Alois, *mǫthois* Mattheus, *moisəs* Moses). *o* und *i* sind weite Laute.

§ 4. Die nasalierten Diphthonge *ĩə*, *ãi*, *ãu*, *õu*, *ũə*, *ũi* sind in Betreff der Mundartikulationen den reinen *iə*, *ai*, *au*, *ou*, *uə*, *ui* gleichzustellen. Für etymologisch vorauszusetzendes *ęa*, *ǫa* erscheint *ĩə*, *ũə*. (Vgl. die geschlossenen *ẽ*, *õ* für **ęn*, **ǫn* § 2). Für *ö* tritt bei Nasalierung die *e*-Artikulation ein. *ei* hat geschlossenes *e*. Das Gaumensegel ist bei all diesen Diphthongen vollständig geöffnet.

§ 5. Die Triphthonge. Wenn sich in der Silbenfolge *uə-ə*, *iə-ə*, *ǫa-ə*, *ęa-ə*, ein *j* (Halbvokal *i̯*) als Übergangslaut einstellt, so wird vor dem *j* noch ein *i* (offen) artikuliert, das sich mit dem Diphthonge zum Triphthong verbindet. *uəijə*, *iəijə*, *ǫaijə*, *ęaijə* z. B. *ruəijə* ruhen, *pliəijə* blühen, *tiəijə* thuen (mhd. Konj. *tüejen*), *mǫaijə* Mai (mhd. *meie*, *meije*), *gęaijə* gehen (Konj. Präs.), *fręaijə* Frohsein (ahd. **frôî*). Doch wird in diesen Fällen überall auch die Form mit Schwund des *j* gebraucht, also: *ruə-ə*, *pliə-ə*, *tiə-ə*, *mǫa-ə* *gęa-ə* *fręa-ə*. Nasalierte Triphthonge sind nur im Satzgefüge möglich; *kχuə̃ijǭr* kein Jahr (*kχuə̃-*), *si giə̃i jǭ* sie gehen ja (*giə̃-*).

DIE KONSONANTEN.

§ 6. Der Halbvokal *j* ist ohne wahrnehmbares Reibegeräusch; der Zungenrücken artikuliert in derselben Höhe und an der gleichen Stelle wie für ein weites *i*.

§ 7. *r* ist in Imst, Tarrenz und Nassreid fast ausschliesslich uvular; im weitern Oberinnthal werden Zungen *r* und Zäpfchen *r* neben einander gesprochen. Die Hinterzunge bildet eine Längsrinne, in der das Zäpfchen schwingt. Je energischer diese Artikulation ausgeführt wird, um so deutlicher ist das *r* für das Gehör. Wird die Rinnenbildung lässig gemacht so hat das Zäpfchen nicht völlig freie Bewegung zum Schwingen und es stellt sich leicht ein Reibegeräusch ein. In Imst ist es im Durchschnitt deutlich hörbar, auch wenn *r* unter sehr schwachem Ausatmungsdrucke gebildet wird, macht das Zäpfchen immer noch einige Schwingungen. Ich habe nur stimmhafte *r* beobachten können. In Nassreid tritt gewöhnlich für *r* stimmhafter gutturaler Reibelaut ein; der ma. Ausdruck dafür ist „scharren“. *šǫrrə*, *šǫʒʒə*.

§ 8. *l*. Das Zungenblatt bildet an der Kante der Alveolen mittleren Mundverschluss. Der Luftstrom tritt entweder an beiden Seiten der Zunge aus, oder nur an einer, während die andere geschlossen ist (bilaterale und unilaterale *l*). Bei der Bildung eines zwischenvokalischen *l* berührt die Zunge die oberen Schneidezähne nie. Nur nach den stimmlosen *t*, *d* ruht die Zunge bei der Bildung des medianen *l*-Verschlusses an den oberen Schneidezähnen. Nach den Labialen *p*, *f* legt sich die Zunge an den hintern Teil der Alveolen. Es kostet mich, wenn ich die *l* in *al*, *il*, *pla*, *fla* an der gleichen Artikulationsstelle bilden will, eine gewisse Aufmerksamkeit. Der Zungenrücken ist aber bei allen *l* verhältnismässig gehoben. Auch der Zungenrücken kann am harten Gaumen mittleren Verschluss bilden. Die so gebildeten *l* sind an die Stellung nach den Gaumenverschlusslauten *k*, *g* gebunden.

§ 9. Die Nasale. ***m***. Der Mundverschluss wird durch die Lippen hergestellt. Wenn stark artikuliertes *m* vor oder nach dem (labiodentalen) *f* steht, berührt die Unterlippe die obere Zahnreihe. Labiodental wird *m* gebildet, wenn es unter schwachem Ausatmungsdruck vor *f* steht. Die Unterlippe liegt an den Oberzähnen, die Oberlippe ist frei und an der Artikulation nicht beteiligt. Vgl. z. B. *tsum firχtə* zum fürchten, *fum fǭtər* vom Vater; *tsum*, *fum* haben den Schwachton. Bei ***n*** bildet das Zungenblatt am Zahnfleisch hinter den Oberzähnen Verschluss. ***ŋ*** wird stets am weichen Gaumen durch den Zungenrücken gebildet. Die Artikulationsstelle hängt von dem voraufgehenden Vokale ab; am weitesten rückwärts liegt sie bei *oŋ*; dann folgen *uŋ*, *aŋ*, *eŋ*, *iŋ*.

§ 10. Die Lippenlaute. Die Artikulationsstellen für die Laute sind die Lippen und Oberzähne. Von stimmlosen kommen vor die labiolabialen Verschlusslaute ***p***, ***b***, und das labiodentale ***f***. Bei *p*, *b* bilden beide Lippen Verschluss, bei *f* die Unterlippe an den Oberzähnen die Reibeenge. Der Stimmton tritt bei *f* nie ein. In der Verbindung *pf* wird *p* zwar bilabial gebildet, aber die Unterlippe berührt auch die oberen Schneidezähne.

Der einzige stimmhafte Laut dieser Gruppe ist ***w***. Das wesentliche Moment für seine Bildung ist, dass die Lippen bis auf einen minimalen Spalt geschlossen sind. Dieser Spalt ist bei mir regelmässig doppelseitig, die Lippen sind in der Mitte geschlossen, zu beiden Seiten ist eine Öffnung kleinster Ausdehnung, die Mundwinkel sind geschlossen; 1/4, kaum 1/3 der Lippen ist geöffnet. — Andere bilden wieder eine einheitliche Lippenöffnung, die oft auch etwas seitwärts liegt. Die doppelseitige Bildung habe ich häufig beobachten können. Ein Vorstülpen der Lippen findet nicht statt, ebenso wirkt auch die Zunge nicht mit; sie bleibt in der Ruhelage. Das Reibegeräusch fehlt immer. *w* kann daher eigentlich nicht zu den Geräuschlauten gezählt werden; es ist von einem bilabialen stimmhaften Reibelaut ebenso entfernt durch Mangel des Reibegeräusches, wie von einem Halbvokal *u̯* durch Fehlen der Zungenartikulation. Am ehesten könnte man unser *w* zu den *l*-Lauten stellen, insoferne bei *l* und *w* die Mundhöhle zum Teil geschlossen ist, die Stimme tönt und keine Geräuschbildung sich einstellt.

§ 11. Die Zahnlaute. Die Verschlusslaute ***t***, ***d*** werden durch Artikulation des Zungenblattes oder -randes an den Alveolen hinter den Oberzähnen gebildet; die Zunge erreicht in der Regel noch die Zähne. Beim Reibelaut ***s*** bildet die Vorderzunge leicht eine Rinne und Reibeenge an den Alveolen. Die Zungenspitze liegt 1/2 cm hinter den Zahnreihen. Der Unterkiefer ist etwas vorgeschoben, die Zahnreihen stehen sich fast gegenüber, ohne sich zu berühren. Oft bewegen sich die Lippen stark seitlich, die Mundwinkel sind dann geöffnet. Durch diese Bewegung der Lippen erhält das *s* eine helle Färbung, weil der Resonanzraum zwischen den Zahnreihen und Lippen verkleinert wird.

š. Die Lippen werden etwas vorgeschoben. Die Zahnreihen sind wie beim *s* gestellt. Die Zungenspitze ist nach oben gekehrt und steht der Kante der Alveolen gegenüber, mit welcher sie einen schmalen Spalt bildet. Mit der Zungenspitze ist auch der Rücken gehoben. Wie weit der Rücken an der *š*-Artikulation Anteil hat, entzieht sich der direkten Beobachtung. Die Rinnenbildung hinter der Zungenspitze wird gefühlt. Die Lippen wirken bei der *š*-Resonanz immer mit, die grössere oder geringere Verschiebung ist individuell. *t*, *d*, *s*, *š* sind immer stimmlos.

§ 12. Die Gaumenlaute. Die stimmlosen Verschlusslaute *k*, *g* werden durch den Zungenrücken am harten Gaumen artikuliert wenn sie nach *e*, *ö*, *i* stehen, am weichen in den übrigen Fällen. Für den stimmlosen Reibelaut χ wird die Reibeenge immer am hintern weichen Gaumen gebildet.

§ 13. Zu diesen kommt der Hauchlaut *h*, der vom praktischen Standpunkte aus den „Konsonanten" zugezählt werden muss. In der Imster Ma. ist er durchwegs ein etymologisch entwickelter Laut.

Wenn im folgenden von der speziellen Bezeichnung „Sonor-" und „Geräuschlaute" abgesehen und von Vokalen und Konsonanten die Rede ist, so sind diese Ausdrücke aus praktischen Gründen gewählt. Für die wissenschaftliche Betrachtung des Verhältnisses der Laute zu einander, für die phonetische und historische Lautlehre, sind die Bezeichnungen Vokale und Konsonanten so eingebürgert, dass man mit rein phonetischen Ausdrücken die Verständlichkeit beeinträchtigen würde.

§ 14. Die Stimmlosen; Fortis und Lenis. Die Verschlusslaute, *p*, *b* — *t*, *d* — *k*, *g*, haben je die Artikulationsstelle gemeinsam. Sie unterscheiden sich durch die Stärke des Ausatmungsdruckes, durch die Art der Verschlussbildung und die Dauer des Verschlusses. Die letztern beiden Faktoren sind von der Exspirationsstärke abhängig. (Vgl. Sievers § 335). Je stärker der Ausatmungsdruck ist, um so ausgedehnter ist die Verschlussbildung und um so länger die Dauer des Verschlusses.

p, *b*. In *loup* Laub, werden die Lippen fest aufeinander gepresst, der Druck der Exspiration ist sehr merklich, die Muskelanspannung wird deutlich gefühlt; sie zeigt sich äusserlich dadurch, dass sich die Lippen nach einwärts bewegen und während der Dauer des Verschlusses in dieser Stellung verharren. Die Dauer des Verschlusses dürfte der des *ou* gleich kommen. Eine genaue Angabe ist ohne exakte Messung nicht möglich. Bei der Bildung des *b* in *loub* Lob, berühren sich die Lippen so zu sagen nur linear. Der Exspirationsdruck ist äusserst gering, die Dauer des Verschlusses nur momentan. Das *b* der Imster Ma. ist das überhaupt mögliche Minimum der stimmlosen Verschlussbildung. Jeder Versuch sie schwächer zu bilden führt zu dem *w*-Laute, mit dem sich der Stimmton verbindet. — *w* ist auch die historische Vertretung des *b* vor Vokalen; *b* hat seine Stelle nur im Auslaut und vor (*l*) *m* (*r*). Es ist unmöglich für die Artikulationsverhältnisse der Imster Ma. das *b*, wie es in *loub* gesprochen wird, vor Vokalen zu bilden; *hǭwə* und nicht **hǭbə*, haben.

§ 15. Analoge Verhältnisse wie bei *p*, *b* zeigen sich bei *t*, *d*. Bei der Bildung des *t* in *raitə* reiten, *rǫt* Rat, wird die Zunge fest an die Alveolen und seitlich an die Backenzähne gedrückt; die Zungenspitze berührt die Oberzähne am Rande des Zahnfleisches, dieses ist durch die Vorderzunge bis zur Kante bedeckt. Der Umfang des Verschlussgebietes ist also, dem energischen Exspirationsdrucke entsprechend, gross. Die Dauer des Verschlusses ist wie bei *p*, also etwa gleich der des *ai*, *ǭ*. In *raidə*, drehen (ahd. *ridan*), *rǭd*, Rad, wird zur Artikulation des *d* der Zungenrand so gehoben, dass er das (mittlere) Zahnfleisch und die Backenzähne gerade berührt. Der Druck der Exspiration ist sehr gering, die Dauer des Verschlusses minimal.

§ 16. *k*, *g*. Bei der Bildung des *k* in *nǫakə* neigen, trans. (**hnaigjan-*) presst sich ein Teil des Zungenrückens unter fühlbarer Muskelspannung an den Gaumen, der Exspirationsdruck ist stark, die Dauer wie bei *p*, *t*. — Beim *g* in *tsǫagə* zeigen, sind Exspirationsdruck, Ausdehnung des Verschlussgebietes und Dauer auf ein Minimum beschränkt.

Die Bezeichnungen Fortis und Lenis (Sievers § 172) sind für die Imster Ma. vollkommen zutreffend, um die beiden homorganen Verschlusslaute (*p*, *b* — *t*, *d* — *k*, *g*) zu unterscheiden. Unsere Verschlussfortes *p*, *t*, *k* sind energisch artikulierte Laute, die Lenes *b*, *d*, *g* weisen ein Minimum der Artikulation (in Ausatmungsstärke, Ausdehnung des Verschlussgebietes und Dauer) auf.

Anm. Wenn Lenis *g* am harten Gaumen artikuliert wird, nach *i* also, kann es vorkommen, dass die Verschlussbildung, — Berührung des Gaumens durch den Zungenrücken — nicht mehr vollständig ausgeführt wird. In diesem Falle stellt sich der Stimmton ein; es ist kein Reibelaut sondern eine Art *i*, das den Übergang zur folgenden Silbe bildet; von einem Reibegeräusch ist nichts wahrzunehmen. *štaiɡə* steigen, kann als *štaiįə* gesprochen werden. Regelmässig wird aber auch hier die Verschlussbildung durchgeführt; der Stimmton hört auf einen Moment auf. — Der Übergang des *ɡ* in *į* ist derselbe, welcher bei *b* (in *w*) seit Jahrhunderten schon durchgeführt ist. Bei *d* kann ich eine derartige schlaffe Durchführung der Artikulation nicht beobachten.

§ 17. *ff* und *f*. *šlǭffə* schlafen, *hǭfə* Hafen. Die Unterlippe liegt an den oberen Schneidezähnen und Eckzähnen und bedeckt sie zum Teil, d. h. sie berührt die Zähne vielfach ohne völligen Verschluss herzustellen. Der zur Bildung des *ff* verwendete Exspirationsstrom ist stärker, die Dauer ungefähr der des *ǫ* gleich. Die Enge, welche die Unterlippe bei *ff* an den Zähnen bildet, ist stärker als bei *f*, ebenso die Berührungsbreite; die Unterlippe ist etwas mehr gehoben. Bei der Lenis *f* ist der Ausatmungsdruck bedeutend schwächer, die Dauer nicht so gross, doch ist der Unterschied zwischen *ff* und *f* in Exspirationsdruck und Dauer nicht so bedeutend wie bei den Verschlusslauten *p* und *b*. Die Lenis *f* stellt nicht das Minimum der für die Bildung möglichen Artikulationsfaktoren dar. Dieses Gegenüber von Fortis *ff* und Lenis *f* hat die Mundart nur im Inlaut zwischen Vokalen in der Stellung nach der Starktonsilbe. Im Auslaut ist nach kurzem, betontem Vokale die Fortis in derselben Stärke wie in *šlǭffə*; vgl. *šǫff* Schaff, *huff* Hüfte (mhd. *huf*). Nach langem Vokale: *kχouf* Kauf, (ahd. etymol. *kouff*) und *houf* Hof, hat die Artikulation, was Energie der Verschlussbildung, Exspirationsdruck und Dauer anbetrifft, eine gewisse mittlere Stärke. Nach meiner Beurteilung hält der Reibelaut *f* in dieser Auslautstellung die Mitte zwischen *ff* und *f*.

§ 18. *ss* und *s*. *hǫassə* heissen, *hǫasər* heiser; bei *ss* ist die Ausflussöffnung sehr klein, die Zunge wird seitlich fest an die Backenzähne und an die seitlichen Teile der Alveolen gedrückt. Die Bildung der Reibeenge hat grössere Ausdehnung; der Exspirationsdruck ist stark und das Zischgeräusch scharf. Im gleichen Verhältnisse ist die seitliche Artikulation der Lippen energisch. Für *s* ist der verwendete

Ausatmungsdruck schwach, die Engenbildung schlaff, die seitlichen Teile des Zahnfleisches werden nicht berührt oder nur schwach, die Reibeöffnung ist grösser. Auch die Bildung der Lenis *s* kann nicht das Minimum der möglichen Artikulation genannt werden (wie *f* nicht). Im Auslaut: Nach kurzem, betontem Vokale steht Fortis *ss*, *hǫss* Hass, nach langem ein *s* (*hǫas̱* heiss, *rǫas̱* Reise), das gleich wie auslautendes *f* eine mittlere Stellung zwischen Fortis *ss* und Lenis *s* einnimmt. Der Ausatmungsdruck ist schwächer als bei *ss*, stärker als bei *s*, die Enge der Reibung so, dass die Zunge noch die seitlichen Teile des Zahnfleisches berührt, ohne sie wie bei *ss* fest zu decken; ebenso ist die Dauer eine mittlere. (*ff* : *f* : *f* = *ss* : *s̱* : *s* = 3 : 2 : 1).

§ 19. *š* und *χ*. *š* kommt im Inlaute nur als Fortis vor. Zwischen dem *š* in *wašə* waschen (genauer *waššə* mit Geminata) und in *flaišig* fleischig, besteht kein Artikulationsunterschied. — Im Auslaut zeigt sich nach langem Vokal eine mittlere Stufe analog wie bei *f*, *s*. Ausatmungsdruck und Dauer sind in *flaiš̱* Fleisch, *rauš̱* Rausch, etwas geringer als in *waššə*, *fiš* Fisch.

χ ist wie *š* Fortis. Der starke Exspirationsdruck verlangt hier starke Engenbildung. Der hintere Zungenrücken schliesst sich fest an die seitlichen Mundwände und bildet mit dem hintern weichen Gaumen die schmale Reibeenge. Im Auslaut nach langem Vokal (Diphthong) ist die Artikulation des *χ* etwas schwächer als bei *š*: *wǫχ* wach, *siχχər* sicher, *rouχχə* rauchen, *rouχ* Rauch; *š* und *χ* sind energisch artikulierte Laute; sie sind als Fortes zu bezeichnen. Die Lenes dazu lassen sich leicht bilden, sind aber der Ma. fremd.

Anm. (über die Lautschrift). Allen diesen Abstufungen der Reibelaute durch die Schreibung gerecht zu werden, geht aus praktischen Gründen nicht an. Die Fortes *ff*, *ss* müssen, da ihnen Lenes gegenüber stehen, von diesen geschieden werden; sie können am klarsten durch Doppelschreibung bezeichnet werden. Für *š*, *χ* ist Doppelschreibung nur da verwendet, wo sie als Geminata nach kurzem Vokale stehen. Die Reibelaute mittlerer Qualität können leicht unbezeichnet gelassen werden, da sie an die Auslautstellung nach langem Vokal (Diphthong) gebunden sind. Wo ein Abweichen von dieser Norm nötig ist, wird es besonders angemerkt.

§ 20. Sonore Konsonanten. *ll* und *l* in *fǫll* Fall, *tǭl* Tal, *fǫllə* fallen, *tsǭlə* zahlen. Bei *ll* ist der Stimmton kräftiger, die Artikulation der Zunge energisch. Die Zunge legt sich fest und breit an die Kante der Alveolen und lässt seitlich (bezw. nur auf einer Seite) nur einen Spalt offen. Bei der Bildung des *l* in *tǭl*, *tsǭlə* ist es nur eine momentane Berührung.

rr und *r* in *dirr* dürr, *fir* für, *kχǫrrə* Karren, *špǭrə* sparen. Zur Artikulation des *rr* wird eine kleine Ausflussöffnung für den Exspirationsstrom gebildet. Die seitlichen Teile der Hinterzunge sind fest an die Mundwände gelegt, das Zäpfchen schwingt energisch in der Rinne. Bei *r* ist die Ausflussöffnung gross, das Zäpfchen macht nur ein paar Schwingungen.

mm und *m*; *štomm* Stamm, *poūm* Baum. Für *mm* ist energischer Lippenverschluss in breiter Ausdehnung gefordert, bei *m* berühren sich die Lippen so zu sagen nur linear.

Analog ist es bei *nn* und *n*. *rinnə* Rinne, *pīnə* Bühne; für *nn* ist das Verschlussgebiet breit, für *n* möglichst gering.

Ebenso ist es für *ŋŋ* und *ŋ*; *hoŋŋə* hangen, *hūeŋərt* Heimgarten. Bei *ŋŋ* erstreckt sich der Verschluss über einen grossen Teil des weichen Gaumens und ist fest gebildet; bei *ŋ* ist nur schwache Artikulation.

Die Fortis der Sonorlaute ist von der Stärke des Stimmtones bedingt (Sievers § 173). Die kräftigere Artikulation ist von dem Ausatmungsdrucke abhängig. Dazu kommt, wenn die Fortis im Auslaut oder zwischen Vokalen steht, ein drittes Moment, durch welches sie von der Lenis geschieden ist, die Dauer. Nach kurzem starktonigem Vokal ist jeder Sonorlaut Fortis. Folgt ihm ein silbenschliessender Konsonant, so ist seine Dauer nicht so gross, wie wenn er frei steht. In *omt* Amt, *hunt* Hund, *wәlt* Welt, *hǫrt* hart, sind *m*, *n*, *l*, *r* mit starkem Exspirationsdruck gebildet, aber die Artikulation wird nicht so lange eingehalten wie bei den obigen *mm, nn, ll, rr, (ŋŋ)*. Die Dauer ist also bei den Sonor-Fortes nur accidentell nicht essentiell.

Für *j* und *w* sind, was schon durch ihre Artikulation bedingt ist (§ 6. 10), keine Stärkeabstufungen vorhanden. (Doch vgl. § 26)

B. LAUTVERBINDUNGEN.

§ 21. Einsatz und Absatz der Laute. Für alle Laute ist der leise Ein- und Absatz Regel. (Sievers 360. 367). Fester Ein- und Absatz kommt bei Vokalen vor, der Einsatz am Beginne des Satzes, wenn der anlautende Vokal mit besonders starkem Exspirationsdruck erzeugt wird; z. B. *'ǭhə!* als Befehl, „herab". *'ouder?* zornig fragend „oder". Aber auch der leise Einsatz kommt hier vor. Der feste Absatz findet sich bei einsilbigen, vokalisch auslautenden Wörtern wie *jǫ'* zweifelnd „ja" (aber es könnte doch anders sein . . u. ä.) *nā'* „nein" (— doch nicht). Die *h* der Ma. stehen nur vor Sonorlauten und sind, vom phonetischen Standpunkte aus beurteilt, gehauchte Einsätze, *'ǭr* (*hǭr*), Haar, *ǭ'ə*(*ǭhə*), *štǭ'l* (*štǭhl*), Stahl, *nā'nər* (*nāhnər*). näher u. a. Die Interjektion „hm" (vgl. Sievers 371, Heusler, Alem. Kons. von Basel-St. S. 126) kommt in Imst in mehreren Schattierungen vor; *'m*, nun ja, *'m'ŋ* (mit Betonung des zweiten *m*) ja, *'ŋ'm* (mit Betonung des ersten *m*) ja freilich; *'ŋ'm* „nein!" (auch *'ŋ'm*) u. a.

Gehauchter Absatz fehlt. Die Ma. hat keine Aspiraten. Nur wenn wortanlautendes *h* im Satze nach einem Verschlusslaut zu stehen kommt, bleibt der Hauch. Vgl. *phauptə* behaupten (*p'auptə*), *thennə* die Henne (*t'ennə*), *tsǫaghça* zeig her (Silbentrennung *tsǫa-ghça* und *tsǫag-hça*), *grǭdhǫllwə* gerade halb Uhr (*grǭ-dhǫllwə* und *grǭd-hǫllwə*). Kehlkopfverschluss kann bei Verschlussfortes eintreten, wenn sie aussergewöhnlich stark artikuliert werden. So beim Rufen auf weite Entfernung *jǫkkl priŋŋ tlǫttə nauhə* Jakob, bringe die Latte herauf. In der gewöhnlichen Rede fehlt er.

§ 22. Für die Berührungen der Laute im Worte und Satze gilt der direkte Übergang (Sievers 378 f.). Wenn Vokale, die verschiedenen Silben angehören, zusammentreffen, herrscht der direkte Übergang; es kann *j* als Übergangslaut eintreten, wenn der die zweite Silbe anlautende Vokal *ə* ist. *j* wird immer gesprochen bei der Silbenfolge *i-ə*: *rui(i)jə* reuen (**ruien*), *pfui jə wurm* pfui ein Wurm, *saijə* seien (und 'sei ein'), *kχlǫa-ə* und *kχlǫaijə* Klaue (mhd. *klô*), *ruəə* und *ruəijə* ruhen (mhd. *ruowen, ruoen*). Ist der erste Vokal lang, so ergibt sich bei einem *j*-Übergang ein Diphthong mit langem erstem Komponenten: *māə* und *māijə* mähen, *sā-ə* und *sāijə* säen, *kχrǭə* und *kχrǭijə* Krähe u. a. Ist der erste silbenauslautende Vokal *ə*, so stellt sich immer *n* als Übergangslaut ein. *ə guətə n ǫrt*, eine gute Art (*ə guətə tsait*, eine gute Zeit), *ə n ǫrm*, ein Arm, *si göiwən ǫlls* sie geben alles (*si göiwə dər* sie geben dir). Dieses Übergangs *n* hat sich aus historischen Gesetzen entwickelt (§ 73). Über die Diphthonge und Triphthonge der Ma. (d. h. über die zwei (drei) Komponenten einer Vokalreihe) vgl. § 3 und 5.

Folgt in einem Worte auf den Vokal ein Nasal *m*, *n*, *ŋ*, so wird die Artikulation des Konsonanten in der Weise vorweg genommen, dass schon bei Beginn des Vokals (Diphthongs) das Gaumensegel gesenkt wird und der Nasenzugang vollständig offen steht. Dies gilt nur für das Wort, nicht für den Satz. *hõnt* Hand, *sũnnə* Sonne, *nĩmm* nimm, *lõŋŋ* lang, *nũ̃nə* neun, *tsũ̃nə* zäunen, *nõumə* Namen, *hũ̃əŋərt* Heimgarten, *hā̃mərə* hämmern, *šĩnə* Schiene. Aus praktischen Gründen ist im folgenden der Nasalvokal nur bei Längen (Diphthongen) bezeichnet (mit ˜), weil nach einem kurzen nasalierten Vokal immer der die Nasalierung bewirkende Nasalkonsonant erhalten ist; bei Längen ist auslautendes *n* geschwunden (die Verschlussbildung wird nicht mehr ausgeführt). *põũ* Bahn, *tsũ̃ũ* Zaun, *rĩ̃ə* Rain, *šẽ̃ə* schön, *mā̃tig* Montag, *sĩšt* sonst, *ĩ* Inn, *sũ̃* Sohn.

VERBINDUNGEN DER KONSONANTEN UNTEREINANDER.

a) Änderungen der Artikulationsart.

§ 23. Homorgane Konsonanten. *p*, *b* explodieren, wenn *m* auf sie folgt durch die Nase. *kχlaupmər* klaube mir, *ǫarppībmə* Erdbeben (mhd. *bibenen*). *p*, *b*, *m*, behalten zwar, wenn ihnen *f* folgt, ihre bilabiale Verschlussbildung, zugleich wird aber durch die Vorausnahme der labiodentalen Artikulation des *f* die Unterlippe an die Oberzähne gehalten. In den Verbindungen *pf* (**bf* erscheint als *pf*), *mf* ist *p*, *m* labiolabiodental. *pfail* Pfeil, *loup fiərə* Laub führen, *fimmfə* fünf, *ummfǫllə* umfallen. — Über ein labiodentales *m* vgl. § 9. Für die Verbindung *mf* ist noch der besondere Fall zu beachten, wenn *f* im Auslaut steht; es ist in dieser Stellung von mittlerer Stärke § 17. *mf* kann da regelmässig wie im Inlaut artikuliert werden, oft hört man aber dafür *mpf fimmf* und *fimpf* 5. *p* ist hier erzeugt durch Hebung des Gaumensegels und Aufhören des Stimmtones vor der Lösung des Lippen(zahn)verschlusses für *m*. Die Ursache ist die energischere Artikulation des *f*. — In den Wörtern *hompf* Hanf, und *sempf* Senf (mhd. *hanef*, *senef*, germ. *p*) ist das *mpf* fest geworden. Für den umgekehrten Fall, für *fp*, *fm*, tritt keine Änderung der Artikulation ein.

t, *d* werden, wenn sie mit *š* zusammentreten, etwas weiter rückwärts artikuliert als in der Stellung zwischen Vokalen (*dš*, *šd* wird zu *tš*, *št*). Doch ist der Unterschied nicht gross. Die Zungenspitze, die bei *t* (zwischen Vokalen) in der Regel noch das Zahnfleisch bis zu den Zähnen hin bedeckt, reicht in diesem Falle bei der Verschlussbildung bis zur Mitte der Alveolen. Die Ursache ist zu frühes Zurückziehen der Zunge für die *š*-Bildung, bezw. bei *št* der enge Anschluss der Verschlussartikulation an die Engenbildung; *pötštǫt* Bettstatt, *rǫtšuəχ* Radschuh, *pištǭ?* bist du da? Für die Verbindung *nn* und *l* (Lenis *n* und *l* kann nicht vorkommen, weil auslautende Lenis *n* geschwunden ist) ist das Auftreten eines *d* charakteristisch, *nndl*. Das Gaumensegel wird immer einen Moment früher gehoben, bevor der Mundverschluss des *n* seitlich gelöst wird; dadurch wird eine *d*-Artikulation erzeugt, mit der sich ein momentanes Aussetzen des Stimmtones verbindet. Dieses *d* ist der Lenis *d* völlig gleich. *l* ist stimmhaft. In der gleichen Weise ist das *t* in der Fügung *nn š* zu *nntš* zu erklären: Hebung des Gaumensegels und Aufhören des Stimmtones vor der Mittelöffnung des *n*-Verschlusses. Vgl. für *nndl* *manndlə* Männlein, *kχonndlə* Kanne (mhd. *kanele*), *prinndlə* Brünnlein zu Brunnen, *trenndlə* ein Kleid auftrennen (mhd. **trennlen*), *i pinn dlaiχt tsfrīdə* ich bin leicht zufrieden, *pann dliəχt* beim Lichte, *mennts* Mensch, *winntšə* wünschen, *i honn tšiər* ich habe schier, *wenn tšüə* wenn schon. Auch zwischen *l* und *š* wird *t* artikuliert; der mittlere Verschluss des *l* wird erst gelöst, nachdem die Zunge die seitliche Verschlussartikulation für das *š* gebildet hat. *wɑltš* wälsch, *föltšə* fälschen, *wiltš* willst, *hǫaltš* heilst du, *tǫaltštokχ* Teilstock (am Brunnen), *ər willtšeŋkχə* er will schenken. Bei der Verbindung von *nn*, *l* mit *s* wird die Artikulation regelmässig durchgeführt: *honns* Hans, *i pinns* ich bin es, *hǫlls* Hals. Der Grund der verschiedenen Behandlung in den Verbindungen von *nn*, *l* und *š* einerseits, *nn*, *l* und *s* anderseits liegt in der energischen Artikulation des *š*, zu dessen Bildung auch ein breiterer Teil der Zunge verwendet wird. Bei *šn*, *šl* wird die Bildung für beide Teile normal durchgeführt. In *tl*, *dl* explodieren *t* und *l* seitlich, in *tn*, *dn* durch die Nase. *s* und *š* wird zu *ś*: *aušüs* Ausschuss, *wǫš-śraišt?* was schreist du?

§ 24. Nicht homorgane Konsonanten.

1. Labiale und Dentale. Bei *pl*, *bl* wird die Zungenstellung für *l* während des Verschlusses des *p*, *b* gebildet.

Anm. Für *bl* wird häufig auch *wl* gesprochen, je nach der Silbentrennung. Man spricht sowohl *grā-wlə* als *grāb-lə* „Gräblein". *b* steht im zweiten Falle im Auslaut, wo *w* nicht vorkommt. Eine Aussprache *grāw-lə* mit der Silbengrenze nach *w* ist nicht vorhanden.

Bei *pn* wird der Lippenverschluss erst gelöst, nachdem der Zungenverschluss für das *n* gebildet und das Gaumensegel geöffnet ist. Wir haben in diesem Falle ein *n*, das im Beginne einen Doppelverschluss, linguodentalen und labialen hat. Die Resonanz eines so gebildeten *n* ist nicht ganz dieselbe wie die eines bloss durch Zungenverschluss erzeugten, doch ist der Unterschied nur eben wahrnehmbar. (Es muss also der zwischen den Zähnen und Lippen liegende Mundraum an der Resonanz teilnehmen). *kχnǫp nöinə* knapp neben.

2. Labiale und Gutturale. *m* und *k*, *g*: der Verschluss

des *k*, *g* wird gebildet noch während der Dauer des *m*. Es liegt in diesem Falle ein Nasallaut vor mit gutturaler und labialer Verschlussbildung. Selten ist es, dass die Lippenverschlussbildung vollständig aufgegeben wird und *ŋ* für *m* ein tritt: *uŋgöiqət* Umgebung („Umgegend"). Doch wird auch bei dieser Lautverbindung das Aufgeben der *m*-Artikulation (Öffnung der Lippen und Schliessung des Gaumensegels) und die Bildung des *g*-Verschlusses gleichzeitig durchgeführt, wenigstens kann ich beide Arten an mir beobachten.

3. Gutturale und Labiale. *ŋŋ* und *m*. Der Lippenverschluss wird gebildet, während die Zunge noch den weichen Gaumen abschliesst: *loŋŋmər* lange mir. Bei *ŋŋ* und *f*: Während der Verschlussstellung für *ŋ* wird noch das Gaumensegel gehoben und der Stimmton aufgegeben, also ein Teil der *f*-Artikulation vorausgenommen. Der so entstehende gutturale Verschlusslaut ist von kurzer Dauer. *loŋŋ kfǫar* lange vor.

4. Gutturale und Dentale. *k*, *g* und *s*. *s* ist hier ein wenig weiter rückwärts artikuliert als in der Stellung zwischen andern Lauten. Die Färbung des Geräusches liegt eine Stufe gegen *š* hin, doch ist es immer noch deutlich als *s* gefühlt. *ǫkslə* Achsel, *i sǫks* ich sage es. Die Ursache ist die Zusammenziehung der Zunge nach rückwärts bei der Bildung des gutturalen Verschlusslautes, sie wird für die *s*-Bildung nicht in die Lage der reinen *s*-Artikulation vorgeschoben. *k*, *g* und *l*. *l* ist hier am Gaumen gebildet, der Zungenverschluss des *g* wird bloss seitlich gelöst. Doch fühlt man bei *kl*, dass sich mit der seitlichen Öffnung auch der hintere verschlussbildende Teil des Zungenrückens vom Gaumen entfernt; der vordere bleibt in seiner Stellung. Bei *ŋŋ* und *š* entsteht ein *k* in gleicher Weise wie *t* in *nnts* aus **nš*. *oŋŋkšt* Angst, *heŋŋkšt* hängst, *i priŋŋk šūə* ich bringe schon. Bei der Verbindung *ŋŋ* und *s* erscheint dieses *k* wohl im festen Wortkörper nicht aber im Satze: *loŋksom* langsam, aber *i priŋŋ sə* ich bringe sie. Wahrscheinlich hat sich das *g* im ersten Falle erhalten in der Fügung *ngs* (als *ks*); *ks* ist dann als Produkt etymologischer Entwicklung,

nicht phonetischer Faktoren anzusehen. *n* wird nach *k* und *g* zu *ŋ*. *in wöigŋǭχ* dem Wege nach, *nǫakŋ* neige ihn.

5. Dentale und Labiale. Die dentalen Verschlusslaute *t*, *d*, *n* werden zu labialen vor den Lippenlauten *p*, *m* und vor *f*. — Natürlich treten dann die Modifikationen ein, welche oben § 23 erörtert wurden: *ər hǫt pǫld* wird zu *ər hǫp pǫld* er hat bald; *ə hompfoll* aus *ə hont foll* eine Hand voll, *šnaidəpmə* aus *šnaidət mə* schneidet man, *grǭpinni kχemmə* gerade bin ich gekommen, aus *grǭd pinni*; *ə röid fiərə* wird zu *ə röip fiərə* eine Rede führen; *ə šombmǫχχə* aus *ə šond mǫχχə* eine Schande machen. Hier und in *hompfoll* haben wir Beispiele, welche zeigen wie intensiv diese Assimilation ist; alle voraufgehenden dentalen Verschlusslaute werden zu labialen; *wenn fǭršt* wird zu *wemm fǭršt* wann fährst du? *i honn prǭχt* zu *i homm prǭχt* ich habe gebracht, *i pinn mit gwöst* zu *i pim mit gwöst* ich bin mit gewesen.

6. Dentale und Gutturale. *t*, *d*, *n* werden vor *k*, *g* zu *k*, *g*, *ŋ*: *furt gə̄* zu *furk kə̄* fort gehen, *gwont kχǫštə* zu *gwoŋk kχǫštə* „Gewand Kasten“ Kleiderkasten, *untərs rǭk kχemmə* aus *rǭd kχ* unter das Rad kommen.

Anm. 1. Es muss erwähnt werden, dass bei der Verbindung *mš* sich kein *p* als Übergangslaut einstellt, sondern direkter Übergang besteht: *imšt*, nicht *impšt*, Imst: *kχamš* kämest du; die Schreibung „Imst“ kam erst im vorigen Jahrhundert zur Geltung. Früher findet man immer *Ymbst* geschrieben (*Ymbst*). Wahrscheinlich wurde der Übergangslaut auch gesprochen. Für *mt*, *ŋt* herrscht heute direkter Übergang. *kχimt* kommt (ahd. *quimit*), *siŋt* singt, *omt* Amt, *hoŋt* hangt. *t* wird hier immer beibehalten, auch bei *pt* im Auslaut: *löpt* lebt, *grǫpt* gräbt. Viele bairische Ma. haben *mpt* (*mp*), *ŋkt* (*ŋk*), *p* für *mt*, *ŋt*, *pt*, vgl. Weinhold, bair. Gramm. § 122. 143.

Anm. 2. Der Hauchlaut *h* wird zu *χ*, wenn er im Satze sich an ein *χ* anschliesst: *i laiχ χǫa* ich leihe her, *milχχǭfə* Milchhafen, *aufn štrikχ χeŋŋə* auf den Strick hängen.

b) Änderung der Artikulationsstärke.

§ 25. Für die stimmlosen Konsonanten sind die Stärkeabstufungen, wie sie sich zwischen Sonoren und im Auslaut zeigen, oben § 14—19 erörtert worden. — Für die Berührung stimmloser Laute im Worte oder im Satzgefüge gilt das Gesetz: Treten Verschlusslaute aneinander, so haben sie die volle Fortisstärke. Die Lenes werden also, sowohl wenn sie mit Fortes, als wenn sie mit Lenes zusammentreffen, zu Fortes. Treten Reibelaute mit Verschluss- oder Reibelauten zusammen, so ist ihre Artikulation um ein geringes schwächer als die der Fortes; dieselbe leise Schwächung haben die Verschlusslaute. Nur homorgane Spiranten (*f* und *f*, *s* und *s*, *š* und *š*) ergeben volle Fortes. (Vgl. Sievers § 175, Heusler, Alem. Kons. d. Ma. v. Basel-Stadt S. 24, Kauffmann, Geschichte d. schwäb. Ma. S. 11. A. 3, Schild, Brienzer Ma. I. S. 31). *kχnǫppən tǫər* knapp beim Tore, *riptǫəl* Ripp(en)teil, *tsruk priŋŋə* zurück bringen, *löptig* lebendig und Lebtag, *frǫkt* fragt, *rött* redet, *ər hakkǫ̈ərə* aus *ər hat gǫ̈ərə* er hätte gern, *si söittərs* aus *si söit dərs* sie sagt dirs (*söit* mhd. *seit*), *trǭkpǭr* tragbar, Tragbahre, *tsrukteŋkχə* aus *tsruk deŋkχə* zurückdenken, *drākkǭrə* „Drahtgarn“, gedrehtes Garn, *mǫkt* Magd, *jǫkt* Jagd, *i gip tər* (*i gib dər*) ich gebe dir, *grǭt turχ* (*grǭd durχ*) gerade durch, *šnaik kuət* (*šnaid guət*) schneide gut, *ər hǭp kǭr* (*hǭb gǭr*) er habe gar, *fuŋkkruəwə* Fundgrube.

Für die Verbindung von Verschlusslaut und Reibelaut sind die Affrikaten an erster Stelle zu nennen, *pf*, *ts*, *kχ*. *hupfə* hüpfen, *šlǫəpfə* Fahrzeug, das am Boden schleift (zu mhd. *sleipfen*), *sitsə* sitzen, *wǫətsə* Weizen, *sǫkχ* Sack, *prokχə* Brocken. Es ist ein leiser Unterschied in der Energie der Lautbildung zu bemerken zwischen *p* in *lǫəpə* übrig lassen, (**laibjan*) und jenem in *šlǫəpfə*. Im ersten Falle haben wir volle Fortis, im zweiten ist zwar auch Fortis aber die Artikulation ist nicht ganz so energisch. Ebenso verhält es sich mit *f* in *šlǫəpfə* und der vollen Fortis *ff* in *štrǫəffə* streifen (mhd. *streifen*, *streipfen*). Das Gleiche gilt für alle Verbindungen mit Verschlusslauten, Lenis und Fortis. Vgl. an Beispielen: *štompfə* stampfen, *sumpf* Sumpf, *loupfiərə* Laub führen, *groupfālə* grob fehlen, *plǭpförwə* blau färben (*plǭb* blau), *in trǫpfǭrə* im Trabe fahren, (*trǫp* Trab), *oft* oft, *srǭpfərliərə* das Rad verlieren, *in houf kiə̄* in den Hof gehen, *dəwöikfərfālə* den Weg verfehlen, *gaitsig* geizig, *hǫəst* heisst, *rǫəst* reist, *pǫšt* Bast, *ǫ̈štig* astig, *wöšpə* Wespe, *hǫšpḷ* Haspel, *rǭtšuəχ* Radschuh, *waštiŋ* wasche dich, *wīsparg* Wiesberg, *glǭstökχḷ* Glasdeckel (*dökχḷ*), *tsruksöihə* zurücksehen, *sǫks* sage es, *grǭskalt* Grasgeld (Weidegeld), *nǫχpər* Nachbar, *maχtiŋ* mächtig, *mǫχtig* mache dich, *nǭχkiə̃* nachgehen, *šraufs* schraube es (*šraufə*), *loufsalwər* laufe selber (*louffə* laufen), *is krǭsfǭrə* ins Gras fahren, *lǫsfairǭwə(t)* lass Feierabend (Abendgruss), *houfštǫt* Hofstatt, *warχštǫt* Werkstatt (*warχ*), *flaišfarwiŋ* fleischfarbig, *nǭχsötsə* nachsetzen, *durχšainə* durchscheinen, *waššǫal* Wäscheseil.

Bei der Verbindung homorganer Reibelaute erscheint volle Fortis. In *əs išt haus und houffərprunnə*, es ist Haus und Hof verbrannt, hat *ff* dieselbe Stärke wie in *louffə* laufen; *shaussuəχə*, das Haus suchen, *ss* ist gleich wie in *aussə* hinaus. Die leise Schwächung der Verschlussfortis in der Verbindung mit Spiranten tritt nicht ein, wenn zwei Fortes vor einem Reibelaut zu stehen kommen. Sie behalten ihre volle Stärke, die Lenes werden zu vollen Fortes. In *tsrukkχemmə* zurückkommen, *šlǭktsaũ* Zaun um ein Holzschlag, *hǫlptsuə* halb zu, hat *k*, *p* dieselbe Stärke wie in *tsruktuə̃* zurücktun, *hǫlptoũ* halbgetan. Zwischen dem *χ* in *loupkχouffə* Laub kaufen, und in *ǭkχouffə* abkaufen (*ǭ* = ab) besteht kein Unterschied, wohl aber zwischen *k* in beiden Beispielen.

§ 26. In der Stellung nach Pause, also im Anfange eines Satzes oder Satzteiles, wird jeder stimmlose Konsonant als Fortis gesprochen. Die Verschlusslenes *d*, *g* erscheinen in dieser Stellung als *t*, *k*. — Lenis *b* kommt im Wortanlaut nicht vor; dafür steht *p*: *teŋkχ nǭχ* denke nach, *i deŋkχ nǭχ* ich denke nach, *tǭ duntə* da drunten, *tuntə dǭ laits* drunten da liegt es, *tər fǭtər iššəs* der Vater ist es, *i odər dər fǭtər?* Ich oder der Vater? *töis tuə* das tue, *tuə döis* tue das, *kībhęa* gib her, *kęa gībms* geh gib ihm's, *tęar gęat* der geht; im Wortanlaut fehlt Fortis *k*. *ffǭr iəts* fahre jetzt, *mər fǭrə* wir fahren, *ffriəər gęats it* früher gehts nicht, *wiə friə?* wie früh? *ssǭgmərs* sage mir's, *kęa sǫks* geh sage es.

Um den Grund dieses Satzanlautgesetzes zu erkennen, muss auch das Verhalten der Sonorkonsonanten und der

Vokale nach Pause berücksichtigt werden. Vgl. *miər miəssə* wir müssen, *nainə węarts saī* neun Uhr wird's sein, *lǫssə-louffə* lass ihn laufen, *ręar it* weine nicht (mhd. *rêren*), *jǭjǭ* jaja, *wǭs willər?* was will er? *węar węas?* wer weiss? Die *m*, *n*, *l*, *r*, *j*, *w* im Satzanlaut sind unter erheblich stärkerem Ausatmungsdruck gebildet als die inlautenden. Demgemäss ist auch die Einstellung der Artikulationsorgane energischer. Ein Vergleich mit den inlautenden Fortes *mm*, *nn*, *ll*, *rr* kann nicht gemacht werden, da diese von dem vorausgehenden Vokale abhängig sind (§ 20). Bei den betonten Vokalen ist es schwer genaues zu beobachten; sie haben als Silbenträger immer den stärksten Exspirationsdruck. Doch glaube ich im absoluten Anlaut einen etwas stärkeren Exspirationsdruck wahrzunehmen als im Satzinnern: *öiwə* eben, und *piöiwə* ganz eben (*bi ëben*). Merklich stärker ist er bei schwachtonigen Vokalen: *ər hǫt* er hat, und *hǫttər* hat er: das satzanlautende *ə* ist energischer gebildet als das der Nebensilbe. Vor allem aber zeigt den stärkeren Ausatmungsdruck im Satzanlaut *h*. In *haus und houf* Haus und Hof, ist das *h* von *haus* viel energischer gehaucht als das von *houf*. Hier kann von einem Fortis-Hauch gesprochen werden. Die Ma. beginnt also den Satz mit starker Exspiration. Nun ist für die Lenes der Ma. eben der schwache Ausatmungsdruck massgebend, die übrigen Faktoren, Energie der Artikulationsstellung und Dauer, hängen davon ab. (Vgl. § 14—20). Die stimmlosen Lenes müssen also im Satzanlaut zu Fortes werden.

Anm. Ich unterlasse es die Verstärkungen der Lenes durch die Schreibung widerzugeben. In dieser Arbeit handelt es sich hauptsächlich um das Einzelwort und es würde die Deutlichkeit wesentlich beeinträchtigen, wollte man z. B. die verstärkten Reibelenes durch Doppelschreibung bezeichnen.

Heusler hat a. a. O. S. 27 A. die Schreibweise Notkers für den Inlaut nach den schweizerischen Maa. erklärt. Da die Imster Ma. — und mit ihr das westliche Oberinntal mit seinen Nebentälern (die Ostgrenze vermag ich nicht genau anzugeben) ebenso auch das bair.-österr. Lechtal — den Wandel der Lenes zu Fortes auch im Satzanlaut aufweist, liegt es nahe diese Aussprache auch für die Ma. Notkers vorauszusetzen. Heute ist das Satzanlautgesetz im St. Gallischen nicht mehr wirksam. — Heuslers Annahme, dass Notker für den Satzanlaut einem traditionellen Schreibgebrauch gefolgt sei, a. a. O. und Anz. f. d. A. 19, 43 f. kann nicht richtig sein, da Notker doch im Inlaut aus phonetischen Gründen von der überlieferten Schreibweise abweicht. Wäre die Aussprache der Lenes im Satzanlaut in Notkers Ma. nicht eine andere gewesen als die nach Sonoren, so würde er gewiss nicht das Zeichen der Fortes dafür geschrieben haben. An letzterer Stelle hat Heusler daneben die Möglichkeit offen gelassen, dass in Notkers Sprache im Satzanlaut starker Nachdruck geherrscht habe. In der Ma. von Imst ist das der Fall und diese Vermutung Heuslers ist die einzig richtige Erklärung der Vertretung von *b*, *d*, *g*, (*v*) durch *p*, *t*, *k*, (*f*) im Satzanlaute.

Bei dieser Ansicht über den Wandel von *b*, *d*, *g*, (*v*) zu *p*, *t*, *k*, (*f*) in Notkers Schriften (und den wenigen Spuren bei andern) wird vorausgesetzt, dass die obd. *b*, *d*, *g*, (*v*) im Ahd. stimmlose Lenes gewesen sind. Was in neuester Zeit Wilmanns, Deutsche Gr. S. 52 f. für die Stimmhaftigkeit von *b*, *d*, *g* vorbringt, kann nicht überzeugend genannt werden. In der Sprache Notkers ist z. B. *t* (aus germ. *d*) gewiss stimmlose Fortis; wenn nun *d* (aus germ. *þ*) im Anlaut und nach Stimmlosen als *t* geschrieben wird, so muss *d* in dieser Stellung doch eine Verstärkung zur Fortis erlitten haben. Wäre *t* hier nur das Zeichen für die stimmlose Lenis, so müsste man annehmen, dass Notker dadurch zwischen stimmhafter und stimmloser 'Media' unterschieden hätte. Nun ist aber für einen phonetisch nicht Geschulten, der vorurteilslos beobachtet, ein solcher war Notker, der Unterschied zwischen stimmloser Fortis und Lenis bedeutend grösser und viel leichter wahrnehmbar als der zwischen stimmloser und stimmhafter 'Media' (Lenis). Notker hätte gewiss nicht für zwei so weit von einander abstehende Laute, wie es stimmlose Fortis und Lenis sind, dasselbe Zeichen gebraucht, nur um die stimmlose Lenis von der durch den Stimmton sich unterscheidenden stimmhaften auseinander zu halten. Der Umstand, dass nur *d* (germ. *þ*) als *t* erscheint und für *t* (germ. *d*) der Wechsel mit *d* nicht statt hat, erweist, dass *b*, *d*, *g* für Notker die Normalform der Laute gewesen sind und nicht *p*, *t*, *k*, wie Braune, ahd. Gr.[2] § 103. 1, annehmen will. Die Normalform eines Lautes zeigt sich doch da, wo sich seine Artikulation frei entfalten kann.

§ 27. Sonore Fortis (*ll*, *rr*, *mm*, *nn*, *ŋŋ*) kann nur nach kurzem starktonigem Vokale stehen. Wo diese Bedingung nicht eintritt, erscheint jede zu erwartende Fortis als Lenis. Vgl. *alūə* allein, *filaˋiχt* vielleicht *ǫ̀llәmǫl* allemale, aber *ǫlәmǭ'l* jedesmal (mit dem Ton auf der letzten Silbe). *pāmoū* aus *pam moū* beim Manne, *tsunemmә* aus *tsun nemmә* zum nehmen, *dәraissә* (*dәr-raissә*) zerreissen, *fәrukχt* aus *fәrrukχt* verrückt, *mipmfǭtәröidә* (*mit n fǭtәr röidә*) mit dem Vater reden. Nach langem starktonigem Vokale: *hoūŋәrt* Heimgarten, das *ŋ* geht auf *ŋŋ* aus *mg* zurück. Vgl. *poŋŋәrt* Baumgarten mit Kürzung des Vokals (*ō* aus *ou*), *grūәmәt* Grummet (aus *gruonmât*(*d*)), *fǫarexχt* aus *fǫar rexχt* Vorrecht, *ftröidә* aus *fìr röidә* vorreden (mhd. *vür reden*), *kχwǫlaidә* aus *kχwǫl laidә* Qual leiden, *tsoūmoχχә* aus *tsoūm moχχә* zahm machen, *i šāmig* aus *i šām mig* ich schäme mich.

C. DIE SILBE.

ÜBER DEN SILBENBAU.

Der Silbenträger ist der Vokal, in schwachtonigen Nebensilben kann auch *l*, *m*, *n*, *ŋ* als Sonant fungieren (*l̥*, *m̥*, *n̥*, *ŋ̥*): *kχitl̥* Kittel, *gibm̥s* gib ihm's, *i prauχŋ̥* ich brauche ihn, *sǫgŋ̥s* sage ihm's. Sonantisches *r* (*r̥*) kennt die Ma. nicht. Wo ein solches zu erwarten wäre, ist immer *ә* vor dem *r* als Silbenträger vorhanden. *fǭtәr* Vater, *hundәrt* hundert, *mǫgәrdig?* mag er dich?

§ 28. Silbentrennung. Die Ma. hat nur Drucksilben, der Ausatmungsdruck beim Übergange von einer Silbe zur andern ist nicht einheitlich, nicht gleichmässig anwachsend oder abnehmend, sondern erreicht das Minimum zwischen beiden Silben (Sievers § 510 f. 515). Sind die Sonanten zweier Silben durch eine Lenis getrennt, so wird diese zur Folgesilbe gezogen, sie hat anwachsende Exspiration: *glou-wə* glauben, *hǭ-fə* Hafen, *nōn-mə* Name, *šǭ-də* Schaden, *löi-sə* lesen, *tsǭ-lə* zahlen, *dīə-ne* dienen, *štai-gə* steigen, *tsā-hər* Zähre, *špǭ-rə* sparen, *hūə-ŋərt* Heimgarten, *šu-wīs* Schönwies (Dorf), *pə-fol-hə* befohlen, *gə-doŋkχə* Gedanke, *kχa-lender* Kalender, *də-rinnərə* erinnern (*dər-*), *štai-gaise* Steigeisen, *šǭ-diššəs* schade ist es. Wenn zwei Sonore oder Sonorkonsonant und stimmlose Lenis zwischen den Silbenträgern stehen, so gehört der erste der ersten Silbe an, der zweite (die stl. Lenis) wird zur Folgesilbe gezogen: *pām-lə* Bäumlein, *štamm-lə* Stämmlein, *wör-mər* wärmer, *gwǭr-nə* gewahr werden, *šöl-fə* Obstschale (ahd. *scelira*), *gul-də* Gulden, *mǫr-gə* Morgen, *kχöl-wər* Kälber, *halm-lə* „Hälmlein“, *han-sḷ* Hänsel, *pem-sḷ* Pinsel. Stimmlose Lenis und Sonorkonsonant werden entweder zur zweiten Silbe gezogen, oder die stimmlose Lenis bildet den Schluss der ersten Silbe; beides ist möglich: *mād-lə* und *mā-dlə* Mädchen, *hāf-nər* und *hā-fner* Hafner, *liəb-lig* und *liə-blig* lieblich, *lous-nə* und *lou-snə* horchen (ahd. *losên*), *gras-lə* und *gra-slə* Gräslein, *gröid-nər* und *gröi-dnər* Grödner, *frāg-lə* und *frā-glə* ausforschen (ahd. **frâgilon*), *laug-ŋə* und *lau-gŋə* läugnen. Die Fortes sind zwischen stimmhaften Lauten immer Geminaten (ausser im Anlaute einer Starktonsilbe, der eine schwachtonige vorangeht): *rǫp-pə* Raben, *hit-tə* Hütte, *ruk-kə* Rücken, *hof-fə* hoffen, *ös-sə* essen, *waš-šə* waschen, *lǫχ-χə* lachen, *fǫl-lə* fallen, *špör-rə* sperren, *štem-mə* stemmen, *siŋ-ŋə* singen, *ton-nə* Tanne. Natürlich ist die Artikulation einheitlich, die Diskontinuität des Ausatmungsdruckes ist aber deutlich wahrnehmbar. Auch nach langem Vokal und nach stimmhaften Konsonanten (*l*, *r*, *m*, *n*, *ŋ*) ist die Fortis Geminata. Der Wechsel in der Ausatmungsstärke während der Dauer der Fortisartikulation ist hier nicht deutlich wahrnehmbar, aber sicher ist, dass der Einsatz der Fortis noch der ersten Silbe angehört. Die Fortis nach kurzem Vokal setzt mit der vollen Exspirationsstärke ein; diese ist nach langem Vokal beim Einsatze der Fortis bereits abgeschwächt, weshalb auch der Absatz bedeutend stärker ins Gehör fällt. Dass in früherer Zeit nicht jede Fortis in dieser Stellung auch Geminata war, beweisen die Dehnungen des Stammvokals vor *t*; vor *p*, *k*, *ff*, *ss*, *χχ* ist die Kürze immer erhalten geblieben. Inlautendes *t* war einfache Fortis, *p*, *k* waren Geminaten (aus westgerm. *bb*, *gg*). *kχlaup-pə* klauben, *louf-fə* laufen, *fǭt-tər* Vater, *griəs-sə* grüssen. *flaiš-šig* fleischig, *nǫak-kə* neigen, *rouχ-χə* rauchen, *half-fə* helfen, *gilt-tig* giltig, *raŋk-klə* ringen (im Scherz), *wirχ-χə* weben (mhd. *würken*), *tsǫaχ-χnə* zeichnen, *gǫas-slə* Geissel, *šlaŋk-kḷ* Schlingel. Bei Affrikaten fällt die Druckgrenze in den Verschlusslaut: *hup-pfə* hüpfen, *sit-tsə* sitzen, *hǫk-kχə* hacken, *wǫat-tsə* Weizen, *lǫak-kχlə* anlocken, *štomp-pfə* stampfen, *wint-tsig* winzig, *deŋk-kχə* denken. Sind die Silbenträger durch zwei stimmlose Verschlusslaute oder durch stimmlose Spirans und Verschlusslaut getrennt, so fällt die Silbengrenze zwischen beide: *löp-tər* lebt er, *mǫk-tәlǟnə* Magdalena, *höf-tə* heften, *ǫš-tig* astig, *maχ-tig* mächtig, *nǫχ-pər* Nachbar, *wöš-pə* Wespe. Vgl. auch *nǫχ-tlǭgər* Nachtlager, *mǫš-pfīχ* Mastvieh, *garš-tə* Gerste, *hǫlf-tərə* Halfter. Für den Satz gelten selbstverständlich alle die Angaben wie für das Wort. *ər hǫt-tus-salt-tū̃n* er hat ihm's selbst getan, *ə-siš-touk-kχū̃k-kχǫa-rə-pliwə* es ist auch kein Kern geblieben, *wǫs-moχ-χi-gǭ-wər wen-nöis-niχ-tǫr-wə-tət?* (auch *wǫ-smoχ-χi-gǭ-wər wen-nöi-sniχ-tǫr-wə-tət*), was mache ich aber, wenn ihr nichts arbeitet, *niχ-kχon-nik-tū̃* nichts kann ich tun.

§ 29. S i l b e n b e t o n u n g. Die Exspiration einer Silbe ist beim normalen Sprechen einheitlich; sie hat ihre grösste Stärke im Silbenträger und sinkt von da gleichmässig bis zum Schlusse der Silbe; *hǫss* Hass: Die Exspiration steigt rasch, erreicht in *ǫ* den Höhepunkt und verliert sich, immer schwächer werdend, beim Absatze des *ss*. In *tǭg* Tag, *šǭd* schade, *grǭb* Grab, ist das Aufhören der Exspiration beim Absatze des *g*, *d*, *b* deutlich vernehmbar, ohne dass dieser etwa fest oder gehaucht wäre. Am Beginne des *ǭ* hat die Exspiration die grösste Stärke, das Sinken ist von da an gleichmässig durch das *ǭg*, *ǭd*, *ǭb* hindurch. Der exspiratorische Silbenaccent der Ma. ist einheitlich also eingipfelig (Sievers 512). Zweigipfelige Silbenbetonung fehlt der normalen Sprechweise; nur wenn ein starktoniges, einsilbiges

Wort mit Nachdruck gebraucht wird tritt sie ein: *jǭǭ*, unwilliges 'ja' (gleich: ich höre es ja, sei nicht so lästig), *wiə* starkbetontes 'wie' gleich nhd. „Wie, lass mich ungeschoren" oder ähnlich.

Für starktonige Silben gilt die Regel, dass kurze Vokale den stark geschnittenen Silbenaccent haben, lange den schwach geschnittenen. Lange Vokale haben nur ausnahmsweise, wenn ein Wort besonders scharf markiert werden soll, den stark geschnittenen Accent. Die Exspiration hält dann in gleicher Stärke durch den ganzen Sonanten hindurch an. In nebentonigen Silben können auch kurze Vokale den schwach geschnittenen Accent haben. Vgl. *nimm* nimm, *sǫtt* satt, *össə* essen, *lǫχχə* lachen, *īm* ihm, *nǭt* Nat, *lösə* lesen, *prǭχə* brach machen, *fīlaiχt* vielleicht, *sǫldǭt* Soldat, *lǫŋksòm* (auch *lóŋksómm*) langsam, *réχnùŋ* (*réχnúŋŋ*) Rechnung. Der tonische Silbenaccent lässt sich schwer von der Behandlung des tonischen Satzaccentes loslösen, da die tonische Accentuierung einer Silbe stets von ihrer Stellung im Satze und, falls sie als selbständiger Satz fungiert, von der logischen Art des Satzes abhängig ist.

§ 30. Silbenlänge. Ausser den auf Vokal auslautenden auch bei normalem Sprechen mit dem scharf geschnittenen Accent versehenen Interjektionen wie *dǫ́* da (schau), *sé* hier nimm (sieh), *á* ach, ach was, kennt die Mundart nur lange starktonige Silben. Ist der Vokal kurz, so erscheint die Konsonanz lang. Vgl. *woùl* wohl, *wóll* ja.

Abstufungen in der Länge starktoniger Silben lassen sich nicht erkennen, wenigstens nicht ohne experimentelle Messungen. *woul* und *woll* beanspruchen dieselbe Dauer. *šǭd* schade, und *šǭdə* schaden: *šǭd* und *šǭ-*(*də*) haben gleiche Quantität. In Beispielen wie *gold* Gold, *hǫlt* halt, *parŋ* Berg, *hǫrt* hart, *fund* Fund, *hunt* Hund, haben *ld* und *lt*, *rg* und *rt*, *nd* und *nt* dieselbe Quantität. Nach dem Silbenaccentgesetze (Sievers 560 f.) ist, da diese Wörter den starkgeschnittenen Accent haben, zu erwarten, dass *l*, *r*, *n* als Fortes auftreten. Wie schon oben § 20 angedeutet wurde, fällt ein Teil der Dauer der Fortis *l*, *r*, *n* dem *t* zu, nur wenn Lenis folgt, haben die Sonorkonsonanten nahezu dieselbe Dauer wie als Fortes zwischen Vokalen.

Abstufungen in der Quantität langer Vokale kommen vor. *ǭ* in *rǭt* Rat, ist dehnbar (also lang) aber nicht so lang wie *ǭ* in *rǭd* Rad. Die Länge der ganzen Silbe ist bei beiden dieselbe; was in *rǭt* das *ǭ* kürzer ist, kommt der Dauer des *t* zu gute; die Dauer des *d* in *rǭd* ist gering, folglich *ǫ* länger.-

D. ZUR KENNTNIS DES EXSPIRATORISCHEN WORT- UND SATZACCENTES.

§ 31. Hierüber können die Angaben nur allgemeiner Art sein, da die Stärkeabstufungen der einzelnen Glieder untereinander sich nach dem blossen Gehör nicht mit der Genauigkeit bestimmen lassen, welche für eine eingehende Behandlung dieses Abschnittes wünschenswert wäre. Am kräftigsten ist die Ausatmung bei der Erzeugung der logisch bedeutsamsten Silbe des Wortes. In *doŋkχpǭr* dankbar, hat *doŋkχ* den Starkton, schwächer, aber noch immerhin kräftig ist die Exspiration in *pǭr*. In *hailig* hat *hai* den Starkton, *lig* einen Nebenton, der schwächer ist als der von *pǭr*. In *söihə* sehen hat *söi* den Starkton, *hə* ist schwach gebildet. In diesen drei Wörtern liegen vier Stärkeabstufungen des Accentes vor. Die Stammsilben tragen den Starkton, die Accentierung von *pǫr* und *lig* kann nebentonig genannt werden, *pǭr* hat starken Nebenton, *lig* schwachen; die Silbe *hə* hat den Schwachton. Die Abstufungen sind deutlich, der Stärkeabstand von *söi* und *hə* sehr gross. In dem Worte *umfǫllə* umfallen, ist das Verhältnis in der Accentuierung von *fǫl* und *lə* ziemlich dasselbe wie in *söi-hə*, *um*- ist aber stärker gebildet als *fǫl*, es gibt also auch Abstufungen von starktonigen Silben. (Vgl. auch Sievers 613). In der Zusammensetzung von *doŋkχ*, *pǭr* und *kχait* hat die erste Silbe *doŋkχ* den Starkton, *kχait* ist erheblich schwächer, am schwächsten ist *pǭr*, jedoch stärker als *hə* in *söihə*, *lə* in *umfǫllə*; es stellt sich dem *lig* im isolierten *hailig* gleich, hat schwachen Nebenton. *doŋkχpǭrkχait* Dankbarkeit (1 =
1 3 2

Starkton, 2 = starker Nebenton): Silben mit starkem Nebenton können eine Schwächung der Accentuierung erleiden, wenn sie vor einer stärker betonten zu stehen kommen. In *hailigəpiltər*, Heiligenbilder ist *-li-* stärker betont als *-gə*; der Unterschied ist nicht gross; in *thailigə fərçurə* die Heiligen verehren, verliert *-li-* den Nebenton zu Gunsten des *-gə*. Silben mit schwachem Nebenton können in der rhythmischen Gliederung des Satzes den Nebenton an eine im isolierten Wortkörper schwachtonige Silbe abgeben und sinken zum Schwachton herab. In *reχnuŋ* Rechnung, hat *uŋ* starken Nebenton: *treχnuŋə tsǫlə* die Rechnungen zahlen,
1a 2 4 1b 4
treχnuŋə fərprennə die Rechnungen verbrennen. Der starke
1a 2 4 4 1b 4
Nebenton bleibt einer Silbe erhalten, wo ferne nicht die darauffolgende Silbe stärker betont ist. Vgl. *doŋkχpǫrkχait*
1 3 2
und *treχnuŋ tsǭlə* die Rechnung zahlen, wo *uŋ* nur schwachen
1a 3 1b
Nebenton hat. — Silben, die sonst den Nebenton haben, können vor einer stärker betonten völlig schwachtonig werden. *çawəkχait* neben *çawikχait* Ewigkeit; vgl. *ũnətswuə̃tsk* ein
1 4 2 1 3 2 1 4 2
und zwanzig.

Dieselben Verhältnisse hat die Ma. im Satze. *mǫrgə*
2
muəs | *ǫls a dər* | *ǫrwət* | *saĩ* Morgen muss alles an der Arbeit
1a 1b 2
sein. Die Starktonsilben des 1. und 4. Taktes *mǫr* und *saĩ* sind etwa gleich stark, erheblich stärker ist dagegen *ǫls* und *ǫr-*, letzteres etwas schwächer. *muəs* sinkt hier vor dem am stärksten accentuierten *ǫls* zu einer Schwachtonsilbe herab und wird in solchen Fällen oft auch als *məs* mit einem *u*-artig klingenden *ə* gesprochen. — Starktonig ist es in *mǫrgə muəss ər gẽə* morgen muss er gehen, wenngleich die logische Bedeutung dieselbe ist, wie im ersten Satze. *hǫt mə* | *u i dər* | *feršaigəruŋ* | *niχt fər* | *kχoufť?*
2 4 (3) 4 4 2 4 4 1a 4 1b.
Hat man in der Versteigerung nichts verkauft? — Den Satzstarkton hat *niχt*; am nächsten steht *kχouft*. Mit diesen verglichen haben *hǫt* und *štai-* nur starken Nebenton, sind aber in ihren Satztakten die dominierenden Starktöne. *uŋ*

steht auf derselben Stufe wie *fər*. Diese Schwächung des Nebentones vor Starkton ist die Ursache, dass das Suffix *-uŋ* auch als *iŋ*, *ig* erscheint: *išt tlǫa-sig guət?* Ist die „Losung“ (der Erlös) gut? *tsaitig löisə* die Zeitung lesen. *ig* für *uŋ* ist heute noch an diese Bedingungen geknüpft, aber der Anstoss zu einem Wandel des Suffixes *-uŋ* zu *ig*
ist dadurch gegeben. *išt tfər štai | geruŋ | fərpai?* Ist die
2 1b 2 1a
Versteigerung vorbei? Hier hat *uŋ* den starken Nebenton. — Von diesem Gesichtspunkte aus wird sich auch der Schwund des mhd. *iu* im Artikel Fem. Sgl. und Neutr. Plur. erklären lassen, da sonst auslautendes *-iu* nie schwindet. Er erscheint heute als *t*. Betonungen, wie die bei Sievers 612 ange-
führte *konstantinopel*, oder im Satzgefüge 616 *forlesuŋ* sind
1 2 1 1 3 2
der Ma. nicht geläufig. Man spricht *kχonštantinopḷ* und
1b 2 3 1a
ǭhondluŋ Abhandlung. Schwere Nebensilben sind heute die,
1 2 3
welche die vollen Vokale erhalten haben, *som*, *frīdsom* friedsam, *pǭr*, *šaīpǭr* scheinbar, *hǫft*, *šǫdhǫft* schadhaft, *šǫft faīlšǫft* Feindschaft, *-uŋ*, *-hait*, *ksunthait* Gesundheit, *-kχait* u. a. — Dass man aus der Erhaltung ihrer vollen Vokale nicht unbedingt auf die Accentverhältnisse in einer frühern Zeit allgemein schliessen darf, zeigen Beispiele, wie *ǫrwət* Arbeit, *hǫatsət* Hochzeit, *kχroŋkχət* Krankheit, *ǫrmət* Armut, *nǫχpər* Nachbar. Schwächere Nebensilben der heutigen Ma. sind die mit *i*-Vokal; in Adjektiven auf *-ig* (ahd. *īg*, *ag*, *ug*) auf *-lig* (mhd. *lich*) auf *-iš*, Substantiven auf *ig*, *lig*: *süntig* Sonntag, *šnitlig* Schnittlauch, *hampflig* Hänfling u. a. Der schwache Accent gehört den Silben mit *-ə*-Vokal an. Reihen sich im Worte und Satze mehrere solche aneinander, so kann eine etwas stärker accentuiert werden als die um-
gebenden: *i dər kχommərə fərštökχə* in der Kammer ver-
3 4 1a 4 3 4 1b 4
stecken. Nur in der ma. Metrik kann auch ein *ə* den Stark-
ton haben: *hosslə*, *hosslə*, *raitə̲* (schaukeln, schaukeln, reiten),
1a 4 1b 4 1a 1b
kens kõə ganopfə̲r̲ (*t gens gõə*) die Gänse gehen zum (gegen)
1a 1b 1a 1b
Opfer. (x́ ×, ẋ ×, x́, ẋ und x̀, x̀, × x̀, ẋ).

E. ZUR KENNTNIS DES TONISCHEN WORT- UND SATZACCENTES.

§ 32. Die Behandlung des tonischen Accentes ist eine der schwierigsten Aufgaben für die Maa.-Erforschung. Der Beobachter ist sehr leicht geneigt, seine eigene Aussprache als wirklich mundartliche Eigenheit anzusehen; aber gerade der tonische Accent wird am leichtesten abgestreift, wenn man einmal längere Zeit sich der Schriftsprache bedient hat. Die folgenden Beobachtungen sind alle aus dem Volksmunde geschöpft und wiederholt durchgeprüft. Im Aussagesatz trägt die Starktonsilbe eines Taktes den Hochton; die schwach accentuierten Silben sind im allgemeinen um $1^1/_2$ bis 3 Töne tiefer als die starktonige. Je schwächer der exspiratorische Accent einer Schwachtonsilbe ist, um so tiefer ist der musikalische. Doch sind die Intervalle zwischen den Schwachtonsilben nicht grösser als etwa $^1/_2$ Ton.

mǫrgə röigŋəts morgen regnet es.
e es g es

röi hat den Stark- und Hochton.

iəts išt ər dǭ jetzt ist er da; der Starkton ist auf *dǭ*.
es e es g

dẹar iššəs der i s t es, mit dem Starkton auf *išš*-.
e g es(d)

dẹar iššəs d e r ist es; der Starkton ruht auf *dẹar*.
g e es

Steht die Starktonsilbe am Schlusse eines Aussagesatzes, so kann sie, wenn ihr Sonant lang ist, einen Doppelton haben; derselbe ist stets fallend (Terz bis Quart).

döis tuəts das t h u t's.
e g⁀d

ər hǫt gǭr er hat g a r.
e e(es) g⁀es.

Reihen sich in einem Satze mehrere Takte aneinander, so hat der am stärksten accentuierte den Hochton; die ihm untergeordneten Takte stehen zu ihm in demselben Verhältnis wie die schwachtonigen Silben eines Taktes zu ihrer Hauptsilbe. Der tonische Accent der Silben eines Nebentaktes ist schwebend zu nennen, die Intervalle betragen etwa einen halben Ton.

si frǭ | gə niχt | dərnǭχ sie fragen nichts darnach.
es e es g e es

döis | gęat | nimmə das geht nicht mehr.
e es g d

dǭ išt tsuig | gŋuəg da ist Zeug genug.
e d(es) es g⁀d

əs išt | hǫlwə | tswölfə es ist halb zwölf (Uhr).
es e es d g d

tswīənig und | tsfīl | išt snǫrrə tsīl
e es d g e g e es
zu wenig und zu viel ist des Narren Ziel.

es mues sāi es muss sein; *es muəs sāi.*
es e g⁀es es g d

hāid išt ər ou widər in wǫld gwöst
e es d g es d — es d
heute ist er auch wieder im Walde gewesen.

mit sölnə lait kχonnmə niχt ōūfoŋŋə
es e es e es g e d des
mit solchen Leuten kann man nichts anfangen.

tmaurə ništ umkfǫllə die Mauer ist umgefallen.
g e es f e es

i glops it gǫarə ich glaube es nicht gerne.
es e g d des

mǫrgə węarə töpfl̥ fu dēnə drai pāim prokχt
e - es - e - es g e es e d
Morgen werden die Äpfel von diesen drei Bäumen gepflückt.

Auch bei der parataktischen Verbindung zweier Aussagesätze hat der stärkste Takt den Hochton. Im ersten Gliede tritt, wenn dem Starktone noch Silbenfolgen (schwachtonige und Satztakte) ebener Ton ein bis zum Schlusse des ersten Satzes; das zweite Glied wird wie der einfache Satz behandelt.

iəts gęu ig tsun prunnə n und houl ə wǫssər
es e es d g g es f e g d
jetzt gehe ich zum Brunnen und hole (ein) Wasser

fərgössəts it | und kχemmət pǫld
es g e es es g e es
vergesst es nicht und kommet bald.
i gaŋŋ šuə | ǫwər əs išt tšpät
es g g es - - d g
ich gienge schon, aber es ist zu spät.
ər hǫt də hunt gsöihə | drum išt ər it plīwə
es e es g g g(d) es e es d g d
er hat den Hund gesehen, darum ist er nicht geblieben.

Im Befehlsatze herrschen dieselben Verhältnisse wie in der Aussage. Der tonische Accent ist mit dem exspiratorischen verbunden. Je stärker dieser ist, desto höher ist jener. Die Intervalle sind häufiger Quart (manchmal auch ½ Ton darüber) als Terz. Vielfach sind im Befehlsatze die exspiratorischen Accente schärfer markiert als in der Aussage. Der Exspirationsdruck ist durch die ganze starktonige Silbe hindurch energisch (scharf geschnittene lange Vokale); der tonische Accent kommt deshalb im Befehlsatze bei solchen Silben mehr zur Geltung. Öfter ist auch mit dem Befehlsatze höhere Stimmlage verbunden (etwa um einen halben Ton). Vgl.

i raum tštūwə n au ich räume die Stube auf.
es e g es d
raum tštūwə n au, als Befehl aber auch:
e g es d
ges a f e
gęa in wǫld | und houl ə holts
e es g es e es g (ges)
geh in den Wald und hole (ein) Holz.
houlət də wǫgə hęa und löigət noχχə n au
e es d g ges g es e es e(es) es g
holet den Wagen her und leget dann (nachher) auf.

Auch hier ist wie beim Aussagesatz ebener Ton von der stärkstbetonten Silbe des ersten Satzes bis zum Schlusse.

FRAGESÄTZE.

Besteht ein Fragesatz nur aus einem Satztakte, so kann dieser einsilbig sein. *wǫs?* was? Die Silbe ist exspira-

torisch eingipfelig, hat aber einen musikalischen Doppelton in aufsteigender Folge. Der Unterschied der beiden Töne beträgt zum mindesten eine Terz; in der normalen Sprechweise mag der Gebrauch eines Tonunterschiedes von einer grossen und kleinen Terz gleichwertig sein. *wǫs?*
e‿g oder *e‿as.*

Dieser Doppelton der einsilbigen Frage ist nicht auf die Schallfülle der Silbe beschränkt, da er auch Wörtern zukommt, deren kurzer Vokal zwischen stimmlosen Konsonanten steht. *piš?* bist du? *tsukχšt?* zuckst du? *gęats?* geht es?
e‿as *e‿as* *e‿g*

Gehen der doppeltonigen Silbe Nebensilben voran, so gilt die Regel: Die unmittelbar vor der Starktonsilbe stehende ist etwa ½ Ton tiefer als der erste Ton jener.
wǫs willšt? was willst du? *fərluiršt?* verlierst du.
es e‿g *es e‿as*

Gehen mehrere Nebensilben voran, so haben sie ebenen Ton.
qwər haid? aber heute?
es es e‿as

Folgen schwachtonige Silben, so schliessen sie sich, kontinuierlich fallend, dem zweiten Tone der Hauptsilbe an.
hąwəts? habt ihr? *houlšəs?* holst du's? *wöllasəs?* wollen sie es?
e‿g ges *e‿g ges* *e‿g-ges*

Der zweite Ton wird manchmal der Nebensilbe zugeteilt, wenn der Vokal der Starktonsilbe kurz ist.
ištərs? ist ers? und *ištərs? glopšəs du?* „glaubst es du"?
e as *e‿as g e g ges*

Wenn vor und nach der Starktonsilbe Nebensilben stehen, so haben wir eine Kombination der angegebenen Verhältnisse. Eben (leise steigend) bis zum ersten Ton der Hauptsilbe und leise fallend nach derselben.
wǫs söit ər? wiə moχtməsə? Was sagt er? Wie macht man sie?
es e‿g ges es e‿g - ges

Besteht der Fragesatz aus mehreren gleich starken Takten, so hat der erste den Doppelton, der zweite nur einen, den Hochton des ersten.
wiə hąast mə döis? Wie heisst man das?
es e‿g ges g

wę̄ar iššəs gwöst? Wer ist es gewesen?

es { *e͡g ges g* / *e g* }

Wenn dem zweiten (letzten) Takte schwachtonige Silben folgen, sinkt der Ton von der Starksilbe ab um eine Terz (auch Quart).

wiə hǫt mən kχǫassə? Wie hat man ihn geheissen?

es { *e͡g ges* / *e g* } *g e(es)*

Haben die Satztakte verschiedene Stärkeabstufung, so kommt der den Fragesatz charakterisierende Doppelton dem stärkst betonten Takte zu, die andern Takte haben den höhern Ton dieser doppeltonigen Silbe, wenn sie ihr nachfolgen, den tiefern, wenn sie vorangehen.

hǭwəsəs kχoult? Haben sie es geholt?
e es d e͡g

lǫt mə dig mit? Lässt man dich mit?
e es d e͡g

geŋŋəts öis mǫrgə n it kχirχə? Gehet ihr Morgen in die Kirche?
e es d e es d { *e g ges* / *f as g* }

hǫt dər mötskər sflaiš prǭχt? Hat der Metzger das Fleisch gebracht?
e es e es e e͡g

saits naχt is wiərtshaus goŋŋə?
es e es e͡g ges ges d
Seid ihr gestern ins Wirtshaus gegangen?

wǫs węarə sə n öppə widər wöllə?
es e͡g - ges ges f ges f g d
Was werden sie etwa wieder wollen?

Wie eng in der Imster Ma. der Hochton mit dem Starkton verbunden ist, kann man aus der Variation eines Fragesatzes ersehen.

mǫrgə gə̃ mər? Morgen gehen wir?
es͡g ges g e

mǫrgə gə̃ mər? Morgen gehen wir?
e es es͡g ges

mǫrgə gə̃ miər? Morgen gehen wir?
e es d(es) es͡g

saits naχt is wiərtshaus goŋŋə?
es g ges f ges es es e
S e i d ihr gestern ins Wirtshaus gegangen?
saits n a χ t is wiərtshaus goŋŋə?
es e͡g ges g f f d
Seid ihr g e s t e r n ins Wirtshaus gegangen?
saits naχt is wiərtshaus g o ŋ ŋ ə?
es e es e es e g ges
Seid ihr gestern ins Wirtshaus g e g a n g e n?
saits ö i s naχt is wiərtshaus goŋŋe? Seid i h r u. s. w.
es e͡g ges f ges f f d

Vgl. dazu das Beispiel oben. Für die Doppelfrage ändert sich die Betonung nicht.

węar gęat | i | odər du? Wer geht, ich oder du?
es e͡g g ē g
štęašt au | odər it? Stehst du auf oder nicht?
es e͡g ēs g?
sūi sə n in wold gwöst odər u dər ǫlb?
e es d e͡g ges e - d e͡g
Sind sie im Walde gewesen oder auf der Alpe?
hǫttər sgalt, odər muəss ərs laihə?
e g ges es e es e͡g ges
H a t er das Geld, oder muss er es leihen?

In hypotaktischen Verbindungen hat auch das am stärksten accentuierte Wort den Hochton.

wenn guət wöttər išt, kχonn məs wǫgə
e es g ges g e e g d
Wenn gutes Wetter ist, kann man's wagen.
əs išt ǫlwig əsou wenn dər summər dǫhęa kχimt
e g f ē e - ges f e f e
Er ist immer so, wenn der Sommer daher kommt.
ər hǫt gwist dass əs niχt išt (dass əs niχt išt)
es g as f es es - es f
Er hat gewusst, dass es nichts ist.
dass əs əsou kχimt hat nūəmat gmuət
e es - f f es g e es
Dass es so kommt, hätte niemand gemeint.

ər röt nimmə wail mən auslǫχt
es e g e es d f d
Er redet nicht mehr, weil man ihn auslacht.
wiə məs traibt so gęats Wie man's treibt, so geht's.
e es g f {*g͡ es* / *as e*}

mə kχonns it ǫlwig hǭwə wiə məs grǫd meχt
d es e g e es d es d d e
Man kann es nicht immer haben, wie man es gerade möchte.
du muəšt össə, ǫars kχǫlt węart
e es g d es f es
Du musst essen, bevor es kalt wird.
ęər gęat fǫar tsunnə n au išt
es e g e es d des
Er geht, bevor die Sonne auf ist.
fǫar hat den stärksten Ton des Satzes und deshalb auch den Hochton.

II. DIE HISTORISCHE ENTWICKLUNG DER LAUTE.

A. VOKALISMUS DER STARKTONIGEN SILBEN.

§ 33. Mhd. *a* erscheint als *ǫ*, gedehnt als *ǭ*; vor Nasalen als *ŏ*, gedehnt als *ŏu*: *lǫšt* Last, *šǫttə* Schatten, *lǫttə* Latte, *nǫss* nass, *rǫštə* rasten, *fǫšt* fast, *rǫts* Ratte (mhd. *ratze*), *kχrǫtsə* kratzen, *pǫrt* Bart, *kχǫrtə* Karte, *dərpǫrmə* erbarmen, *gǫrwə* Garbe, *ǫrg* arg, *gǫlgə* Galgen, *pǫllə* Ballen, *wǫld* Wald, *kχǫlwə* Kalbin, *hǫls* Hals, *kχnǫp* Knappe, *hǫftə* haften, *šǫffə* schaffen, *pǫχχə* backen (ahd. *bahhan*), *īwərnǫχtə* übernachten, *kχǫχlə* Kachel, *trǫχt* Tracht, *sǫkχ* Sack, *wǫkkə* grosser Stein in einem Bache (ahd. *waggo*), *wǫks* Wachs; *tǭl* Tal, *tsǭlə* zahlen, *wǭsə* Rasen (mhd. *wase*) *šǭdə* Schaden, *štǭdl̥* Stadel, *fǭrə* fahren, *ǭrtig* artig, *gǭr* gar, *mǭr* mürbe (ahd. *maro*), *wǭtə* waten, *fǭtər* Vater, *grǭwə* Graben, *hǭfə* Hafen, *tǭflə* Tafel, *štǭb* Stab, *hǭg* Hag, *mǭgə* Magen, *štǭhl̥* Stahl, *plǭhə* Blahe (mhd. *blahe*), *kšmǭχ* Geschmack (ahd. *smah*), *loŋŋ* lang, *tsoŋŋə* Zange, *oŋŋər* Anger, *šwoŋkχə* schwanken, *doŋkχ* Dank, *hont* Hand, *šronts* Schranz, *tonnə* Tanne, *tsond* Zahn (ahd. *zand*), *hondl̥* Handel, *hommə* Tierschenkel (ahd. *hamma*), *fərdomt* verdammt, *štomm* Stamm, *kχommərə* Kammer, *saurompfər* Sauerampfer, *lomp* Lamm, *ŏu* an, *mŏunə* mahnen, *mŏu* Mann, *hŏu* Hahn, *pŏu* Bahn, *nŏumə* Namen, *lŏum* lahm, *kχrŏum* Krampf (mhd. *kram*), *hŏumər* Hammer, *wŏuml̥ə* wimmeln (Ablautbildung).

§ 34. Mhd. *â* wurde zu *ǭ*, gekürzt zu *ǫ*, vor Nasalen zu *ŏu*: *ǭwət* Abend, *šǭf* Schaf, *šlǭffə* schlafen, *gǭb* Gabe, *grǭf* Graf, *štrǭffə* strafen, *grǭt* Grat, *ǭtərə* Natter (mhd.

nâtere), *plǭtərə* Blatter, *mǭd* Mahd, *nǭdlə* Nadel, *ǭpm* Atem, *plǭsə* blasen, *mǭs* Mass, *ǭs* Aas, *hǭr* Haar, *kfǭr* Gefahr, *mǭlə* malen, *nǭlə* Ahle (mhd. *âle*), *frǭgə* fragen, *šwǭgər* Schwager, *šprǭχ* Sprache, *prǭχə* brachen, *dǭχt* Docht (mhd. *dâht*), *kχrǭə kχrǭijə* Krähe (ahd. *krâwa*), *wǭr* wahr; *mōũ* Mond (Mann, vgl. § 33) (mhd. *mâne*), *mōũnət* Monat (mhd. *mânōt*), *ōũ*, *ōũnə* ohne (mhd. *âne*), *špōũ* Span, *wōũsinnig* wahnsinnig, *kχrōũmər* Krämer (mhd. *krâmer*), *sōũmə* Samen, *ōũmər* Begierde (ahd. *âmar*), *jōũmər* Jammer (*jâmar*), *drōũmə* Dachbalken (mhd. *drâme*), *lǫssə* lassen (mhd. *lâʒen*), *štrǫss* Strasse (mhd. *strâʒe*), *nǫχχə* nachher, dann (mhd. *nâch-*), *nǫχpər* Nachbar (*nâchbûr*), *kχrǫpfə* Krapfen (*krâpfo*).

§ 35. Mhd. *a* und *â* sind heute qualitativ nicht von einander geschieden. Dass auch das kurze mhd. *a* als *ǫ* (bez. als ein weiter rückwärts gebildeter Vokal) erscheint, kann ein Kennzeichen dieses westlichen Teiles des bairisch-österreichischen Dialektes gegenüber dem angrenzenden schwäbisch-alemannischen, welcher die Qualität des mhd. kurzen *a* bewahrt hat, genannt werden. (Über die Entsprechung *ǫ* für *a* Weinhold, bair. Gr. S. 17. 37). Für die Imster Ma. ist wieder kennzeichnend, dass *a* und *â* dieselbe Entsprechung *ǫ*, *ǭ*, vor Nasalen *oũ*, haben. Sie erstreckt sich über das ganze Oberinntal und das bairische Lechtal und reicht bis in die Nähe von Innsbruck. Auch das obere Vintschgau hat *ǫ* für *a* und *â*. In dem Bereiche von Innsbruck und Meran ist eine Differenzierung zwischen dem kurz gebliebenen mhd. *a* und dem gedehnten (*ā*) und langen *â* vorhanden. Vgl. die Angaben bei Maister, die Vokalverhältnisse der Ma. im Burggrafenamte, S. 5 f., die im wesentlichen auch für Innsbruck gelten. Dem kurzen *a* entspricht *ǫ* wie in Imst, dem gedehnten und langen jedoch *ou* mit offenem *o*, vor Nasalen *ũ*.

Fremdwörter, die erst spät in die Ma. aufgenommen wurden, haben ihr *a* bewahrt: *wattə* Watte, *praf* brav, *pātər* Pater, Mönch, *āpər* aper, schneefrei. (Vgl. Kluge, etym. Wb.[5] s. v.). Wäre unser Wort urgerm., so müsste kurzer Vokal herrschen (aus westgerm. *abbr- hätte nie *āpər* entstehen können, da vor *p* nie Dehnung eintritt).

kšpass Spass, *sakkərə* Interjektion aus lat. *sacramentum*, *marš* Marsch, *maks* Max, *martərə* martern, *kχasarmə* Kaserne (ital. *casarma*, *caserma*), *pål* Ball, *prakχtiš* praktisch, *tawak* Tabak, *massə* Masse, *šål* Shawl, *tšaŋk* linkischer Mensch (grödner. *zanco* link), *prantš* Bande, Trupp (frz. *branche*), *laks* schlaff (lat. *laxus*), *rār* köstlich (*rarus*), *graššə* Mut (wälschtirol. *curagia*) u. a. m.

§ 36. Dem umgelauteten *a* entspricht in der Ma. *ö*, *öi* im allgemeinen in jenen Wörtern, in denen der Umlaut bereits im Ahd. durch *e* bezeichnet wird.

šöpfə schöpfen, *šröpfə* schröpfen, *kχlöppə* kleben (westgerm. **klabjan*), *špinnəwöppə* Spinne (ahd. *spinnaweppi*), *löffḷ* Löffel, *höftə* heften, *höft* Heft, *kχröftig* kräftig, *öpfḷ* Sgl. u. Pl. Apfel; der Umlaut wurde aus dem Plural **ephli*, *ephili* (Braune, ahd. Gr.[2] § 27. 4) in den Sing. übertragen, bez. der Sing. *aphul* nach dem Plur. *ephili* zu *aphil ephil* umgewandelt. *höiwə* heben, *höifommə* Hebamme, *höifḷ* M. Hefe zum Ansäuern des Teiges (zu **hafjan*), *šöiwig* schäbig (zu schaben), *šöiwə* Hautkrankheit, *fröiwə* freuen, *fröid* Freude (ahd. *frewen*, *frewida*), mhd. *fröuwen*, *fröude* gehen auf ahd. *frauwen* (aus *frawwjan*) **frawida* zurück; lägen diese der Ma. zu Grunde, müsste man *fraijə*, *fraid*, erwarten, wie sie tatsächlich bereits in Flaurling, 4 Stunden westlich von Innsbruck, gesprochen werden (*fraiŋ fraid*). *ströiwə* streuen (ahd. *strewen*), *pöt* Bett, *wöttə* wetten, *kχöttnə* Kette, *föttər* Vetter, *söttigə* sättigen, *röttə* retten, *glöttə* glätten, *tröttə* treten (*tradjan* Paul, mhd. Gr.[4] § 75), *tsöttḷə* Garn zetteln, *fröttə* fretten (mhd. *vrëtten*), *štuəmöts* Steinmetz, *wötsə* wetzen, *hötsə* hetzen, *sötsə* setzen, *löts* schlecht (westgerm. *latj-*; zu ahd. *laȥ*), *kχrötsə* krätzen, *ötsə* ätzen (davon *ötstǫl* Ötztal), *nöts* Netz, *nötsə* netzen, zu 'nass', *mössər* Messer, *fošt* fest, *öššə* Esche, *löššə* löschen (schw. Ztw.), *kχöštnə* Kastanie (ahd. *chestinna*), *mötskə* metzgen, *möštə* mästen, *prennösslə* Brennnessel, *wöidlə* wedeln, *röidə* reden, *öidḷ* edel, *gröidə* gerade machen, *öisḷ* Esel, *šöidigə* schädigen, *löid* Bretterzaun an Wegen, zu *lǫdə* Laden (**laþja-*), *štöitig* widerspenstig (mhd. *stetec*), *dökχə* decken, *pökχ* Bäcker (mhd. *becke*), *wökχə* wecken, *sökχḷ* Säckel, *flökχə* Bodenbrett (zu 'flach' **flakja?*), *šmökχə* schmecken, *štökχə* stecken, *kχlökχə* hinreichen, genügen (mhd. *klecken*), *rökχə* recken, *ökkə* eggen, Egge, *ök* Ecke, *lökkə* Holz aufschichten (ahd. *lecken* aus **lagjan-*), *wökkə* Weck, *šrökχə* in Schrecken setzen, *šröig* schräg, *löigə* legen, *kχöigl̥* Kegel; *öihər* Ähre, ist das einzige Beispiel mit *h*: dies hat den Umlaut nicht gehemmt, (Braune ahd. Gr. § 27. 2c); vielleicht gehört *šlöišt*, *šlöit* hierher, wenn nämlich ahd. *slehis*, *slehit* die Grundform ist: möglicherweise trat schon im Ahd. *slegis*, *slegit* dafür ein, das sich dann zu *šlöišt*, *šlöit* entwickelt hätte, wie *tröišt*, *tröit* (trägst, trägt) aus *tregis(t)*, *tregit*, *söišt*, *söit* (sagst, sagt) aus *segis*, *segit* (Braune a. a. O. § 368. 2), *ksöit*, gesagt, aus *gisegit*, *löišt*, *löit*, *glöit*, legst, legt, gelegt, aus *legis*, *legit*, *gilegit*, das seltene *jöišt*, *jöit*, *gjöit* aus *jegis*, *jegit*, *gijegit* jagst, jagt, gejagt, entstanden sind. Die Entwicklung des *öi* in diesen Wörtern ist *-egi-* (mit geschlossenem *e*) *-eji-*, *ei* (zweisilbig), *ei*, *öi*. Dass demnach Reime wie mhd. *breit*: *seit*, *treit*, *leit*, in der Imster Ma. nie verwendet werden konnten, liegt klar. (Hartmann von Starkenberg (bei Imst) v. d. Hagen. M. S. No. 85 reimt *seit* : *leit* (Leid)). Vgl. Kauffmann, Geschichte d. schwäb. Ma. S. 91. 281. — *wöllə* wollen (mhd. *wellen* Paul, mhd. Gr.[4] § 43. 2), *öllət* Elend (mhd. *ellende*), *öll* Elle, *höll* Hölle, *kχöllə* Kelle, *ksöll* Geselle, *šwöllə* schwellen (trans.), *šwöllər* Schwelle, *šnöllə* schnellen, knallen (zu mhd. *snal*); *pröllə* prellen, *štöllə* stellen, *föllə* fällen, *fölšt*, *fölt*, fällst, fällt, *höllig* ermattet (mhd. *hellec*), *föllig* fällig, *kföllig* gefällig, *tswölf* zwölf, *šölfə* Obstschale (ahd. *scelira*), *hölp* Axtstiel (**halbja* Kluge etym. Wb. Halfter), *wölglə* wälzen (mhd. *welgeln*), *wöltsə* wälzen, *dərgöltə*, *gǫlt* machen, *gǫlt* keine Milch gebend, *šmöltsə* schmelzen (trans.), *föltšə* fälschen, *gwölm* Gewölbe, *kχöltnə* *kχöltə* Külte, *öltər* N. Alter (*jo-* Stamm?), *öltərə* Eltern, *öilendig* elendig, *wöilə* wählen, *tsöilə* zählen, *iwərtsöilig* überzählig, *štöil* Stelle (mhd. *stele*), *šöilə* schälen, *tröilə* beim Essen verschütten (Schmeller bair. Wb. I. 660), *dərwöil* welcher (Braune, a. a. O. § 292. 1; kaum ist *wēlih* Grundform, Paul mhd. Gr.[4] § 43. 3), *dörrə* dörren (geht auf *parrjan-* zurück, Kluge, a. a. O. „Darre"), *örwə* erben, *špörrə* sperren, *fərdörwə* verderben (trans.), *örml̥* Ärmel, *šörg*

Scherge, *hörpšt* Herbst, *gwörmə* wärmen, *förwə* färben (trans.), *örgər*, Ärger, *örgərə* ärgern, *hörwrig* Herberge, *hört* hart (ahd. *herti*; daneben in gleicher Bedeutung *hǫrt* hart, **harta*), *örts-* Präfix 'Erz', *örtslump* Erzlump, *šwörtsə* schwärzen, *mörkχə* merken; die Schreibnamen *hörting* Hörting (vgl. *hartung*), *hörtnǫgl* Hörtnagel, Ruine *Hörtenberg* bei Telfs. *kχörkχər* Kerker, *pöir* Beere, *möir* Meer, *föiršt* fährst, *föirt* fährt, *kföirt* N. Fahrzeug, *kχöirə* kehren, *wöirə* wehren, *gwöir* Gewehr, *nöirə* nähren, *šwöirə* schwören, *tsöirə* zehren, *möirts* März, *kχöirtsə* Kerze, *öidlə* (**öirlə*) Erle.

Anm. *ör* wird auch mit *e* als *er* (*šperrə*, *šwertsə*) gesprochen, eine junge Aussprache, vgl. unten.

Vor Nasalen erscheint dieses ahd. *e* als *ẽ* (*ẽi*): *hemmət* Hemd, *fremd* fremd (auch *frend* gesprochen), *štemmə* stemmen, *štempfḷ* Stössel (mhd. *stempfel*), *tempfə* dämpfen, *šwemmə* schwemmen, *kχremmig*, etwas wie Krämpfe fühlend zu mhd. *kram*, § 33, *remlə* sich balgen (zu mhd. *ram*), *kχlemmə* klemmen, *temmə* dämmen, *šlemmə* Liegerstätte auf Alpen (Schmeller bair. Wb. II. 522), *dərgremmə* in Grimm bringen (Ablautbildung **grammjan*), *kχẽim* Nische für das Stubenfeuer (ahd. *kemî* aus lat. *caminus*, dies wurde später wieder entlehnt: *kχamì* Kamin), *ent* Ende, *mentš* Mensch, *hennə* Henne, *kχennə* kennen, *nennə* nennen, *prennə* brennen, trans., seltener wie nhd. intrans., dafür das starke *prinnə*, *šwentsə* ein Gefäss durch Schwenken ausspielen (aus *swenkazzen*), *glentsə* glänzen, *šrentsə* schrenzen, zerreissen, *wentə*, *wendə* wenden, *auswendig* auswendig, *endərə* ändern, *šentə* schänden, *plentə* blenden, *oñgentsə* „angänzen“ vom Ganzen ein Stück wegnehmen, *tennə* Tenne, *sennər* Senne (Kluge, a. a. O. S. 347), *eŋŋ* enge, *štreŋŋ* streng, *eŋkštigə* ängstigen, *tsweŋŋə* zwängen, *teŋglə* dengeln (*toŋgl* die Schneide der Sense, mhd. *tengeln*), *kχeŋŋ* Gehänge, *kšteŋŋ* Stangengitter (ahd. **gastengi*), *meŋŋə* mengen, Menge, *weŋkχə* wanken machen, *treŋkχə* tränken, *šeŋkχə* schenken (*šoŋkχtum* Geschenk, abstrakt), *deŋkχə* denken, *fəreŋkχə* verdrehen (mhd. *renken*), *seŋkχḷ* Senkblei, *dreŋŋə* drängen, *heŋŋə* hängen, *špreŋŋə* sprengen, *geŋŋ* guten Gang habend (ahd. *gengi*), *dərgeŋŋə* zergehen machen.

§ 37. In jenen Fällen, in welchen der Umlaut erst im Mhd. geschrieben wird (vgl. dazu Wilmanns deutsche Gram. S. 192 f. Paul, a. a. O. § 40. 1), hat die Ma. *a*, *ā*, vor Nasalen *ā*, *ă*: *haχlə* Hechel, *gmaχ* N. schlecht Gemachtes (ahd. **gimahhi*), *kšmaχχig* schmackhaft (ahd. **gismahhīg*), *naχt* Nächte, gestern (Dat. ahd. *nahti*), *traχtig* trächtig, fruchtbar, *maχtig* mächtig, *pfaχtig* das rechte Mass habend (Kluge, a. a. O. „Pegel"), *šlaχtig* (mhd. *slehtec*), *kšlaχt* von einer Gestalt, *ūətsaχt* vereinzelt (mhd. *einzeht*), *waχtlə*, mit einem Gegenstand rasche Bewegungen machen, fächeln (zur Wurzel germ. *wag weg* (bewegen)?), *gwaks* Gewächs, *gwaksig* gut wachsend, *aks* Achse (mhd. *ahse ehse*), *kχraksə* Tragreff (mhd. *krehse*), *haksə* Fuss, Bein (mhd. *hehse*), *flaksəs* n. adj. zu 'Flachs' (ahd. *flahsînez*), *waksə* mit Wachs bestreichen.

Der Vokal des sog. spätern Umlautes tritt also in der Ma. vor *χ* gleich germ. *k* und *χt*, *ks* gleich germ. *ht*, *hs* (*cht chs*?) durchwegs auf, nie der des frühern. Vor *r* haben einige *a*, die Mehrzahl aber *ö*, *öi*, vgl. die Beispiele im vorigen §. Den Grund der Differenzierung vermag ich nicht anzugeben; einzelne mögen spätere Bildungen sein. *wīdərwartig*, widerwärtig, *wartsə* Warze (mhd. *warze*, *werze*) *marχə*, mit einer Marke versehen, *šnarχlə* schnarchen (vielleicht Deminutivbildung dazu), *šādlig* hoher Grasstengel (Schmeller, II 447), *uŋgwādlig* nicht sicher (mhd. *ungewerlîch*), *harb* herbe, *garwə* gerben, *farwə* färben intrans. vgl. oben *förwə* mit *ö* vor *rw*, *arwəs* Erbse (mhd. *arweiʒ*, *erweiʒ*), *pfarχə* einpferchen (ahd. *pfarrih*), *larχ* Lärche (lat. *laric-*), *tsarrə* zerren, *narrə* närren, *narriš* närrisch. Vor *l* und Konsonant tritt *a* als Umlautsvokal nur in *ūəfaltig* einfältig, *walts* wälsch (ahd. *walhisc*) und in den *i*-Stämmen *palg* Bälge, *hals* Hälse, auf. Andere Beispiele sind nicht sicher.

Auf ein *i* der dritten Silbe (Braune ahd. Gr.[2] § 27. 4) ist *a* als Umlautvokal mit Sicherheit zurückzuführen in: *gātər* Gatter (nach Ausweis von mhd. *geter* liegt ein *jo*-St. vor), *aŋŋə* abgefallene Baumnadeln, aus *agene* (vgl. mhd. *egen*), *kχlaffl̥* Glockenschwengel (mhd. *kleffel*), *štaffl̥* Stufe, Staffel. Der Vokal stammt aus dem Plur.: ahd. *klaffali* *staffali. tsāhər* Zähre (ebenfalls durch Einwirkung des Plurals umgelautet), *häfnər* Hafner ahd. **hafnâri*, *jägər* Jäger. *glaχtər* Gelächter, *gwassər* Gewässer, *kχrāmət* Wachholder (mhd. *kranewite*), *ārts* Erz (ahd. *aruzzi*). *antə* Ente (ahd. *anut*, Pl. *anuti*), *antərə* nachäffen (mhd. *anteren, enteren*), *hāmərə* hämmern, *tāmərə* klopfen (mhd. *temeren*), *wassərə* wässern, *štāhlə* stählen, *fādlə* fädeln, *samlə* sammeln, *kχlappərə* klappern, *pflaštərə* pflastern.

Vielfach lässt es sich nicht entscheiden, weshalb *a* als Umlautvokal erscheint. Vgl. *kšaftig* geschäftig, *saftig*, saftig, *hantig* bitter (ahd. *hantag*), *kšprauŋ* lästiges Herumspringen (ein *jo*-Neutr.), *gwantə* mit Gewand versehen, *kχampə* Radaufsatz, *kχampḷ* Kamm, *šlaŋkḷ* Schlingel (beiden scheint Suffix -*il* zuzukommen), *šāmə* schämen (mhd. *schemen* hat Umlauts *e*, nicht *ë* wie Beiträge 13, 217 angenommen wird), *tsāmə* zusammen, *hantšig* Handschuh (mhd. *hendeschuoch*) *kχantlig* kenntlich, *šantlig* schändlich, *trāgig* trächtig, *jāgig* brünstig, *waitwāsig* weitwasig, *kšpārig* sparsam, spärlich, *šatsə* schätzen, *šwatsə* schwätzen, *raffə* raufen (mhd. *reffen*). Vor *š* sind einige ahd. *a* umgelautet worden (vgl. Paul mhd. Gr.[4] § 40. 9): *taššə* Tasche, *waššə* waschen, *waš* Wäsche, *maššə* Masche, *aš* Asch (Flussfisch), *aššər* Asche, mit sekundärem Suffix.

Mehrfach hat sich *a* als Umlautvokal zu *ǫ* zum Bildungsprinzip entwickelt; so bei der Pluralbildung der masc. Substantive, deren Stammvokal im Sing. *ǫ* ist; nur fünf ursprüngliche *i*-Stämme: *göst* Gäste, *sökχ* Säcke, *öst* Äste, *söts* Sätze, *šlöig* Schläge, haben den Vokal des ersten Umlauts bewahrt, die übrigen sowie alle *o*-Stämme lauten *ǫ* in *a* um; organisch ist letzteres entwickelt bei *paχ* Bäche, (ahd. *bahhi, behhi*) wegen des *χ*, vielleicht auch bei den oben genannten *palg*, *hals*. Vgl. *fall* Fälle, *part* Bärte, *napf* Näpfe, *šnabḷ* Schnäbel, *štāhḷ* Stähle, *akχər* Äcker, *fādə* Fäden, *mandər* Männer u. a. Nur *ǭ* (aus *a*) wird zu *ē*: *tsend* Zähne, *štend* Stände, *štemm* Stämme, *tempf* Dämpfe, *prent* Brände, *kχrents* Kränze, *kχleŋŋ* Klänge, *hēmər* Hämmer, *eŋŋər* Änger, *meŋgl* Mängel. Bei den Neutren, deren Plur. durch den Umlaut und das Suffix -*ər* (ahd. *ir*) gebildet ist, überwiegt *ö*, *öi*. *plöttər* Blätter, *kχölwər* Kälber, *pöidər* Bäder, *röidər* Räder, *gröiwər* Gräber, *gröisər* Gräser, *glöisər* Gläser, *töilər* Täler, aber *daχχər* Dächer, *marχər* Kennzeichen (mhd. *march* N.), *šaffər* zu *šǫff* Schaff. — Die Mehrzahl hat den Vokal des ersten Umlautes und man kann wohl schliessen, dass er auf lautgesetzlichem Wege entstanden ist, dass also das Suffix *-ir* schon frühe weit verbreitet gewesen ist.

Die Deminutive zu Substantiven mit *ǫ* im Stamme haben alle den Umlaut *a*. Der herrschend gewordenen Deminutivendung *-lə* entspricht mhd. *elîn*. Da das *i* in der dritten Silbe steht (wo ahd. *-ilîn* als Suffix vorkommt, hat das zweite lange *î* den Ton und nur betonte Vokale können auf ihre Umgebung eine bedeutende Wirkung ausüben), ist das *a* als Umlaut regelmässig entwickelt. *paχlə* Bächlein, *saχlə* (Sache), *salblə* Sälbchen, *kχalblə* Kälblein, *kχaštlə* Kästchen, *kχarrələ* (Karren), *štādələ* (Stadel), *wāgələ* Wägelchen, *fādələ* Fädchen, *rādlə* Rädlein, *grāslə* Gräschen, *afflə* Äffchen, *armlə* Ärmchen, *sakχlə* Säckchen, *štrasslə* Strässchen, *wassərlə* Wässerlein, *fānələ* Fähnchen, *tsandlə* Zähnchen, *lamplə* Lämmlein, *landlə* Ländchen, *mandlə* Männlein, *gartlə* Gärtchen, u. d. übr. — Bei Deminutiven zu Verben: *šnatslə* schnitzeln (Ablautbildung), *jaχtelə* gern jagen (zu *jǫχt* Jagd), *laχχələ* lächeln, *raŋklə* spielend raufen (zu *roŋkə* zerren), *pantlə* bändeln, *štampfələ* leicht stampfen vor Zorn u. a. Der Vokal des ersten Umlautes *ö*, *öi* ist herrschend geworden bei der Bildung der Komparative und Superlative sowie der Feminina abstracta von Adjektiven: *šmöilər* schmäler, *šmöilə* Schmalheit, *leŋkst* längst, *leŋŋ* Länge, *wörmər* wärmer, *wörmə* Wärme, *šörffər* schärfer, *šörffə* Schärfe, *nössəšt* nüssest, *nössə* Nässe, *glöttər* glätter, *glöttə* Glätte, *föltšər* fälscher, *föltšə* Falschheit, *gröidər* gerader, *gröidə* Geradheit, *šwörtsər* schwärzer, *šwörtsə* Schwarzheit, *štörχər* stärker, *šwöχχər* schwächer, *šwöχχə* Schwäche. Hier zeigt sich die Analogie deutlich, da *ö* vor *χ* erscheint.

§ 38. Der Umlaut des langen *â*, mhd. *æ*, erscheint als *ā*, vor Nasalen als *ǟ*: *tsāχ* zähe, *wāχ* stolz (mhd. *wæhe*), *gāχ* jäh (mhd. *gæhe*), *ōulaŋ* ansteigend (zu ahd. *lâgi* steil), *lār* leer (mhd. *lære*); der *o*-Stamm ahd. **lâr* liegt im Flurnamen *lǫrsenn* Alptal westlich von Imst, „leere Senn(alpe)“ vor; *šwār* schwer, *aumār* offenkundig (*ūf-mære*), *rās* zu stark gesalzen (mhd. *ræze*), *špāt* spät, *štāt* langsam, ruhig (mhd. *stæte*), *hāl* glatt, schlüpfrig (mhd. *hæle*), *šār* Schere, *kχās* Käse, *kfrās* schlechtes Essen (mhd. *gevræze*), *prāt* Gebräte, *gmāl* das Gemalte, *rāfə* Dachbalken (ahd. *râvo* neben *rārjo, wie die Ma. durch den Umlaut erweist), *šāffər* Schäfer, *gādər* das Geäder, *nāhnə* Nähe, *gəplās* Gebläse, *tāsig* herabgestimmt (mhd. *tæsec*), *āssig* gut essbar, schmackhaft (mhd. *æzec*), *kfrāssig* gefrässig, *māssig* mässig, *flātig* schön (mhd. *flætec*), *gnādig* gnädig, *kfādlig* gefährlich, *gwǫltātig* gewalttätig, *rātlig* rätlich, *sālig* selig, *āmərig* verlangend, *gātsə* atzen, ässen, die Jungen füttern, (**ga-ātjan*), *pfālə* pfählen, *lārə* leeren, *wāijə* wehen, *māijə* mähen, *pāijə* bähen, *drāə* drehen, *plāə* blähen, *sāijə* säen, *nāijə* nähen, *kχrāijə* krähen. Die Umlaute erweisen, dass in der Ma. die *j*-Ableitungen zu Grunde liegen. (Vgl. Kauffmann, Gesch. d. schwäb. Ma. S. 55. A. 3). *jāmərə* jammern, *mātig* Montag (mhd. *mæntac* vgl. Kauffmann, a. a. O. S. 57), *jālə* kleines Stück Acker (Kluge, et. Wb.[5] S. 178 Jahn), *sāχ* sähe (mhd. Konj. Prät. *sæhe*), *kšāχ* geschähe, *prāχt* brächte, *tāt* täte, *wār* wäre, *gāb* gäbe. — *rātsl̥* Rätsel, *rātig* Rettich (mhd. *rætich*), *jādlig* jährlich, *geŋŋ und gāb* gang und gäbe. Auch wo Kürzung eintrat, erscheint *a*: *hat* hätte (mhd. *hæte*), *ass* ässe, *sass* süsse, *frass* frässe, *fergass* vergässe, *draksḷər* Drechsler (ahd. *drâhsil*). Wenn zu *mǫd* (mhd. *mâd*) der Plur. auch *möidər* lautet, zu *nǫhə* nahe, der Komp. auch *nöihnər*, Superl. *nöihnəšt*, so liegt es klar, dass es Analogiebildungen zu den im vorigen § genannten Gruppen sind.

In einigen Wörtern erscheint *e* als Umlaut von *a*; es ist durch die Schriftsprache in die Ma. gekommen: *tęglig* täglich, *kšęft* Geschäft (dagegen oben *kšaftig* echt mundartlich) *heks* Hexe (im Lechtal *haks*), *preχtig* prächtig, *leštig* lästig, *kχwetšə* quetschen aber *kχwatškχopf* 'Dickkopf', *nekχə* necken (*ę* oder *ë*?), *fęig* fähig (müsste **fāhig* lauten), *tętig* tätig (vgl. oben *gwǫltātig*). Aus einem benachbarten schwäbischen oder alemannischen Dialekte scheint das *e* in *pęfərə* höhnend nachplappern (von Kindern) zu stammen; ahd. *avaren*.

§ 39. Klar ist, dass der Umlaut des ahd. *â* mit dem spätern des kurzen *a* zusammengefallen ist. Das heutige *a* als Umlaut von ahd. *â* und *a* ist über das ganze bairisch-österreichische Gebiet verbreitet und ein Charakteristikum desselben. (Vgl. Weinhold, bair. Gr. S. 17 unten, S. 46 f.). Das angrenzende Schwäbisch-Alemannische spricht für das bairische *a* einen offenen *e*-Laut und hat damit das Ursprüngliche gewahrt. Sicherlich hat auch das Bairische in spät ahd. Zeit noch den offenen *e*-Laut gesprochen, der erst später zum heutigen *a* wurde, vor diesem Wandel muss aber das nicht umgelautete *a* zu *ǫ* geworden sein. Nagl (Blätter des Vereins f. Landeskunde von Nieder-Österreich, Jgg. 24, 25, 27 jetzt Sonderabdruck, Wien 1895 und Paul-Braune, Beiträge 18, 268) will den Wandel des *a* zu *ǫ* schon der ahd. Zeit zuweisen und den sog. 2. Umlaut als Wandel des *ǭ* zum heutigen *a* fassen. Nach unserer heutigen Auffassung des *a*-Umlautes muss diese Vermutung fallen gelassen werden. Die beiden Umlautsvokale für *a* sind wohl zur gleichen Zeit entstanden; nur qualitativ wurde ein Unterschied hervorgerufen durch die bei Braune, ahd. Gr.² § 27. A. 2—4 genannten Faktoren. Vgl. die zu Beginn des § 37 genannten Arbeiten von Wilmanns, Paul. Die Scheidung in zwei Umlautsperioden (Braune, a. a. O. § 51 A. 2) könnte also nur auf die Qualität des Umlauts von *a* bezogen werden nicht auf die zeitliche Verschiedenheit; diese bezieht sich dann nur auf die Schreibung: die Chronologie des Umlauts, welche Kauffmann Gesch. d. schw. Ma. S. 50 § 63 so sehr betont, wäre nur der sekundäre Faktor in dieser Frage.

Nach den Belegen, welche Weinhold, bair. Gr. S. 18 für die Schreibung von *a* für *o* verzeichnet (ich bin der Ansicht, dass darin der *ǫ*-Laut des *a* zum Ausdruck kommt und nicht eine Aussprache des *o* wie *a*, wie Weinhold meint) kann man sagen, dass im 13. Jh. *a* als *ǫ* (bez. als ein *o*-artiger Laut) gesprochen wurde. Eine genaue Zeitbestimmung für den Übergang des offenen Umlauts-*e* in den *a*-Laut ist bis jetzt nicht möglich. Im 15. Jh. war er sicherlich vollzogen. An Wörtern, in denen heute *a* gesprochen wird, bieten die Urkunden folgende Belege: 1448. *nämleichen*, *gnēdigen* (2), *gnedigen*, *ganzlichen*, *mēnigkleichen* (2), *Järlichen*, *steten*, *stēten* (2), *tētten* (mhd. *tæten*); 1450. *stäten*, *stēten* (2), *tëtten*, *Tänzlein*, *Tēnzlein* (heute Name *tantsl̥* Danzel u. ähnl.) *nämlichen*, *gänzlichen* (2), *Berchtold tēschen* (Name *tāš* Tasch), *gāber* (mhd. *gæbe*), *menigklichen*, *Jarliches*, *schäden* Plur. (*šādə*). 1451. *gnedign*, *gerwstuben* (*garb* Gerberei), *gabe* (Konj. Prät. (mhd. *gæbe*), *hett*, *menigklich*, *nachsten*, 1455. a) *stättn* (2 *staete*) *tätten*, b) *gāber*, *hättn*, *wär* (*wære*). 1458. *scheden*, 1467. *geschäffts*, *mit häss* (*hæze*) 1468. *allermänigklich*, *beschwätzung* (2), *geschäft*, *gnädigen*, *mängl*, *wär*, *wärn*, *äygker* (Plur.), *aykher* (Plur.). 1471. *Arzill* (Flurname *artsill*), *perchtold täschen*, *Conrat Nageli* (*nagələ* Nägele), *Oswald Hätly*. 1473. *arbis* (*arwəs* Erbsen). 1476. *änichleins* (Enkelein), *Clas Spängler* (*špaŋglər*), *ártz knapp*, *Jenwein Hendl* (Handl, Hühnel). 1478. *Larchach* (Flurn. *larχig*). 1493. *Jarnlich*, *stát*, *Hándl*, *Spengler*. 1500. *Rägkleins* (Raggl *rakkl̥*) *ungevarlich*, *tätn*, 1503. *ungeverlich tet*, *saligen*, 1516. *gagenwërtig*, *pigenatz* Flurname *pigənāts*). 1526. *nächer* (näher). 1535. *weinachten* (*wainaχtə*). 1541. *weihenacht*, 1543. *negsten weihenechten*. 1550. *Hanns Jäger* (*jāgər*). 1557 erscheint *Oswald Schrey Jáckh* (2) heute Schreiegg, eine Bildung aus *schrei* und *jakkə* Jakob, (*šraijakkə*), die zu Schrei e g g (ck) wurde. Im 17. und 18. Jh. ist die gewöhnliche Schreibung für heutiges *a* das bekannte *ä*. Das grosse Schwanken in der Schreibung des Vokals führt zum Schlusse, dass er wie heute als *a* gesprochen wurde; den Schreibern stand kein bestimmtes Zeichen zu Gebote. Für das geschlossene *e* und für mhd. *ë* wird durchwegs *e* geschrieben; *a* dient zur Bezeichnung des nicht umgelauteten ahd. *a*. Die Fälle in denen heutiges *a* als *a* geschrieben wird, sind den andern gegenüber häufig genug, um die Vermutung, es liege etwa ein Schreibfehler, ein Vergessen des ᵉ ¨ ´ über *a* vor, von der Hand zu weisen.

Der dem ahd. *e* entsprechende Umlautvokal *ö* (*öi*) kommt seinem Klange nach unter den nhd. Vokalen dem *ö* am nächsten. (Vgl. § 1). Ein *ö*-artiger Laut scheint auf dem ganzen bairischen Gebiete zu herrschen (Weinhold, bair. Gr. S. 41, Schmeller, Baierns Maa. S. 69/70). Aus Weinholds Belegen geht auch hervor, dass er im 15. Jh.

bereits vorhanden war. Die Imster Urkunden bieten sehr wenig: 1473 *Spiegelfröd* (Flurname *špiəglfröid*), *toman Pröll*, *Kerösten* Ortsname, heute *kχaröištə* oder *öištə*, Östen bei Imst. *öištə* ist der Plur. zu dem in Imst nicht erhaltenen *asten* (Schöpf tirol. Idiot. S. 20) Niederalpe. 1568 *Georg Schabenseckhl von Kárrerösten*, 1503 und öfters *wöllen*. In den Ratsprotokollen von 1611 an mehren sich die *ö*-Schreibungen, 1611 Fol. 4 *Gsöllbriester*, *pösser*, Fol. 5 *söckhl* daneben *herbrig* (Herberge), 1612 Fol. 12 *kelberskopf*, *gröber* (Gräber) u. a. m. Für fremde Gebiete ist es eine heikle Sache, über den phonetischen Wert der heutigen Entsprechung zu urteilen. Ich kann deshalb nur eine Vermutung wagen, wenn ich sage, dass wir in dem *ö* einen ursprünglichen Laut haben, der aus dem Umlaut des *a* entstanden ist. Die Artikulation der Zunge rückt beim Wandel von *gasti* zu *gesti* (Sievers, Phon. § 676) allmählich nach vorn hin. Phonetisch wäre es sehr leicht zu erklären, wenn das ahd. (bair.?) *a* nur bis zum *ö*-Laute, der nicht so weit vorn artikuliert wird wie der wissenschaftlich angesetzte geschlossene *e*-Laut, entwickelt wurde. Dagegen könnte man einwenden, dass *ö* in der Schreibung erst seit dem 15. und 16. Jh. auftritt; allein in dieser Zeit war die Entrundung der gerundeten Vokale bereits vorhanden; das Zeichen, welches für das gerundete *ö* überliefert war, wurde naturgemäss auf den Umlaut von *a*, mit dem der Umlaut von *o* zum Teil zusammengefallen war, angewendet.

§ 40. Mhd. *ë*: Es erscheint als *ö*, *öi*: *höpfə* Hefe (Beiträge 12, 518), *öppər*, *öppəs* mhd. *ëtewër*, *ëtwaz*, *tröffə* treffen, *štöftə* F. Stift (weibl. **stëfta*), *pföffər* Pfeffer, *öiwə* eben, *göiwə* geben, *löiwə* leben, *löiwərə* Leber, *šwöiwə* schweben, *nöiwl̥* Nebel, *wöiwə* weben, *šwöifl̥* Schwefel, *kχöifər* Käfer, *kχlöiwərə* Klette (zu 'kleben'), *šwöštər* Schwester, *nöšt* (*öšt*) Nest, *dröššə* dreschen, *döštə* desto, *löššə* löschen (Berührung mit dem schwachen mhd. *leschen*), *wöšt* wüsste (mhd. *wëste*), *öššə* essen, *frössə* fressen, *fərgössə* vergessen, *wöttər* Wetter, *jöttə* jäten, *kχnöttə* kneten, *tröttə* treten (möglich ist bei allen dreien Vermischung mit schwachen mit Umlauts *e*), *pöitə* beten, *pöitlə* betteln, *šöidl̥* Schädel, *löidər* Leder, *löidig* ledig, *entwöidər* entweder, *pröit* Brett, *löisə* lesen, *gwöisə* gewesen, *pöisə* Besen, *söihə* sehen, *ksöihə* geschehen, *pöiχ* Pech, *plöiχ* Blech, *röigə* Regen, *söigə* Segen, *pəwöigə* bewegen, *pluətöigḷ* Blutegel, *pflöig* Pflege, *św öiglə* Schwegel, *söigəsə* Sense, *štöig* Steg, *wöigə* wegen, *wöig* Weg, *kχökχ* keck, *drökχ* Dreck (Beiträge 12, 516, 3), *špökχ* Speck, *šrökχə* Schrecken, *əwökχ* weg (mhd. *enwëc*), *šnök* Schnecke (Beiträge 12, 521), *tšökkət* scheckig, *söksə*, *söks* sechs, *wöksḷ* Wechsel. In folgenden Wörtern wird teils *ö* teils *e* gesprochen; beide Aussprachen sind gleich gebraucht: *leχtḷ*, *löχtḷ* Lechtal, *reχt*, *röχt* recht, *šleχt*, *šlöχt* schlecht, *kχneχt*, *kχnöχt* Knecht, *feχtə* fechten, *fleχtə* flechten, *leχtskə* lechzen, *preχχə*, *pröχχə* brechen, *šteχχə* stechen, *šlekχə* schlecken, *lekχə* lecken. Auch Umlauts *ö* kann vor *χ* (und *r*) als *e* gesprochen werden; man hat es hier also wohl mit einer neueren Aussprache des *öχ* als *eχ* zu tun nicht mit einer Bewahrung des ursprünglichen *ëχ*. — Als *e* tritt mhd. *ë* auf in: *reχnə* rechnen, *seχtsk* sechzig, *seχtsennə* sechzehn, *freχχ* frech, *reχχə* (selten *röχχə*) Rechen, *tswekχ* Zweck, *špekχər* kleine Steinkugel (zu 'spicken'), *špreklə* sprenkeln (Kluge, et. Wb. s. v.), *kχreps* Krebs, *šnepf* Schnepfe, *tsepf* Zehnkreuzerstück (Neubildung zu 'Zipfel'?), *leftskə* Lippe (mhd. *lefsə*), *šeps* schief (Beitr. 12, 535), *fetsə* Fetzen, *neffə* abreiben (an der Wand u. s. w. Schmeller I, 1731), *sessḷ* (selten *sössḷ*) Sessel, *lettə* (selten *löttə*) Letten, *prešthəft* (selten *pröst*-) bresthaft. Fremdwörter behalten ihr *e* bei: *eχt* echt, *net* nett, *pressə* pressen, *rešt* Rest, *peχχər* Becher, *tsell* Zelle, *fet* fett (? Beitr. 12, 535), *ekstərə* extra, *peštə* Bestie, *seppḷ* Josef (ital. *Giuseppe*), *trēs* Theres, *špetsiāl* Spezial, *kχetsər* Ketzer, *rēgḷ* Regel, *tsekkər* Handkorb, Schmeller II, 1081.

Mhd. *ël*, *ër* treten, wenn die Kürze des Vokals bewahrt wurde, als *al*, *ar* auf, als *ęal*, *ęar* aber, wenn Dehnung eintrat: *walt*, Welt, *galt* Geld, *salt* selbst (die Entstehung des *t* ist nicht klar), *saltə* selten, *saltsom* seltsam, was man selten hat (nie = absonderlich), *galtə* gelten, *šaltə* schelten, *tsaltə* Zelten, *maltsə* Speise mit der Zunge zerdrücken (Kluge, et. Wb. 'Malz', ags: *mëltan*), *fald* Feld, *štaltsə* Stelze (Heimburger setzt falsch *e* an, Beitr. 13, 220), *kχalpərə* Hundehalsband (aus mhd. *kël* und *bërn*), *šnall* schnell, *hall* hell, *wallə* wellen (den Teig), *šallə* schellen, Schelle, *nallə* Genick (zu ahd. *hnël*), *kšwallə* anschwellen, *kχallər* Keller, *pallə* bellen, *šmalχ* welk (mhd. *smëlhe* schmal, gering; also übertragene Bedeutung in der Ma.), *šmalhə* Schmiele (mhd. *smëlhe*), *halffə* helfen, *malχə* melken, *salhə* selchen (ist mit *ë* anzusetzen nach Ausweis jener Maa., welche *ël* als *el* haben: *selhn̥*). Dieser Lautwandel *ël* zu *al* erstreckt sich über das ganze Oberinntal (und das bair. Lechtal) bis gegen Zirl. In Hötting wird *el* gesprochen. Wo Dehnung eintrat, ist *ęal*: *gęal* gelb, *męal* Mehl, *štęalə* stehlen, *fęal* Fell, *hęalə* hehlen; *ęa* herrscht auch für gedehntes *ër*: *ęar* er, *dęar* der, *węar* wer, *pęar* Bär, *hęa* her, *šmęar* (mhd. *smër*), *dərtšwęarə* schwären, *gęarə* gern, *kχęarə* Kern, *woufęarə* woferne, *fęarə* Fern(pass), *fęarnər* Ferner, Gletscher, *šęarə* scheren, *lęarnə* lernen, *štęarə* Stern, *ęarnšt* Ernst, *węarə* werden, *ęart* Erde, *hęart* Herd, *fęart* voriges Jahr (mhd. *vert* auch bei Hartmann v. Starkenberg), *węart* Wert, *fęaršnə* Ferse (ahd. *versana*), *kχęadər* Köder (mhd. *kërder*). Die Dehnung des *ël*, *ër* zu *ęal*, *ęar* erstreckt sich über das oben angegebene Gebiet und geht darüber hinaus (Maister, a. a. O. 7). Dem *ër* mit Bewahrung der Kürze des Vokals entspricht in Imst *ar*. Westlich von Imst ist hier überall Dehnung eingetreten. Die Grenzorte sind Imst, Karres, Roppen; das Lechtal hat wie Imst *ar*. Nach Osten deckt sich die Grenze mit der von *al* aus *ël*. *hart* Herde (ahd. *hërta*), *harts* Herz, *šmarts* Schmerz, *kχaršlə* Kirsche (mhd. *kërse*), *garštə* Gerste, *warχ* Werk, Werg, *štarwə* sterben, *warffə* werfen, *parg* Berg, *fərpargə* verbergen, *fərdarwə* verderben, Verderben, *pargələ* Halsband (Demin. zu mhd. *bërc*), *kχarrə* ein Tier reizen durch Zischen, Pfauchen (mhd. *kërren*), *šarrə* Rinde in der Pfanne (*ë* nach Ausweis der westlichen Maa. *šęarə*), *sarwə* dahinsiechen (mhd. *sërwen*, westl. Maa. *sęarwə*), *farkələ* Traghimmel, früh entlehntes *ferculum*, *kχädl*, aus *kχarl* mit später Dehnung, Kerl, *tswarχ* zwerch-, *šlarpə*, schlürfen, lecken, (der Zusammenhang mit 'schlürfen' ist wahrscheinlich, doch nicht klar; westl. Maa. *šlęarpə*), *tarpl̥* Maismehlspeise (westl. Maa. *tęarpl̥*), *tswergl̥* Zwerg, kann kein echt mundartliches Wort sein; es wäre **tswarg* zu erwarten. Das Deminutiv *tswargəlә* zeigt die regelrechte Form. Die westlichen Maa. (s. oben) haben *ĕr* durchwegs zu *ęa* gedehnt.

Vor Nasal ist *ĕ* zu *eĩ* geworden, *preĩmə* Bremse (mhd. *brĕme*), *štreĩnə* mit dem Haspel gewickeltes Garn (mhd. *strĕne*), *seĩnə* Sehne, *tseĩ*, *tseĩnə* zehn, neben *tsöihə*, *tsöihnə*.

§ 41. Mhd. *ê* hat sich zu *ęa*, vor Nasalen zu *ĩə̃* entwickelt: *ęar* Ehre, *ręarə* weinen (mhd. *rêren*), *plęarə* hässlich weinen (auch von Tieren, mhd. *blêren*, *blerren* ist daraus gekürzt; vorahd. **blairrjan*), *sęar* wund (mhd. *sêr*), *hęar* Herr (mhd. *hêr*), *męarər* mehr (-er), *lęar* Lehre, *ęaršt* erst, der erste, *kχęarə* kehren (*vertere*), *ęa* Ehe, *sęa* See, *kχlęa* Klee, *węa* Weh, *ręaχ* Reh, *šlęahə* Schlehe, *tsęahə* Zehe, *lęahə* Lehen (selten. Eigenname *lęahnər* Lechner), *sęul* Seele, *šnęa* Schnee, *oŋŋənęas* alte Form für Agnes, heute meist *agŋĕs*, *wĩə̃nig* wenig, *mĩə̃* mehr (mhd. *mê* mit progressiver Nasalierung), *gĩə̃* gehen (mhd. *gên*), *štĩə̃* stehen (*stên*), *mǫktəlĩə̃nə* Magdalēna.

In den Urkunden sind die Schreibungen *ee* für mhd. *ê* seit 1450 häufig, z. B. *Seelhaws*, *geet*, *eebig*, *Eeren*, *See*, *steen* u. a. Da der Übergang von *ê* zu *ęa* eine Vorstufe *eə* voraussetzen lässt, haben wir in der Schreibung *ee* wohl die Bezeichnung eines Diphthongs zu sehen.

§ 42. Vor *l*, *r* erscheint mhd. *ë* in der Imster Ma. anders behandelt als vor andern Konsonanten. Die Entsprechung *a*, *ęa* muss auf eine offene Aussprache des *ë* vor *l*, *r* zurückgeführt werden. Der Übergang von *ël* zu *al* (und gewiss auch von *ër* zu *ar*) war im 15. Jh. bereits vollzogen; urkdl. 1467 *wält* Welt, 1473 *gältz* Geldes; *ä* ist der Laut des heutigen *a*, wie oben ausgeführt wurde. Die Differenzierung zwischen *ë* vor *l*, *r* und *ë* vor den übrigen Konsonanten reicht in frühe Zeit zurück: es mag hier auf die Schreibung *halm*, *parht* in Eigennamen des 10. Jh.s verwiesen werden (Weinhold, bair. Gr. S. 15). Vor dem Eintritt der Dehnung war *ë* vor *l*, *r* sicher ein einheitlicher Laut und wie die Dehnung zu *ęa* beweist, verschieden von dem offenen Umlauts-*ę*, das gedehnt als *ā* erscheint; *ël*, *ër* kann erst nach der Dehnung zu *al*, *ar* geworden sein. Die Fälle, in denen *ö*, *öi* für *ë* erscheint, sind so zahlreich, dass man einen spontanen Übergang des *ë* zu *ö*, *öi* annehmen muss. Zu demselben Ergebnisse kommt Brenner, PBB. 20, 87. Die wenigen Wörter, in welchen *ë* als *e* auftritt, vermag ich nicht hinreichend zu erklären. Man vgl. z. B. *drökχ* Dreck, gegenüber *tswekχ*. Beide gehen auf *ë* zurück, sind *o*-Stämme. — Ein *i* der Folgesilbe kann nur für wenige nachgewiesen werden: *ötligə* (mhd. *ëtliche*) *pölts* Pelz (*belliʒ*), *pröidig* Predig, vielleicht *fölsə* Felsen, so ferne nicht Umlauts-*e* vorliegt (Paul, mhd. Gr.[4] § 43. 3).

Für die Zeit des Überganges von *ë* zu *ö* erweisen die Belege bei Weinhold S. 41, dass er im 16. Jh. vollzogen war (*wöllen* hat Umlauts *e*). Eine Imster Urkunde von 1507 schreibt *löchleitner* Lechleitner; vor *χ* wurde also *ö* gesprochen, ein deutlicher Hinweis dass die offene Aussprache vor *χ* erst jüngern Ursprunges ist ('Lech' aus röm. 'Licus').

Anm. Zu erwähnen sind die Fremdwörter mit *e*, welche in der Ma. als *a* erscheinen: *tallər* N. Teller, *larmə* Lärm, *flaksə* Flechse, *fālə* fehlen, *fālaisə* kleiner Wagen für die Briefpost („Felleisen" lat. *valisia*).

§ 43. Mhd. *i*. Es erscheint als *i*, gedehnt als *ī*; vor Nasalen *ī* gedehnt *ĩ*. *mit* mit, *tsittərə* zittern, *šwitsə* schwitzen, *wissə* wissen, *pissə* gebissen, *fiš* Fisch, *kχištnə* Kiste, *štill* still, *hilft* hilft, *šilhə* schielen (mhd. *schilhen*), *tsipfḷ* Zipfel, *griffə* gegriffen, *wippə* Witwe, *flikχə* flicken, *štrikχ* Strick, *ksiχt* Gesicht, *kštriχχə* gestrichen, *siŋŋə* singen, *riŋŋ* leicht, gering, *sinn* Sinn, *kšwind* geschwind, *špinnə* spinnen, *himmḷ* Himmel, *tsimmərmoñ* Zimmermann, *himpöir* Himbeere (*hintbër*), *rīgḷ* Riegel, *līgə* liegen, *štrīχ* Strich, *fīχ* Vieh, *tsīhə* geziehen, *glīhə* geliehen, *wīdər* Widder, *šmīd* Schmied, *pīsə* das Laufen des Viehs, wenn es von Bremsen gestochen wird (mhd. *bisen*), *twisḷt* in zwei Teile geteilt (mhd. *zwisel*), *štīl* Stiel, *līsə* Elisabeth, *šīfər* Schiefer, *plīwə* geblieben, *grīf* Griff, *šĩnə* Schiene, *hĩ* hin, *ĩ* Inn, *trĩnə* Kathrine, *im* ihm, *štrĩmə* Narbe, Wulst (ahd. *strimo*). Vor *r* haben die westlichen Maa. *i* durchwegs zu *iə* entwickelt. In Imst (samt Roppen, Karres, Tarrenz, Nassreid) ist *iər* für *ir* nur in folgenden Wörtern: *iər* irre, *iərə* irren, *kšiər* Geschirr, *miər* mir, *diər* dir, *iər* ihr (geschlechtig), *tswiərə* Zwirn, *hiərə* Hirn, *wiərt* Wirt, *fiəršt*

First (Dach-), *hiərt* Hirt, *hiərš* Hirsch, *piərlig* kleiner Heuhaufe (mhd. *hirlinc*), *šmiərə* schmieren, *šliərə* den Speichel fliessen lassen (Schmeller, b. Wb. II 532). Dagegen: *kχirχə* Kirche, *gəpirg* Gebirge, *pirχə* Birke, *wirft* wirft, *štirpt* stirbt, westlich von Imst: *kχiərχə*, *gepiərg*, *piərχə*, *wiərft*, *štiərpt*. Diese Erscheinung hängt mit der Dehnung des *i* vor *r* zusammen, die in Imst nicht eintritt, wenn Labiale und Gutturale auf das *r* folgen. Die Entwicklung zu *iə* scheint an Zugehörigkeit des *r* zur selben Silbe gebunden zu sein; vgl. *pīrə* Birne (mhd. *bi-re*) *gīrig* gierig, und die Nebenformen *tswīrə*, *hīrə* (aus *zwi-ren*, *hi-ren*?) neben *tswiərə*, *hiərə*.

§ 44. Mhd. *î*. Es tritt durchwegs als *ai* auf bis an die Landesgrenze hin, das angrenzende alemannische Gebiet (Schweiz, Vorarlberg) hat *î* nach bestimmten Gesetzen erhalten: *sait* seit, *paijə* Biene (mhd. *bîe*), *kχaidə* keimen (zu mhd. *kîde*), *rais* Reis, *tswaig* Zweig, *faigə* Feige, *gaitig* geizig (mhd. *gîtec*), *aiffər* Eifer, *šwaits* Schweiz, *ã̃* ein (mhd. *în*), *šãnə* scheinen, *pã̃* Pein, *laišt*, *lait* liegst, liegt, *gaišt*, *gait* gibst, gibt (mhd. *lîst lît*, *gîst gît*). Urkundl. regelmässig *leit*, *leyt*, *leitt* 1450, 55, 67 u. ö. In den Urkunden ist kein einziger Fall, dass *î* als solches geschrieben wäre, es herrscht ausnahmslos *ei*. — Vielfach ist es auch in der Nebensilbe *lîch* diphthongiert. Heute herrscht in der Aussprache *-ig* mit kurzem *i*. 1448 *eleich* und *elich*, 1435 (Pfarr-Arch.) *giftigkleichen* geschenksweise, 1448 *Hainreich* u. a. m.

§ 45. Mhd. *o*. Es entspricht *o*, gedehnt *ou*, ausser vor *r*: *prokχə* Brocken, als Ztw. pflücken ('zu brechen'), *rokkə* Roggen, *joχ* Joch, *kštoχχə* gestochen, *kχlokχə* klopfen (ahd. *klocchôn*), *tokχə* hölzerner Auslass an einem Weiher (zum Schliessen und Öffnen, zu mhd. *tocken*, vgl. § 75), *pougə* Bogen, gebogen, *rougl̥* locker (mhd. *rogel*), *glougə* gelogen, *fougl̥* Vogel, *kχouχ* Koch, *ksottə* gesotten, *rots* Rotz, *gottl̥* Gottlieb, *pfoštə* Pfosten, *kχošt* Kost, *ross* Ross, *foll* voll, *holts* Holz, *gold* Gold, *kχrountə* Kröte (ahd. *chrota*), *loudə* Loden, *moudərfaul*, moderfaul, *housə* Hose, *kšlous* Schloss, *soulə* Sohle, *moul* weich (durch Schlagen, zu mhd. *müllen*), *houlərštaudə* Holunderstaude, *tropfə* Tropfen, *ropfə* rupfen (ahd. *rophôn*), *šoppə* schoppen, *oft* oft, *hoffə* hoffen, *off* offen, *šouwər* Schober (Heu-), *houf* Hof, *groub* grob, *kχlouwə* gekloben, *toundərə* donnern, *hoūnig* Honig (selten mit Umlaut *heīnig*), *toū* Ton, *pərsoū* Person. Die Dehnung des *o* zu *ou* weist darauf hin, dass mhd. *o* in den Maa., welche heute *ou* für *o* haben, ein geschlossener Laut war (Weinhold, bair. Gr. S. 103).

Vor *r* wurde *o* offen gesprochen; es erscheint heute als *ǫ*, wo seine Kürze bewahrt blieb (vor Labialen und Gutturalen bewirkte *r* keine Dehnung im Gebiete von Imst bis gegen Zirl), als *ǫa* wo Dehnung eintrat, im Auslaut und vor Dentalen. (Die westl. Maa. haben die Dehnung *ǫa* überall). *fǫrhə* Föhre (ahd. *foraha*), *fǫrχt* Furcht (mhd. *vorhte*), *dǫrrə* dorren, *sǫrgə* sorgen; urkdl. 1468 *versargen* (2) ist das einzige Beispiel, das ich aus den Urkunden anführen kann; es beweist, dass *ǫ* gesprochen wurde. *mǫrgə* morgen, *kχǫrb* Korb, *štǫrfə* dürrer, schlechter Baumstamm (zu mhd. *storre* mit labialem Suffix, vgl. *šölfə* Obstschale ahd. *scelira* und „Schale"), *gwǫrffə* geworfen, *kštǫrwə* gestorben, *ferdǫrwə* verdorben, *dǫrf* Dorf, *fərpǫrgə* verborgen. Westlich von Imst wird in all diesen Fällen *ǫa* gesprochen. Im Ötztal wird dieses *ǫr* als *ar* mit reinem *a* gesprochen. Dehnung zeigt sich in: *fǫar* vor, *tǫar* Tor, *ǫart* Ort, *wǫart* Wort, *pǫarə* bohren, *kχǫarə* Korn, *hǫarə* Horn, *tsǫarə* Zorn, *dǫarə* Dorn, *fǫarnə* vorne, *fərlǫarə* verloren, *gwǫarə* geworden, *dərtšwǫarə* Part. z. *dərtšwę̄arə* schwären, *kfrǫarə* gefroren, *ǫarnə* ordnen, *špǫarə* mit den Füssen stossen, scharren (mhd. *sporn*), *ǫarhoū* Auerhahn (mhd. *orhan* Kluge, et. Wb.) *pǫarkχirχə* Emporkirche, *fǫadərə* fordern, *fǫadər* vorder, *pǫartə* Borten. Demnach sind nhd. Einflusse zuzuweisen: *foršt* Forst, *portə* Pforte (lat. junges Lehnwort), *kšwourə* geschworen, *gepourə* geboren; *ur* für *or* zeigen: *furm* M. Form (Lehnwort), *furt* fort (jetzt dringt nhd. 'fort' wieder ein), *murts* in *murtslār* ganz leer; wie *mortskχādl* ein ganzer Kerl (neue Bildung) beweist, liegt der Gen. *mordes* (zu *morts*) vor.

§ 46. Mhd. *ö*. Ausser vor *r* entspricht dem mhd. *ö* derselbe Laut *ö*, *öi*, der für ahd. Umlaut *e* auftritt: *pöllər* Böller, davon abgeleitet *pöldərə* lärmen, *löχχər* Löcher, *pökχ* Böcke, *fölkχlə* Völklein, *jöχχər* Jöcher, *štökχ* Stöcke, *kχöpfiš* köpfisch, *föllig* völlig, *öil* Öl, *söifl* so viel (aus mhd. *sôvil*), *pöitin* Bötin, *höiflə* Höflein, *pöidə* Böden, *šröiflə* Schröflein u. a. Da *ö* als Umlaut zu *o* analogisch gebildet ist (vgl. ahd. *loh* Pl. *luhhir*), ist es erklärlich, dass zu *ǫr* aus *or* der Umlaut *a* ist, *kχarb* Körbe, *darfflə* Dörflein. Mhd. gedehntem *ör* entspricht *ęa(r)*, *męaršər* Mörser, *fęadər* das vordere (Kompar. Umlaut), *męadərə* (mhd. *mördern*) mit einem stumpfen Messer die Haut abziehen, *męartḷ* Mörtel, *špęar* trocken (mhd. *spöre*), *dęarə* Dorn (cf. oben *dǫarə*), *ęartər* Örter, *węartər* Wörter, *pearšter* M. vielleicht nach dem Plur. *börster* zu mhd. *borst* N. gebildet, *nęadər-* aus *nörder*, *nęadrig* nördlich, auf der Schattenseite. Vor *r* muss auch *ö* offen gewesen sein.

§ 47. Mhd. *ô*. Die heutige Entsprechung ist *ǫa*, vor Nasalen *ųɔ̃*; *ô* war also ein offener Laut. *tǫat* tot, *tǫad* Tod, *rǫat* rot, *nǫat* Not, *prǫat* Brot (häufig auch *prout*, nhd. Einfluss), *kχǫat* Kot, *štǫassə* stossen, *grǫas* gross, *pǫushǫft* boshaft, *šǫas* Schoss, *plǫas* bloss, *flǫas* Floss, *rǫašt* Rost (im Herde), *ǫaštərə* Ostern, *kχlǫaštər* Kloster, *trǫašt* Trost, *lǫasuŋ* Losung, Erlös, *rǫasə* Rose (dagegen *rousə* Rosa, nhd.) *rǫar* Rohr, *ǫar* Ohr, *flǫaχ* Floh, *hǫaχ* hoch, *kχlǫaijə* Klaue (mhd. *klô* u. *klâe*, ahd. *klâwa*), *frǫa* froh, *štrǫa* Stroh, *lǫaχ* M. Lohe (Gerber-), *rǫaχ* roh, *pųɔ̃nə* Bohne (Imster Marktordnung von 1524 *poenen* und *arbis*), *šųɔ̃nə* schonen, *lųɔ̃* Lohn, *šųɔ̃* schon, *kχrųɔ̃wurg* Kronburg, Ruine westlich von Imst, aber *kχroũnə* Krone als Geld, Wirtshausschild.

§ 48. Mhd. *œ*. Die Diphthongierung zu *ęa* entspricht der von *ô* zu *ǫa*: *hęarə* hören, *kχęarə* gehören, *kχęar* Gehör, Zugehör; Flurname für das Klostergut, *kfręarə* gefrieren machen (mhd. *gevroeren*), *lęasə* lösen, *flęassə* flössen, *šręat* Plur. (auch als Sgl. gebraucht) Schrot, *ęad* öde, *plęad* blöde, fade schmeckend, *nęatə* mühsam arbeiten, *gnęatig* viel beschäftigt, *tęatə* töten, *ręatə* Röte, *tręaštə* trösten, *pęas* böse, *ręaštə* rösten, *ręaš* rasch, stürmisch (verlangt mhd. *roesche* vgl. K. Luick, Beiträge, 14, 132), *tręaštələ* Drossel (vgl. Beiträge 18, 330, Kauffmann, Gesch. d. schw. Ma. S. 185), *kχręas* Gekröse, *tęar* störrisch (mhd. *toere*), *kχęal* Kohl (*koele*). Vor Nasalen erscheint *ęa* als *įɔ̃* : *šįɔ̃* schön, *hįɔ̃nə* wild weinen (mhd. *hoenen* nhd. höhnen), *kχrüślə* Krönlein. Auch für mhd. *æ* ist offener Laut vorauszusetzen (für unsere Ma.)

§ 49. Mhd. *u*. Es erscheint *u*, gedehnt *ū*; vor Nasalen *ũ*, *ū̃*: *tukχ* Tücke (mhd. *tuck*), *trukχə* trocken, *rukχ* Ruck, *fuks* Fuchs, *tsug* Zug, *pūg* Biegung, *flūg* Flug, *sūgḷ* Lamm ohne Mutter (Ablaut zu 'saugen'), *trūhə* Truhe, *grūχ* Geruch, *šprūχ* Spruch, *furχ* Furche (ahd. *furuh*), *durχ* durch, *wurm* Wurm, *šurts* M. Schurz, *gurglə* Gurgel, *tūrə* Turm, *ūr* Uhr, *gəpūrt* Geburt, *sūr* Salzwasser zur Aufbewahrung des Fleisches, überhaupt saure Flüssigkeit, *sūrə* in Salzwasser legen, einsäuern (im Ablaut zu sauer **sūr-*), *truts* Trotz, *šmūts* Schmutz, *puttər* M. Butter, *kχuttə* Herde, Menge (*chutta*), *kχuttlə* Kutteln, *sut* einmaliges Sieden, *truttə* Drude (mhd. *trute*), *hūdər* Hader, Fetzen, *sūdlə* sudeln, *gūs* Guss, *gəgūs* Genuss, *tūs* still, niedergeschlagen (Ablaut zu mhd. *tûze*), *lullə* lullen, *šuld* Schuld, *pullə* Lockruf für die Hennen (roman. Abkunft, lat. *pullus*), *fuŋkχə* Funken, *ksuŋŋə* gesungen, *sunnə* Sonne, *gwunnə* gewonnen, *grunnə* geronnen, *nunnə* Nonne, *summər* Sommer, *psundərs* besonders, *trummə* Trommel, *kšwummə* geschwommen; *u* ist hier in der Ma. durchwegs bewahrt. *kχupfər* Kupfer, *šnupfə* schnupfen, *šnūflə* schnüffeln, *huff* Hüfte (mhd. *huf*), *rūfə* Eiterkruste (zu ahd. *hriof*, *hriuf* Aussatz), *štūwə* Stube.

Der Umlaut des *u* ist vielfach nicht eingetreten. Vgl. unter anderen v. Bahder, Grundlagen S. 199 ff. *prukkə* Brücke, *rukkə* Rücken, *tsruk* zurück, *mukkə* Mücke, *luk* locker (mhd. *lücke*), *gukkə* gucken, *rukkəs* roggenes (mhd. *ruckînʒ*), *pukkḷ* Buckel, Rücken (Suffix *-il*? ahd. *buggil*? Es gehört zum Stamm *bug-* biegen und ist nicht von *bücken* abgeleitet, wie v. Bahder a. a. O., Wilmanns, Deutsche Gr. S. 188 annehmen), *pukχə* bücken, *tsukχə* zucken (? ahd. *zucchen* und *zucchōn*), *rukχə* rücken, *drukχə* drücken, *lukχə* Lücke, *kχrukχə* Krücke, *štukχ* Stück, *lukχ* N. Deckel (zu Loch *jō*-St. **lukja-*), *kχuχχə* Küche, *purt* Bürde (ahd. *burdî*? oder ein *i*-St.?), *šlurflə* schlürfen, *purgər* Bürger, *nuts* nütze, *nutsə* nützen, *wulləs* wollenes (*wullînʒ*), *guldə* Gulden, *duldə* dulden, *šuldig* schuldig, *tuŋŋə* düngen, *tuŋkχə* dünken, *umm* um (ahd. *umbi*), *hupfə* hüpfen, *tupfə* tupfen, *štupfə* stechend stossen (mhd. *stupfen, stüpfen*), *lupfə* aufheben (mhd. *lupfen, lüpfen*), *supfə* schlürfen (zu 'saufen'), *rupfə* grobes Tuch (mhd. *rupfîn*), *tuppə* geklobener Baumstamm (zu mhd. *tübel*), *kχluppə* Kluppe. Die Konj. Prät. der starken Verba der 2. Klasse und der 3. Klasse haben nie den Umlaut: *lūg* löge, *pūg* böge, *flūg* flöge, *tsūχ* zöge, *flūχ* flöhe, *fərlūr* verlöre, *dərfrūr* erfröre, *guss* gösse, *šuss* schösse, *fərdruss* verdrösse, *suff* „söffe", *šluff* „schlöffe", ebenso *luff* würde laufen, *kχlūb* klöbe, *šūb* schöbe, — *šturb* stürbe, *wurf* „würfe", *wūr* würde, *hulf* „hülfe". Die der 3. a haben das *u* des Konj. durch *a* ersetzt.

Mhd. *ü* wurde zu *i*: *tsikklprunnə* Ziehbrunnen (**zugil-*), *tikχə* tücken, *tikχiš* tückisch, *glikχ* Glück, (vgl. *unglukχsom*, kein Glück bringend), *trikχnə* Trockenheit (Fem. abstr. **truckanî*), *nitslig* nützlich, *špritsə* spritzen, *hittə* Hütte, *tsritt* verrückt, zerrüttet, *šittə* schütten, *flittə* dünne Schnitte Speck (**fludja-* zu idg. Wz. *plt* die in 'Fladen' vorliegt, vgl. Kluge, et. Wb.), *grišt* Gerüst, *piššələ* Büschelchen, *griššə* Kleie (mhd. *grüsch*, das gewöhnlich zu ital. *crusca* gestellt wird), *šprissl* Sprüssel, *šisslə* Schüssel, *šlissl̥* Schlüssel, *šits* Schütze, *pītsə* Wiesenteich (ahd. *puzzi* lat. *puteus*), *tsintə* zünden, *simmərə* das Vieh den Sommer über füttern, *wintšə* wünschen, *ginštig* günstig, *kχimftig* künftig, *pīnə* Bühne, *kχīnig* König (ahd. *kuning*), *hiŋŋərə* hungern lassen, *jiŋŋər* jünger, *jiŋglə* Junge werfen, *dinl* dünn, *tintštig* dunstig, *sinl* Sünde, *kχində* künden, *frimmə* bestellen (*vrümmen*), *ins* uns (aus *unsih*), *insər* unser, *tipflə* tüpfeln, *šippl̥* eine Anzahl von Gegenständen (zu schieben **scubil-*), *ripfl̥* Heurupfer (**rupfil* zu 'rupfen'), *siffig* süffig, *sipflə* süpfeln), *kχipfərnər* kupferner (*-în*), *liftə* lüften, *štipfl̥* Lochbohrer zum Pflanzensetzen (zum obigen *štupfə*), *kχnipfə* knüpfen, *fillə* füllen, *tsillə* Zülle, *hildərə* hallen (zu hohl, **huliron*), *millər* Müller, *gillə* Gülle, *gmill* Kehricht (zu mhd. *müllen*), *hilsə* Hülse, *hiltsərnər* hölzerner, *tsīglə* zügeln, züchten, *rīglə* rütteln (zu mhd. *rogel*, **rugljan*), *flīgl̥* Flügel, *stīrə* stöbern (mhd. *stürn*), *pīrə* an etwas herumbohren (*bürn* zu bohren), *šīrə* schüren, *kšpīrə* verspüren, *fīr* für, *pīrštə* Bürste, *fīršt* Fürst, *firχtə* fürchten, *wirgə* würgen, *pirg* Bürge, *mirk* mürbe, feucht (*jo*-Adj., mhd. *murc* *o*-St.), *fīdərə* fördern (*vürderen*), *tirmlig* taumelnd (mhd. *türmelic*), *tirχlkχöllə* durchlöcherte Siebkelle (zu mhd. *dürchel*); es ist zu beachten, dass *īr* aus *ür* nie zu *iə* diphthongiert wird; *iwər* über, *īwl̥* übel, *kχīwl̥* Kübel, *tīwl̥* Zapfen (mhd. *tübel*).

Anm. Beachtenswerte Neubildungen sind *muχ* Michael, zu *miχχl̥* und *kχrušt* Christian, zu *kχrištl̥*.

§ 50. Mhd. *û*, Umlaut *iu*. Es entspricht *au*, dem *iu*, *ai*: *prauχ* Brauch, *pauχ* Bauch, *hauhə* hauchen, *rauχ* rauh, *kχraut* Kraut, *haut* Haut, *štaudə* Staude, *tausət* 1000, *kχlausə* Klause (Eindämmung beim Holzschwemmen), *aus* aus, *aussə* aussen, hinaus; im Stanzertal und Paznaun lautet es *ussə*, *hussə*, auf die Ablautsform mit kurzem *u* zurückgehend, *grausə* grausen, *rauš* Rausch, *taušə* tauschen, *maul* Maul ('Mund' fehlt der Ma.), *faulə* faulen, *paur* Bauer, *šaurə* hageln, *šaur* Hagel (mhd. *schûr*), *maurə* Mauer, *taurə* dauern, *saur* sauer, ein Adjektiv mhd. *sûr* (*sûre*?), s. § 49, möchte ich auf Grund des Flurnamens *sīrəpuit* erschliessen; *puit* ist mhd. *biunt* eingezäumtes Feld, der Name würde also 'saure Wiese', Feld mit schlechtem Grase bedeuten, vgl. den Flurnamen *sauroŋŋər* der saure Anger, den Ortsnamen *saurs* Saurs? 2 Stdn. westlich von Imst. Urkdl. ist 1483 *ain stugk mad genandt dy Süessaw* erwähnt. *pau* Bau, *pauə* bauen, *trauə* trauen, *hauffə* Haufen, *traupə* Traube, *tauwə* Taube, *hauwə* Haube, *šnaufə* schnauben, *au* auf, *tsaũ* Zaun, *laũnə* Laune, *praũ* braun, *daũmə* Daumen, *raũm* Raum, *raũmə* räumen, *fərsaũmə* versäumen (mhd. *rûmen*, *sûmen*). *jũχtsḱə* hat die Diphthongierung nicht mitgemacht; es ist eine lautnachahmende Bildung in lebendigem Zusammenhang mit dem Naturlaut *jũ*. (Läge mhd. *û* vor, so wäre die Dehnung nicht erklärlich).

Für den Umlaut vgl. *faiχt* feucht (ahd. *fûhti*), *paitl̥* Beutel (ahd. *bûtil*), *kχraits* Kreuz, *pailə* Beule (Kluge, et. Wb. s. v.), *sail* Säule (ahd. *sûl* i-St.), *aitər* Euter, *raišə* (ahd. *rûssa*, **rûsga*) Reuse, *haiffig* häufig, *daĩmlig*, Däumling (des Handschuhs), *aissərlig* äusserlich, *graislig* eckelhaft (zu *grausə*), *haitər* Häuter, *haisər* Häuser, *raihə* Rauheit (Fem. abstr.) *saiwərə* säubern u. a.

§ 51. Die Entsprechung *i* für mhd. *ū*, *ai* für mhd.

monophthonges *iu*, *ö* der Imster Ma. für mhd. *ō*, *ęa* für *oe* zeigen, dass die Ma. in historischer Zeit die mit Vorstülpung und Rundung der Lippen gebildeten Vokale verloren hat. Gewiss ist das Aufgeben der bezeichneten Lippenartikulation auf einen und denselben Prozess bei allen zurückzuführen, der für alle im gleichen Zeitraum eingetreten ist. Zur Zeit der Dehnung muss noch ein Unterschied zwischen *i* und *ü* gewesen sein. Wie schon angedeutet wurde, ist *i* vor *r* und Dental zu *iə* geworden, *ü* wurde nun zu *ī*, wo Dehnung stattfand. Mhd. *mir* zeigt sich als *miər*, mhd. *vür* als *fīr*; mhd. *virst* als *fiəršt*, mhd. *vürste* als *firšt*. In dieser Behandlung des mhd. *ür* stimmt das ganze Oberinntal (speziell die westlichen Maa.) mit Imst überein. Die Dehnung der kurzen Vokale wurde wahrscheinlich im 13. Jh. durchgeführt; es geht wohl kaum an, die Entrundung des *ü* schon ins 12. Jh. zu versetzen (Weinhold, bair. Gr. § 19). Überhaupt lässt sich aus den Angaben bei Weinhold S. 26 (*e* für *ö*) S. 41 (*ö* für *e*, *ē*, *ä*) S. 82 (*ei* für *eu*) S. 90 (*eu* für *ei*) eine sichere Datierung für den Übergang gerundeter Vokale nicht gewinnen. Im 16. Jh. war er vollzogen. Die Imster Urkunden schreiben bis zur Mitte des 16. Jhs. immer *ö*, *ü*, *ó*, *œ*, *ú*, soweit der Umlaut überhaupt bezeichnet wird: 1543, *gewendlich* (gewöhnlich), 1550 ebenso, 1569 *geherig* gehörig. In der Baumeisterrechnung von 1600, *Schneeflichten* (Schneeflüchte: Zufluchtsorte vor Schneewehen in den Hochalpen), *hürten* (2), (*hierten* 2), *betrüfft*, *hitten* Hütten. Im Ratsprotokoll von 1611: *dariber*, *unmiglich* unmöglich, *soril miglich*, *gebirt* (Fol. 3), *mindtlich*, *besen* bösen (Fol. 4), *von neten* (Fol. 5), *aisserlichs*, *gepreichig* (auch in der Baumeisterrechnung 1600) (Fol. 6), *Creizgang*, *peucht* (Fol. 8).

§ 52. Mhd. *ei*. Es entspricht durchwegs *ǫa*: *lǫab* Laib, *šwǫaf* Schweif, *rǫaf* Reif, *prǫatə* breiten, *šǫadə* scheiden, *lǫad* leid, *trǫad* M. Getreide, *mǫaštər* Meister (in diesen beiden ist das ursprüngliche *agi* frühe zu *ei*, *ai* geworden, wahrscheinlich ist das *g* geschwunden (palatalisiert worden), bevor *a* durch den Umlaut geändert worden ist), *hǫadə* Heiderich, *gǫas* Geiss, *gǫaslə* Geissel, *glǫas* Geleise, *mǫa* Mai, *tǫalə* teilen, *gǫal* fad schmeckend (mhd. *geil*), *tsǫagə* zeigen, *mǫar* Name Mair, *pǫar* Baier u. a. Vor Nasalen erscheint mhd. *ei* (*ǫa*) als *ũə*: *štũə* Stein, *hũəlig* heimlich (*heinlîche*), *sũədlə* (aus **seindlen*, zu mhd. *seine*) nachlässig arbeiten, *lũənə* lehnen (mhd. *leinen*), *hũəŋərt* Heimgarten, Plauderei, Besuch, *mũənuŋ* Meinung, *ũə* ein, *fũəm* Feim, *šũəm* Schaum (mhd. *scheim*), *kχlũənə* klein machen, *tswũətsk* (mhd. *zweinzec*). *ai* für mhd. *ei* haben folgende Wörter: *gaišt* Geist, *hailig* heilig, *gaištlig* Geistliche; die Urkunden, welche altes *ei* als *ai*, neues *ei* aus *î* als *ei*, *ey* konsequent widergeben (nur 1542 *maines* mhd. *mînes*, *gemeinlich* mhd. *gemeinlîche*), schreiben 1498 *Heylign*, 1500 *heylign gaist*, 1509 *heiligen*, 1512, 16 *geistlich*, *geystlich*, 1517 *heiligen geyst*, 1451 *hailigen*. Nach diesen Schreibungen zu schliessen, drang (durch eine Kirchensprache?) *ei* für *ai* (*ai* für *ǫa*) in der zweiten Hälfte des 15. Jhs. durch. Für *flaiš* Fleisch, vgl. 1467 *flaisch*, 1611 (Fol. 4) *fleisch*. Auch im 17. Jh. werden die Schreibungen *ei* und *ai* auseinander gehalten, Verwechselungen sind vereinzelnt. *aigətlig* eigentlich, neben *ǫagə* eigen; *kχaisər* Kaiser, selten *kχǫasər*, *ferštǫagərə* und *ferštaigərə* versteigern, *wǫagərə* und *waigərə* weigern, *haid* Heide (mhd. *heiden*); das Suffix *-heit* erscheint, wo es nicht zu *hət* abgeschwächt ist, als *-hait*, *ksunthait* Gesundheit, *ęawikχait* Ewigkeit (*kχroŋkχət* Krankheit, *wǫrhət* Wahrheit); dagegen schreiben die Urkunden regelmässig *-hait*, 1467 *siechait*, 1450 *warhait*, auch in den Ratsprotokollen immer *-hait*. In Zams, Landeck stehen die Komponenten des *ǫa* einander näher; *ǫ* ist mehr dem *a* genähert; im Stanzertal und Paznaun wird reines *ā* für Imster *ǫa* gesprochen: *lād* leid, *plāχə* bleichen, *mās* Stück gerodeter Waldfläche (= Reut) davon der Name Maass = Bauer der eine *mās* bewohnt, (zu mhd. *meizen*); da auch vor Nasalen mhd. *ei* als *ã* erscheint, haben wir es in diesem *a* mit einem lautlich entwickelten zu tun. *štã* Stein, *alã* allein, *mãnə* meinen; Nagl (Zs. f. österr. Volkskunde I S. 34) will *a* für mhd. *ei* als fremdes, nicht im Bairischen entwickeltes Sprachgut fassen. Aus den Angaben bei Weinhold, bair. Gr. S. 52, Schöpf, in Frommanns D. Maa. 3, 89, ist zu ersehen, dass *a* für mhd. *ei* auch auf bairischem Boden organisch entwickelt wurde. Eine Art *i*-Umlaut des *ei* scheint in *pęadə* beide, vorzuliegen, wohl schon ahd. (Braune, ahd. Gr. § 43, 5) *bêde* durch das Neutr. *beidiu* zu *bêdiu*? Zu *ǫa* kann nach dem Muster von mhd. *ô*: *oe* (heute *ǫa*, *ęa*) ein Umlaut *ęa* gebildet werden: *preat* Breite, *hęas* Hitze, *węaχə* Weichheit; alle Fem. abstract. haben den Umlaut. Für die Entwicklung des *ǫa* vgl. man aus den Urkunden: 1477 *Plaeckh Anger* (heute zu *plǫakχengl*, Flurname bei Obtarrenz, geworden, vgl. Schmeller I, 323), 1479 *zwoe* (neutr. 1504 *Oswald Maer* (Mair). Aus diesen Abweichungen vom gewöhnlichen *ai* ist doch zu entnehmen, dass bereits *ǫa* gesprochen wurde. 1504 *den man nembt Poener*, 1524 *Jacob Poener*, 1543 *Hans Poener*, 1569 *Jacob Payner*. Zu Grunde liegt diesem Namen *ō*, dessen Diphthongierung man zu bezeichnen versuchte; sie deckte sich aber mit der des mhd. *ei* (*ain*), daher die Schreibung *Payner* statt *Pöner* (zu mhd. *bône* F.); 1585 *Hans Joes*, der Name wird heute *Jais* geschrieben (wie vom 17. Jh. an) (*jǫas*); es ist eine Kurzform zu 'Josef' und verlangt eine frühe Form *jōs*. In Innsbruck kommt der Familienname *Joas* vor (dialektische Schreibung).

§ 53. Mhd. *ou*, *öu*. Die Ma. bietet zwei Laute dafür, *ou* (*oũ*) und *au*: *oug* Auge, *lougə* Lauge, *goukl* herumfuchteln gaukeln, *rouχ* Rauch, *rouχə* rauchen, *ou* auch, *glouwə* glauben, *dərlouwə* erlauben, *goufl* hohle Hand (mhd. *goufe*), *šlouf* Masche (zu mhd. *slöufen*), *kχouffə* kaufen, *louffə* laufen, *trouf* M. Traufe, *štoup* Staub, *loup* Laub, *šoup* Schaub (Stroh-), *toup* erzürnt (mhd. *toup*), *touffə* taufen, *roupə* Roppen; der Diphthong geht auf altes *au* zurück; die Schreibung 'Roppen' ist falsch; im 14. Jh. ist *Rauppen* geschrieben, vor *p* kann in der Imster Ma. kurzes *o* nie gedehnt werden; vielleicht hat auch altes *ou* der Name *roufə* (Rofen, Rofenstein und ähnl.). *roupə* und *roufə* lassen sich unter einer idg. Wz. *rup*, Ablaut *roup*, vereinen (vgl. beim Konsonantismus), *troũm* Traum, *dərtroũmə* träumen, *poũm* Baum, *roũm* Rahm, *soũm* Saum. Da sich die *oũ* dieser Wörter vollständig mit denen aus mhd. gedehntem und langem *a* vor Nasal decken, so ist es erklärlich, dass ihre Deminutive analog diesen gebildet werden: *poũm* Baum, *peim* Bäume, *pãmlə* Bäumlein, wie *roũmə* Rahmen *rãmlə*, *soũmə* Samen, *sãmlə*: *rãmlə* dünner

Rahm (zu *roum*). Für die Umlaute zu diesen vgl. man: *göikələ* zwecklos sich beschäftigen (zu mhd. *gouckeln* und nicht wie bei Lexer I, 1044 zu *goygeln*), *röiχə* räuchern; in Tarrenz und westlich von Imst: rauchen (Tabak). *uŋglöiwlig* unglaublich, *löiffig* läufig, *štöipə* stäuben, *dərtöipə* erzürnen zu *toup*, *ūənökkət* einäugig, entstand aus **einöuggent* (ahd. *einoucki*).

au haben: *lauŋŋə* läugnen, *taugə* taugen, *augušt* (junges Lehnwort) August (Monat und Name); *hauptsǫχ* Hauptsache, *haupmoū* Hauptmann, (das einfache Haupt fehlt der Ma.), *tsauwərə* zaubern, *rauwə* rauben, der Einfluss des Nhd. auf die Gestaltung des *ou* zu *au* lässt sich heute beobachten, da neben den oben genannten *ou* auch *au* gesprochen wird bei *aug* Auge, *glauwə* Glauben, *tauffə* taufen, *ūrlaub* Urlaub. (Urkdl. 1485 *hopt*, *hobt*, als Plur. von mhd. *houbet*).

Nur *au* und dies in lautgesetzlicher Entwicklung kommt den Wörtern zu, die ihr *ou* (mhd.) aus germ. *aw* entwickelt haben: *frau* Frau, *au* Au, *hauə* hauen, *gŋau* genau, *tau* Thau, *šaugə* schauen; der Umlaut dazu ist *ai*, *ailə* kleine Au, *frailə* Fräulein, *taijələ* leicht regnen (zu Thau), *haijələ* Tätschchen, zu *hauə*; *gai* Gau, *hai* Heu, gehen auf altes *gauwj-* mhd. *göuwe* zurück. Von Telfs an östlich und vom Vintschgau an spricht man für das *ou* der Imster Ma. (ahd. *ou*) *ā*, *a*; nur vor altem *w* und teilweise vor *g* wird *au* gesprochen. Inwieweit *au* vor *g* lautgesetzlich ist, kann nur auf Grund von reichlichem Material aus den Maa. entschieden werden. (Vgl. die Angaben bei Maister, a. a. O. S. 10. u. 16). Gewiss ist, dass der aus germ. *aww*, *auw* entstandene Diphthong ahd. *ouw* eine andere Behandlung erfuhr, als der aus germ. *au* entstandene. Dies lässt sich bereits fürs 12. Jh. erschliessen; für den Fall, dass z. B. ahd. *houwan* und *koufôn* gleiches *ou* besassen, muss *w* vor dem 13. Jh. den Diphthong in *houwan* so beeinflusst haben, dass er als *au* erscheint gegenüber dem *ou* in *koufôn*. Der Schwund des *w* fällt bereits ins 12. Jh. (siehe beim Konsonantismus). Wenn wir nun heute in der Ma. des Ötztales finden, dass die *ou* der Imster Ma. als *ō* gesprochen werden, (vgl. *hōf*, *lōdan* für Imster *houf*, *loudə*, *kχōffan*, *rōχ* gegen *kχouffə*, *rouχ*) so wird man zugeben, dass ahd. *ou* einst zu *ō* wurde, von dem aber das ahd. *ô* (germ. *ou*) verschieden war. Dies haben wir für unsere Ma. anzusetzen. Die ahd. *ou* wurden Monophthonge, nur so ist es begreiflich, dass die Entwicklung des alten *â* zu *au* (über **ou*) die alten Diphthonge nicht berührte. Wo *w* folgte, behielt *ou* sein diphthongisches Element. *gai* Gau, *hai* Heu, geben die Erklärung für *kχröil* Kräuel, ihm liegt mhd. *krewel* nicht *kröuwel* zu Grunde (ahd. *krewil*, nicht *krouwil*). Vgl. § 36.

§ 54. Germ. *eu* und *ew*. Es erscheint im Ahd. obd. als *io* und *iu*, Braune, ahd. Gr. § 47. — Ahd. *io* entspricht *iə*, für *iu* zeigt sich *iə*, *ui*, *ai*. Auf ahd. *io* geht *iə* der Imster Ma. zurück in: *liəd* Lied, *riəd* der häufige Ortsname Ried, fast jedes Dorf hat sein Ried, Beiträge 18, 331, *niətə* Niete, *niərə* Niere, *štiər* Stier, *tiər* Tier, *diərnə* Dirne, *diənə* dienen, *giəssə* F. Seitenarm des Innes, *kχniə* Knie, *liəχt* Licht, *šiəχ* hässlich (*o*-St.). Die starken Verba der 2. Klasse a, haben *iə* lautgesetzlich im Ind. Plur. Präs. im Konj. Inf. Part. *piətə* bieten, *siədə* sieden, *giəssə* giessen, *šiəssə* schiessen, *šliəssə* schliessen, *gŋiəssə* geniessen, *fərdriəssə* verdriessen, *špriəssə* spriessen, *fliəssə* fliessen, *niəsə* niesen, *ferliərə* verlieren, *kfriərə* gefrieren, *tsiəhə* ziehen, *fliəhə* fliehen. Auf ahd. *iu* geht *iə* der Ma. zurück in: *liəb* lieb, *diəb* Dieb, *tiəf*, tief, *riəmə* Riemen, *siəχ* Scheltwort: gierischer Mensch; *kχliəwə* klieben, *štiəwə* stieben, *šiəwə* schieben, *triəffə* triefen, *šliəffə* schliefen, *riəχə* riechen, rauchen, *kχriəχə* kriechen, *liəgə* lügen, *piəgə* biegen, *fliəgə* fliegen, *triəgə* trügen. *ui* entspricht heute ahd. *iu* im Präs. Sing. Ind. Imp. der angeführten starken Verba der 2. Kl.: *i puit* ich biete, *du puigšt* du biegst, *ər dərfruirt* er erfriert, *tsuiχ* ziehe, *fluig* fliege. Hier konnte keine Brechung eintreten, da in der Folgesilbe *u*, *i* stand oder kein Vokal (Imp.). Wo dem ahd. obd. *iu* heute *iə* entspricht, ist die Brechung später durchgedrungen; die labiale, gutturale Konsonanz hemmte die Entwicklung zu *io*; doch nur teilweise: Die Qualität des *iu* z. B. in *piugu* muss eine andere gewesen sein, als die des *iu* in *riumo*, *piugent*; die Veränderung, welche *iu* vor Dentalen durch Brechung erlitt, war grösser als die des *iu* vor Labialen und Gutturalen. Vgl. Wilmanns, deutsche Gr. S. 167. Es kann hier auf die im Grunde analoge Erscheinung beim Umlaute des ahd. *a* verwiesen werden. Das Verbum zeigt die Brechung des germ. *eu* klar: *piugu* mit reinem *iu*, *piugan* mit afficiertem *iu* (*iụ*). Nach dieser meines Erachtens unanfechtbaren Aufstellung, die ich Wilmanns (a. a. O.) entnehme, können wir für die ahd. Zeit ein Paradigma mit Doppelformen konstruieren. Lautlich entwickelt flektierte z. B. *diub*: Nom. S. *diub*, G. *diụbes*, D. *diụbe*, A. *diub*. Pl. N. *diụba*, G. *diụbo*, Dat. *diubun*. Ausgleich konnte nun nach zwei Seiten hin eintreten; einerseits konnte der Diphthong *iụ* (mhd. *ie*) über alle Kasus ausgedehnt werden (Imst *diəb*, mhd. *diep*), oder das ungebrochene *iu* herrschend werden (Schöpf, tir. Id. S. 93, *duib*, *doib*, mhd. *diup*). So erklären sich die Doppelformen von mhd. *tief*, *tiuf*, *liep*, *liup*, Prät. *lief*, *liuf*. Für Imst sind die vorauszusetzenden Doppelformen überall ausgeglichen worden, teils zu Gunsten des *iụ* (heute *iə*), s. oben, teils des *iu* (heute *ui*): *fluigə* Fliege, *gruipə* Griebe, *suirə* Eiterbläschen (vgl. Schmeller b. Wb. II 322), *luiksə* Leuchse, *štuifmuətər*, *-kχind* Stiefmutter, -kind, *tsuig* N. Zeug, *tsuig* M. Zeuge (mhd. *geziuge*); *ui* hat das isolierte Neutrum *drui* (mhd. *driu*) drei Uhr, *huirə* heuer (ahd. *hiuru*). *ai* für *iu* erscheint in *taiš* deutsch (*diutisc*), *lait* (Plur. *liuti*), *daitə* deuten (ahd. *diuten*), *nãinə* neun (*niũ*) aus dem Neutr. mhd. *niuniu*, *gaidə* geuden (**giudjan*), *laiχtə* leuchten (*liuhtjan*), *faiχtə* Fichte (**fiuhtjōn-* Kluge, et. Wb.[5] s. v.). In diesen Beispielen liegt *i*-Umlaut des *iu* vor, vgl. Braune, ahd. Gr. § 49 und die dort verzeichneten Verweise. Die Brechung trat nicht ein vor *w* (Wilmanns, a. a. O. A. 1): *ruijə* reuen (*riuwen*), *pluijə* bläuen (*bliuwen*), *kχuijə* kauen (*kiuwen*), *pruijə* bräuen (*briuwen*, häufiger ist heute *praijə*, sicher durch nhd. Einfluss), *kχnuidl̥* Knäuel (mhd. *kniuwel*); der Name zweier Hochalpen (Imster, Namloser) *truijə* dürfte auf ein ahd. **triuwa* zurückgehen, das mit ahd *treo*, got. *triu*, zu verbinden wäre. Der Umlaut des *iu* trat nicht ein vor *w*: *nui* neu (ahd. *niuwi*), *trui* treu (ahd. *triuwi*), auch nicht vor *h*, vgl. *šuiχ* scheu, *šuihə* scheuen (mhd. *schiuhe*, *schiuhen*), ebenso nicht vor *r*: *tuir* teuer (ahd. *tiuri*). Die gleiche Aufstellung vor *w*, *r* hat Brenner, PBB. 20, S. 84. Demnach muss *štuir* Steuer ein *jā*-Stamm sein, da es ahd. ein starkes Fem. ist und *iu* hat, nicht **stiora* wie man nach den Gesetzen erwarten sollte. Den *jā*-Stamm **stiurja* weist Sievers, ebenda, 20, 81 A. 1, nach, altsächs. *heristiuria*. Die 2. 3. Sing. der angeführten starken Verba hat *ui* in Analogie zur 1. Pers. (und zum Imp.); die lautliche Entwicklung müsste heute *ai* ergeben (Brenner, a. a. O.).

Als *ui* erscheinen die mhd. *iu* folgender Wörter: *fruīt* Freund, *puit* (mhd. *biunt*) Kluge, et. Wb.[5] Beunde, *tuifl̥* (und *taifl̥*) Teufel, *pfui* pfui, *hui* Interjektion. *fuir* Feuer hat wohl immer *ui* gehabt, ahd. *vuir* Braune, ahd. Gr. § 49 A. 3. *ui* kann aus *iu* kaum anders als durch Metathese entstanden sein. Jedenfalls ist kein Monophthong Vorstufe des *ui* gewesen. Dieser ist nur für jene *iu* anzusetzen, welche heute als *ai* auftreten, also umgelautet wurden, *iu* zu *iü* zu *ü*, Braune, a. a. O. § 49. — *ui* war im 15. Jh. bereits vorhanden. Urkdl. 1485 *puitet*, 1500 *genánt der Nuipruch*, *truilich und ungevarlich*, *in truien* (in Treue), *gezuige* (Zeuge). 1501 *truilich*, *mit handtgelobten truien an aydesstat*, *gezuigen*. 1504, 1506, 1507 (2) *truien*, *zuign*, *truilich*. Das sind deutliche Belege für das Leben des *ui* zur damaligen Zeit. Früher und später wird immer *ew*, *eu* geschrieben, 1448 *lewt*, 1476 *frewndes*, 1477 *pewntt* ('*puit*'), 1516 *neusst* (geniesst). *iu* muss noch zur Zeit des Schwundes des *w* (12. Jh.) geherrscht haben, da *w* nach *i* nicht wegfällt. Nach diesen Ausführungen haben wir für das Ahd. (Obd.) drei Schattierungen des *iu* anzusetzen: *iu*, *iu̧*, das mhd. als *ie* auftritt, und *iu*, das monophthongisiert wird und zu *ai* sich entwickelt; Nagls Bemerkung (Zs. f. österr. Volkskunde I, 59), *ai* = mhd. *iu* sei nicht bairisch, entbehrt der Begründung. Wenn Nagl im Euphorion II. 645 zur Stütze seiner Ansicht, ahd. *iu* sei im Bair. einheitlich vertreten, nach Schöpf (Frommanns Dtsch. Maa. 3) tirol. *loit*, *doitsch* anführt, ist er durch Schöpf irre geführt; mhd. *iu* wird in Teilen Tirols als *oi* gesprochen, wo es dem Diphthong entspricht, als *o̧i*, wo es auf das umgelautete mhd. *iu* zurückgeht; *foir*, *toir*, *noi* aber *lo̧it*, *to̧itš* wie *kχro̧its*.

§ 55. German. geschlossenes[1]) *ē*. Es erscheint im Mhd. als *ie*, in der Ma. als *iə*: *tsiəgl̥* Ziegel, *šiər* schier, *miətə* das Vieh auf den Alpen mit Salz, Mehl füttern (Schöpf, tirol. Id. S. 437 f.), *priəf* Brief, *špiəgl̥* Spiegel, *kχiə̃* Kien.

iə haben auch: *iəts* jetzt, *niə̃* nie, *dər iəd* (der) jeder, *s iətwöidər* jedes.

§ 56. Mhd. *uo*, *üe*. Die Ma. bietet *uə*, *iə*, vor Nasalen *uə̃*, *iə̃*: *muətər* Mutter, *pruədər* Bruder, *tsuə* zu, *huəf* Huf, *štuəl* Stuhl, *ruə* Ruhe, *špuələ* Spule, *fuədər* Fuder, *tuə* tue, *wuələ* wühlen, *fuər* Fuhre, *suəχə* suchen, *šuəhə* Schuhe machen, *šuəχtər* Schuster (aus *schuochsutære*, **schuochtære*), *fluəχə* fluchen, *štuəffə* Stufe, *puəχəs* buchenes (*buochînʒ*), *huə̃* Huhn, *nuə̃slə* aus der Nase reden, näseln, geht auf idg. *nās-* zurück und beweist, dass die Ablautsstufe mit *ā* auch im Germanischen vorkommt (Kluge, et. Wb.), *ruəssig* russig; *iewə* üben, *riəwig* (*ruəijig*) ruhig, *šiəpə* Kopfschuppe (westgerm. **scōbjā-*), *triəb* trübe, *fiərə* führen, *kχiəl* kühl, *kχiələ* kühl machen, vgl. *kχuəl* (*o*-St.) von Speisen: nicht mehr heiss, abgekühlt. Vgl. das Lied: *əs röigŋələt*, *əs šnaiwələt*, *əs gǫ̈ət ə kχuələr wint*, es regnet und schneit durcheinander, es geht ein kühler Wind. *kχuələ* kühl werden, *wiətə* wüten, *pliətə* bluten, *riəffə* rufen (mhd. *rüefen*), *miəssə* müssen, *miəd* müde, *miə* Mühe, *miəlig* lästig (mhd. *müelich*), *priə* Brühe, *miədər* Mieder (mhd. *müeder*), *priəl* kleine ruhige Wasserquelle, Brühl, (vgl. Kluge, et. Wb. s. v.), *wiəšt* wüst, *gŋiəgə* F. Genügen, *riərə* rühren, *špiələ* spülen, *triəg* trüge, *šliəg* schlüge, *hiə̃lə* Hühnlein, *wiər* Schutzmauer im Bachbett, auf altes *wōrjā-* weisend, wie Schmeller, bair. Wb. II 972 unten, das Wort richtig zu *war-* (idg. *wər*, Vollstufe dazu idg. **wār-*, germ. **wōr-*) „wehren“ stellt, *siəs* süss, *hiətə* hüten. Der Übergang von *üe* zu *iə* beruht auf demselben Vorgange der Entrundung, der § 51 dargelegt ist. Die ersten urkdl. Belege von *ie* für *üe* sind 1588 *ob berierter sachen*, 1600 *hieten*, 1611 Fol. 4 *behieten*, Fol. 6 *Caspar Siessmayr*, dagegen aber noch 1501 *rüebigklich* (mhd. *ruowiclich*).

---

[1]) Dass das germ. $\bar{e}^2$ kein geschlossenes (enges) $\bar{e}$ war, sucht van Helten, PBB. 21, 438 f., zu begründen.

B. VOKALISMUS DER NEBENTONIGEN SILBEN.

1. ENDSILBEN.

§ 57. Sämtliche auslautenden Vokale sind abgefallen. Die vokalischen Endungen des Mhd. fehlen heute. Vgl. *paχ* mhd. *beche*, *naχt* mhd. *nehte*, *hiərt* mhd. *hirte*, *kχäs* mhd. *kæse*, *šǫd* schade, *oug* mhd. *ouge*, *tswöig* zuwege, *ǫlwig* immer, (*allewege*), *eŋŋ* enge, *lār* leer (ahd. *lāri*), *špāt* spät (mhd. *spæte*), *triəb* trübe (*trüebe*), *pęas* böse; die Adverbien: *loŋŋ* lange, *tswǭr* zwar, *gŋuəg* genug (mhd. *genuoge*), *fǫšt* fast (*vaste*), *šūə* schon (*schōne*); die Verbalendungen: 1. 3. Präs. Sing. Konj. *štaig* (mhd. *stīge*), 1. 3. Prät. Konj. *štīg* (mhd. *stige*), 2. Sing. Imp. der schwachen Verba; *frǭg* (mhd. *vrâge*), die Femin. abstracta auf *-ī*: *hęaχ* (ahd. *hōhi*), *gręas* Grösse, *leŋŋ* Länge, *pręat* Breite, *gmuə* Gemeinde (mhd. *gemeine*) u. a. *haid* heute (mhd. *hiute*), *fröid* Freude, *röid* Rede, *kχais* Gehäuse u. s. w.). Im Inlaut ist mhd. *e* unter gewissen Bedingungen ausgefallen: Immer in ursprünglich zweisilbigen Wörtern, ausser wenn *e* zwischen zwei Verschlusslauten, deren erster *p*, *t*, *d*, *k* ist, oder zwischen den Spiranten *s*, *š* und *š* steht; in diesem Falle erscheint es als *ə*. *mǫrkχt* Markt (mhd. *market*), *mǫkt* Magd (mhd. *maget*), *jǫkt* Jagd (mhd. *jaget*), *omt* Amt (mhd. *ambet*), *kχreps* Krebs (mhd. *krëbez*); das *e* von mhd. *zec* in den Zehnerzahlen: *draisk* 30, (mhd. *drīzec*), *fuftsk* 50 (mhd. *funfzec*); in der Konjugation *štaigšt*, *štaigt* (mhd. *stīgest*, *stīget*), *tsuiχt* (mhd. *ziuhet*), *plǭst* (mhd. *blāset*), *ropft* (mhd. *ropfet*), *nimt* (*nimet*), *kfrǫgt* (*gevrâget*); der Vokal des Superlativsuffixes mhd. *-est*, *raiχšt* (*rīchest-*), *leŋkšt* (*lengest-*), dagegen: *pintəšt* bindest, *šǫdət* schadet, *paissəšt* beissest, aber *paist* beisst, *waitəšt* weitest, *pęasəšt*, bösest. Diese Erhaltung des *e* ist dem Bestreben der Sprache Konsonantenhäufungen zu vermeiden zuzuschreiben. Vgl. die Belege aus den Urkunden § 170 Anm., welche erkennen lassen, dass diese Regelung jung ist. — Vgl. Flexionslehre

Mhd. *-el* ist zu *ḷ* geworden; *löffḷ* Löffel, *pīhḷ* Bühl (mhd. *bühel*); mhd. *-er* erscheint immer als *-ər*: *fǫtər* Vater, *tsęagər* Zeiger, *fuətərə* füttern u. s. w.; dies kann nicht immer so gewesen sein; die Entwicklung eines *d* in Verbindungen mhd. *-ler- -ner-* ist nur möglich, wenn der Vokal ausgefallen ist. Vgl. *šiədər* schöner (**schoenr-*), [urkundl. 1611 Fol. 4, *erinnderen* (aus *erinnren*, heute *dərinnərə*)], ferner *soldər* Söller (mhd. *solre*); im einfachen Wortkörper ist die zu erwartende Folge von Konsonant und *r* immer durch *-ə-* getrennt. Schwund eines langen Vokales (Diphthongs) weisen einige Zusammensetzungen auf: *fǫrtl̥* Vorteil, *wolfl̥* wohlfeil, *soufl̥ söifl̥* so viel; wahrscheinlich geht *nǫχpər* auf *nachpr* zurück. Ungewiss ist auch die Herkunft des *ə* in *poŋŋərt* Baumgarten, *huəŋərt* Heimgarten, es kann das abgeschwächte *a* von *garte* sein oder auch sich aus *r̥* (*pongr̥t*) entwickelt haben.

Der Vokal der Schwachtonsilbe ist in der heutigen Ma. *ə*. Auslautendes *-ə* geht zurück auf mhd. *-en* (nicht anlautende Lenis *n* ist in der Ma. geschwunden): *wǫgə* Wagen (mhd. *wagen*), *fǫdə* Faden (mhd. *vaden*), *hęarə* Plur. Herren (mhd. *hêren*), *frauə* Plur. Frauen (*vrouwen*); in der Verbalflexion endet die 1. 3. Präs. Plur. Ind. Konj., Prät. Plur. Konj. auf *-ə* (mhd. *en*), *štaigə* Präs., *štīgə* Prät., auch das Part. (der starken Verba, z. B. *kštīgə* gestiegen; *tsöihə* 10 (mhd. *zehen*), *öiwə* eben (*ëben*), *trukχə* trocken (*trucken*), *niənə* nirgends (mhd. *nienen*); das *-ə* in *huirə* weist auf früheres **hiuren* mit adverbial ableitendem *n*, Kluge, et. Wb.[5] s. v. 'nun'; auf mhd. *in* in den Zusammensetzungen mit *-hin*: *auhə* hinauf, *ǫhə* hinab, *tsuəhə* hinzu, *oũhə* hinan; auf mhd. *în*: *rupfə* (mhd. *rupfîn*), *guldə* Gulden (mhd. *guldîn*); die Deminutive lauten alle auf *-lə* aus (mhd. *elîn*): *plattlə* Blättlein, *pisslə* (ein) bisschen, *wagələ* Wägelein. Östlich, von Silz und Mieming an, ist heute silbisches *l* Deminutivsuffix in zweisilbigen Wörtern: *plattl̥*, *pfaiffl̥* Pfeifchen; bei mehrsilbigen kommt *lə* vor: *fögələ* Vögelein, *wägələ* u. a. Auf *în* zurückzuführen sind die *-ə* der Fem. abstracta, da *î* geschwunden ist (s. o.): *waitə* Weite, *šwörtsə* Schwärze. Die Mehrzahl dieser Fem. hat die Bildung auf *-ə*, im Gegensatz zum Mhd., das die Bildungen auf *î*, mhd. *-e*, fast ausschliesslich hat (Paul mhd. Gr. § 126. 3).

Inlautendes *-ə-* entspricht: Mhd. *en*: *ǫrdəlig* (mhd.

ordenliche), *söigəsə* Sense (mhd. *sëgense*); *-ent* der Part. Präs. ist zu *ət* geworden: *löiwət* lebend, *louffət* laufend; die 2. Plur. Präs. Ind. Konj., Prät. Konj. lautet *ət*, auf *ent* zurückgehend: *sogət* sagt, *öis gäwət* ihr gäbet, *öis saijət* ihr seiet. Lange gedeckte Vokale einer schwachtonig gewordenen Silbe sind zu *ə* geworden: *hairət* Heirat (mhd. *hîrât*), *gruəmət* Grummet (*gruonmât*), *mounət* Monat (*mânôt*), *huəmət* Heimat; *hǫutsət* Hochzeit (*hôchzît*), *ǫrwət* Arbeit, *arwəs* Erbse (*arweiz*), *kχroŋkχət* Krankheit, *wǫrhət* Wahrheit, *ommasə* Ameise, *ompəs* Amboss; die *în* in Stoffadjektiven: *puəχənər* buchener, *puəχəs* buchenes (mhd. *buochîner*, *buochînz*), *wullənər* wollener, *wulləs* wollenes, *tiəχənər*, *tiəχəs* (mhd. *tüechîner*, *tüechînz*), *goldəs* goldenes (u. *guldəs*), *faiχtəs*, *pirχəs holts* Fichten- Birkenholz (mhd. *viuhtînz*, *birchînz*). Das Deminutivsuffix erscheint heute teils als *lə* teils als *ələ*; *lə* ist die organisch entwickelte Form; bei den starken Substantiven, z. B. mhd. *wëgelîn*, *stetelîn*, *wîbelîn* trat Schwund des *e* ein: *wöiglə*, *stattlə*, *waiblə*; bei den schwachen trat mhd. *elîn* an das *e* des Nominativs: *gertelîn* (zu *garte*), *züngelîn* (zu *zunge*) *öugelîn* (zu *ouge*), auch hier musste *e* schwinden. Vgl. *paχlə* (zu *pǫχ* Bach), *parglə* (zu *parg* Berg), *kχnöpflə* (zu *kχnopf* Knopf), *nätlə* (zu *nǫt* Nat), *höftlə* (zu *höft* Heft), *daχlə* (zu *doχ* Dach), *kχaštlə* (zu *kχǫštə* Kasten), *palkχlə* (zu *pǫlkχə* Balken), *gräwlə* (zu *grǫwə* Graben), *tsapflə* (zu *tsǫpfə* Zapfen), *sämlə* (zu *soumə* Samen), *šattlə* (zu *šǫttə* Schatten), *prökχlə* (zu *prokχə* Brocken), *kχölblə* (zu *kχolwə* Kolben), *pföštlə* (zu *pfoštə* Pfosten), *tröpflə* (zu *tropfə* Tropfen), *šlītlə* (zu *šlitə* Schlitten), *riəmlə* (zu *riemə* Riemen). Die heute auf Konsonant auslautenden Feminine haben alle die Deminutivbildung *-lə*; von denen, die heute auf Vokal ausgehen (*-ə*), haben viele *-lə*, andere *-ələ*: *priklə* (zu *prukkə* Brücke), *wīslə* (zu *wīsə* Wiese), *höislə* (zu *housə* Hose), *kχirχlə* (zu *kχirχə* Kirche), *pliəmlə* (zu *pluəmə* Blume), *pfaifflə* (zu *pfaiffə* Pfeife), *salblə* (zu *sǫlwə* Salbe), *šęadlə* (zu *šǫadə* Scheide), *tašlə* (zu *taššə* Tasche), *flašlə* (zu *flǫššə* Flasche) u. s. w. Nun ist aber das Deminutiv gewiss nicht bei allen im Gebrauche gewesen, die es heute haben. Neubildungen wurden nach dem Muster der genannten hergestellt, an die Form des Substantivs trat

-lə; lautete dieses auf *-ə* aus, so hatte das Deminutiv die Gestalt *-ələ*. In dieser Gestalt war das Suffix in jenen Wörtern organisch entwickelt, welche mhd. auf *-en* ausgehen; vgl. *wāgələ* (zu mhd. *wagen*), *pöisələ* (zu mhd. *besem, besen*); ferner in den Wörtern auf *-el* z. B. mhd. *vögellîn* heute *föigələ*; die Geminata *ll* erforderte für die Silbe *ell* einen stärkeren Ausatmungsdruck, wodurch ihr ein Nebenton gewahrt blieb, der den Vokal vor Schwund schützte. *löffələ* (zu *löffḷ* Löffel), *piššələ* (zu *pušl* Büschel, Blume), *štīwələ* (zu *štūwə* Stube), *gassələ* (zu *gǫssə* Gasse), *rinnələ* (zu *rinnə* Rinne), *pīrələ* (zu *pīrə* Birne), *štaŋŋələ* (zu *štoŋŋə* Stange), *tonnələ* (zu *tonnə* Tanne), *faiχtələ* (zu *faiχtə* Fichte), *trīhələ* (zu *trūhə* Truhe), *šrāgələ* (zu *šrǭgə* Schragen), *pöigələ* (zu *pougə* Bogen), *kχrāgələ* (zu *kχrǭgə* Kragen), *kχarrələ* (zu *kχǫrrə* Karren), *wāsələ* (zu *wǭsə* Rasen), *haiffələ* (zu *hauffə* Haufen), *štökχələ* (zu *štökχə* Stecken), *fānələ* (zu *fōnə* M. Fahne), *rikkələ* (zu *rukkə* (Berg-) Rücken). Die einsilbigen auf *l* auslautenden Substantive haben *-ələ*; *tāləlo* (zu *tǭl* Tal), *štīlələ* (zu *štīl* Stiel), *sęaləla* (zu *sǫal* Seil), *štallələ* (zu *štǫll* Stall). Dass wir es hier mit dem sekundären Suffix *-ələ* zu tun haben, erweisen alem. Formen wie *tęllə* (*tāləla*) (Vorarlberg), das aus mhd. *telelîn* durch Synkope entstanden ist. Auch bei zweisilbigen mit *l* im Stammauslaut tritt das erweiterte *-ələ* an. *šnallələ* (zu *šnǫllə* Schnalle), *kχöllələ* (zu *kχöllə* Kelle), *tsillələ* (zu *tsillə* Zülle), *grallələ* (zu *grǫllə* Koralle, Kügelein am Rosenkranz), *fallələ* (zu *fǫllə* Falle), *pöllələ* (zu *pollə* Bollen), *söilələ* (zu *soulə* Sohle), *šāləla* (zu *šǭlə* Schale) u. a.

§ 58. *i* erscheint in Nebensilben im Adjektivsuffix *iš* (ahd. *isc*): *šwainiš*, schweinisch (geschwunden ist es in *saiš* unreinlich, „säuisch“), *pairiš* bäurisch, *pǫariš* bairisch, *hęariš*, was zu den Herren („den gebildeten Ständen“) gehört, herrisch, *imštəriš* imsterisch, *röigŋəriš* regnerisch u. a. m. Das Suffix *-ig* kommt Substantiven und Adjektiven zu. *kχīnig* König, *hōnig* Honig. Auf Guttural auslautende Stämme, die als zweiter Teil eines Kompositums der Vokalschwächung unterliegen, erscheinen heute als *-ig*: *suntig* Sonntag, *mūtig* Montag, *örχtig* Dienstag (mhd. *erchtac*), *mittig* Mittwoch (selten, häufiger *mitwoχ*), *pfintstig* Donnerstag (mhd. *pfinztac*), *fraitig* Freitag, *somstig* Samstag, *fairtig* Feiertag, *warχtig* Werktag, *hantšig* Handschuh (dagegen *-haušuəχ* Hausschuh), *firtig* Schürze (mhd. *vürtuoch*), *šnittlig* Schnittlauch, *kχnouflig* Knoblauch, *lailig* Leintuch (mhd. *lînlachen*, *lilachen*), *piərlig* (mhd. *birlinc*), *hampflig* Hämpfling, *gruəwig*, *plötsig* (Name von Hochalpen, im 17. Jh. noch *gruebach*, *plötzach*). Das Adjektivsuffix mhd. *-ec* (ahd. *-ag -ug*) erscheint heute als *-ig* gleich dem ahd. *îg*; vgl. *tsaitig* (mhd. *zîtec*) zeitig, *ǫrtig* artig, *wǫldig* waldig, *ūetsig* einzig, *wintsig* winzig. - *kχröftig* kräftig, (ahd. *kreftig*), *maχtig* mächtig (ahd. *mahtîg*) u. a. Mhd. *-lîch* ist durchwegs zu *-lig* geworden: *frailig* freilich, *tsaitlig* zeitlich, *giətlig* gütlich. Die Urkunden des 15. und 16. Jhs. schreiben noch häufig *-leich*, das sich aus starktonigem *-lîche* entwickelt hat. Das Feminin-Suffix **innja* tritt als *in* (*inn*) auf, das aus früherem *-inne* entstanden ist; daneben erscheint *n̥* sekundär aus *in* geschwächt. *pöitin* (*pöitn̥*) Bötin, *haisərin* Häuserin, *kχellərn̥* Kellnerin u. s. w.

2. VORSILBEN.

Mhd. *be- ge-*; *be-* zeigt sich als *pə-* vor *p*, *w*, *m*, *t*, *d*, *n*, *k*, *g*, *f*; *ge-* als *gə-* vor *p*, *t*, *d*, *k*, *g*, vor den andern Konsonanten und vor Vokalen ist der Vokal abgefallen. *pəpauə* bebauen, *pəwais* Beweis, *pəmörkχə* bemerken, *pətroχtə* betrachten, *pədeŋkχə* bedenken, *pənutsə* benutzen, *pəkχlǫgə* beklagen, *pəgęarə* begehren, *pəfolhə* befohlen; *psitsə* besitzen, *pšaissə* (betrügen), *phondlə* behandeln, *ploŋŋə* sich sehnen (mhd. *belangen*), *plaiwə* bleiben. *gepöit* Gebet, *gədoŋkχe* Gedanken, *gətâmər* Klopfen (mhd. *getemer*); aber *kfundə* gefunden, *kfǫr* Gefahr, *gmuəәt* gemeint, *gŋädig* gnädig, *gŋommə* genommen, *kšiχt* Geschichte, *kšaid* gescheit, *glīhə* geliehen, *grǫd* gerade, *gwöir* Gewehr, *gwǫrtət* gewartet, *kχęarə* (*kχ* aus *gh*) gehören, *kχilf* Gehilfe, *kχolffə* geholfen. Mhd. *ver-* ist heute *fər*. Für *er*, *zer*, *ent* hat die Ma. *dər* (geschwächt aus 'durch'): *dəršāinə* erscheinen, *deraissə* zerreissen, vgl. *dərpfǫhə* empfangen, begrüssen (mhd. *emphâhen*), *dərpfində* empfinden. Eine andere Auffassung dieses *dər* vertritt Kauffmann, deutsche Gr.[2] 1895 S. 65.

§ 59. Die Schwächung der Vokale vorzüglich einsilbiger Wörter in pro- und enklitischer Stellung betrifft zumeist die Präpositionen und Pronomina: *tsuə* zu (mhd. *zuo*) betont, *tsu*, *tsur* zu der, *tsun* zu dem, *tsu də* zu den, *ts* zu, vor dem Inf. (mhd. *ze*), *dərfoũ* da von, als Präp. *fu* von, *fur* von der, *fun* von dem, *fu də* von den; *au* auf, *af*, *auf*, *afų*, *aufų* auf dem, *af də* auf den, *oũ* an, *an* an dem, *a dər* an der, *a də* an den, *in* in, *i dər* in der (vgl. *aĩ*, ein alter Ablaut mhd. *în*); *pai* bei, *pan* beim, *par* bei der; *ĩwər*, *iwər* über u. s. w. *mər* wir, betont *miər*, *ęar*, *ər* er; *dũ*, *du* du, *ĩ*, *i* ich, *sĩ*, *si* sie; *əs* es, hat keine starktonige Form mehr; es steht immer proklitisch *əs* oder enklitisch *-s*. Die Formen des Artikels: *dər* der, *də* den, *t* die, *s* das, *in* (aus *en*) dem. Proklitisch sind unter andern: *ənə* ihnen, *ərə* ihr (*iren*), *mər* mir, *dər* dir, *mig* mich, *dig* dich, *sig* sich, *um* einem u. a.

Die Erscheinung der Apokope und Synkope hat Weinhold, bair. Gr. § 14. 15 schon aus dem 13. Jh. belegt. Die Imster Urkunden haben die auslautenden Vokale nicht mehr, von den heute synkopierten inlautenden werden nur vereinzelte noch geschrieben.

C. KONSONANTISMUS.

1. DIE LABIALEN.

§ 60. Germ. *p*. Im Anlaut erscheint die Affrikata *pf*. Die Hauptmasse der Wörter mit anlautendem *pf* sind Lehnwörter. *pfęat* Hemd (mhd. *pfeit*), *pfonnə* Pfanne, *pfaχtig* das rechte Mass habend (zu mhd. *pfehten*, vgl. Kluge, et. Wb.[5] s. v. Pegel), *pfũsə* brodeln (zu mhd. *pfûsen*), *pfarχə* abgrenzen (mhd. *pferchen*), *pfaiffə* Pfeife, *pfentə* pfänden, *pfęrr* Pfarre, *pfęrrər* Pfarrer, *pfluəg* Pflug, *pflöigə* pflegen, *pflaũmə* F. Flaumfeder (mhd. *pflûme*), *pfraũmə* Pflaume (mhd. *pflûme* **pfrûme* lat. *prunum*), *fərpfriətnə* sich verpfründen, *pfnĩhə* schwer atmen (vgl. mhd. *pfnēhen*). Zu beachten sind *pĩtsə* Teich, Bache auf Wiesen (wie in nhd. Pfütze liegt lat. *puteus* zu Grunde, das wegen der Affrikata *ts* wohl als **puttjus* **buttjus* entlehnt wurde) vgl. Schmeller bair. Wb.[2] I

418, und *pöiχ* Pech. Das lat. *p* dieser Wörter muss zur Zeit der Entlehnung anders (sicher nicht aspiriert) gesprochen worden sein, als die anlautenden westgerm. *p*. Das *t* (*ttj*?) und *c* haben an der Verschiebung Teil genommen. (Vgl. Heusler, Al. Kons. v. Basel-St. S. 2 f.; für das Ahd. Braune, ahd. Gr.[2] § 133, 1). *pf* hat *pflǫštər* Pflaster, *p* haben *pressə* pressen, *pāi* Pein, *portə* Klosterpforte (s. o. § 45.). Zu *pǫχt* Pacht, *pǫχtə* pachten, vgl. Kluge, et. Wb.[5]

Im In- und Auslaut entspricht germ. *p* die Affrikata in der Verbindung *mp*: *tsimpfərlig* zimperlich, empfindsam, *glimpflig* milde, zart (mhd. *gelimpflich*), *šimpfə* schimpfen, schelten, *šimpflə* spielen (von Kindern) hat die ursprüngliche Bedeutung „scherzen" bewahrt; *štumpf* Stumpf, Strumpf (*štrumpf*), *štompfə* stampfen, *štempfḷ* Stössel, „Stempel", *kχumpf* Holzgefäss für den Wetzstein (mhd. *kumpf*), *kχrompf* Krampf, *tompf* Dampf, *tempfə* dämpfen, sieden (westgerm. *dampjan*), *sumpf* Sumpf, *impfə* impfen, *saurompfər* Sauerampfer; *mpf* haben auch die jungen Lehnwörter *trumpf* Trumpf, *gompfər* Kampfer. In allen übrigen Fällen ist germ. *p* durch die Spirans *ff* vertreten, die im Auslaut zur Halbfortis wird (§ 17), wenn die vorausgehende Silbe lang ist. *šǫffə* schaffen, *hoffə* hoffen, *gǫffə* gaffen, *griffḷ* Griffel, *kχlaffḷ* Klöppel (mhd. *kleffel*), *kšliffə* geschliffen, *pfiffə* gepfiffen, *siffig* gut zu trinken (mhd. **süffic* zu 'saufen'), *griff* Konj. Prät. 1. 3. ich, er griffe, *ǫff* Affe, *off* offen, *šǫff* Schaff, *huff* Hüfte (mhd. *huf*), *štuff* sich abgestossen, verletzt fühlend (zu 'stupfen'), *štöffḷ* Name eines steilen Waldhanges bei Imst, wohl zu mhd. *stouf* (vgl. PBB. 18, 223); *hauffə* Haufen, *sauffə* saufen, *kχouffə* kaufen, *touffə* taufen, *louffə* laufen, *graiffə* greifen, *raiffə* Reif (mhd. *rîfe*), *sǫaffə* Seife, *štrǫaffə* streifen (mhd. *streifen*), *riəffə* rufen (mhd. *rüefen*), *šliəffə* schliefen, *šlöifflə* ein Band einfügen (zu mhd. *sloufen*), *štiəffmuətər* (*štuiff-*) Stiefmutter, *tiəffə* Tiefe, *šlǫffə* schlafen, *šǫffər* Schäfer, *warffə* werfen, *šörffə* Schärfe, *tarffə* dürfen (germ. *þurp-* vgl. Kluge. et. Wb.[5] S. 81); *rǫaf* Reif, *tiəf* tief, *raif* reif, *šǫf* Schaf, *kχaif* fest, derb (mhd. *kîf*), *šwǫaf* Schweif, *trouf* M. Traufe, *hilf* Hilfe, *wurf* Wurf, *šǫrf* scharf, *dǫrf* Dorf. Die Fortis *ff* ist von der Lenis *f* streng geschieden

(§ 17), die Schwächung zur Halbfortis im Auslaut nach langer Silbe kommt nur dem Satzauslaut zu. Im Wort- und Satzgefüge tritt immer das etymologische *ff* auf. (Einzelne Fälle, in denen heute germ. *p* Lenis *f* entspricht, siehe unten § 80). *šǭf* Schaf, *šäfflə* Schäflein, *trouf* Traufe, *trouffrinnə* Traufrinne, Dachrinne, *is dǫrff aĩhə* ins Dorf hinein, *i hilf* ich helfe, *i hilffn̥* ich helfe ihm u. s. w.

Die Geminata *pp* erscheint in der Ma. als Affrikata: *šupfə* stossend schieben (zu 'schieben', germ. *scupp-*), *hupfə* hüpfen, *šnupfə* schnupfen, *rupfə* grobes Tuch (mhd. *rupfîn*), *ropfə* rupfen, raufen (ahd. *ropfōn*), *ripfl̥* Haken zum Heurupfen, *štupfə* stechen, stossen (vgl. PBB. 18, 217), *kχnopf* Knopf, *höpfə* Hefe (PBB. 12, 518), *šnepf* M. Schnepfe, *tsupfə* zupfen, *tsipfl̥* Zipfel, *tsepf* Zehnkreuzerstück, wohl zum vorigen (man vgl. dazu Kluge, et. Wb.[5] S. 276 Ort[3]), *gipfl̥* Gipfel, *kχropf* Kropf, *tsǫpfə* Zapfen, *tropfə* Tropfen, *šlipfə* schlüpfen (zu 'schliefen', mhd. *schlüpfen*), *šlipfə* gleiten (mhd. *schlipfen*, zu 'schleifen'), *gripfə* (mhd. *gripfen*) zwicken, kratzen, zu 'greifen', *öpfl̥* Äpfel, *šöpfə* schöpfen, *šǫpfər* Schöpfkanne, *tǫpfər* tüchtig, stark gewachsen, *šröpfə* schröpfen, *šripfə* schürfen, schinden, *pfipf* Pips, *tupfə* Tupfen, *štrupfə* die Milch sauber abmelken (zu mhd. *ströufen*), *supfə* schluckweise trinken, zu 'saufen', *kχipfə* Stemmleiste am Wagen (wohl zu *kχaif* mhd. *kîf*), *štǫpfə* F. Fussstapfe, *kχopf* Kopf, *kχupfər* Kupfer; *šlǫapfə* (zu mhd. *sleipfen*), Halbwagen zum Holzführen, *kχrǭpfə* Krapfe (ahd. *krâpfo*, PBB. 7, 123), *širpfə* schürfen (mhd. *schürpfen*), *harpfə* Harfe, *harpfə* klettern Schöpf, tir. Id. 246, Schmeller, bair. Wb.[2] I 1165 (Etymologie?).

§ 61. Germ. *b*. Im Wortanlaut entspricht *p*, im Wort- und Silbenauslaut *b*, im Silbenanlaut *w*; wortanlautendes *b* fehlt der Ma. Vgl. die Darlegung § 14. *pǫχ* Bach, *pīhl* Bühl, *pęar* Bär, *pössər* besser, *pissig* bissig, *pǫld* bald, *pai* bei, *pintə* Binde, binden, *plits* Blitz, *plǭb* blau, *priŋŋə* bringen, *pröχχə* brechen, *prumsə* brummen; *grǭb* Grab, *liəb* lieb, *höib* Halt, Stütze (**habja*), *pībmə* beben (ahd. *bibinōn*), *gloubmər* glaube mir, *hǭwə* haben, *glouwə* glauben, *liəwər* lieber, *īwər* über, *īwərədīwər* über und über (über den Haufen), *hǭwər*

Hafer (mhd. *haber*), *löiwərə* Leber, *örb* Erbe, *örwə* erben, *štarwə* sterben, *kχǫlb* Kalb, *kχölwər* Kälber, *hǫlwər* halber Kreuzer.

Die Verbindung *mb* erscheint als *mp*: *lomp* Lamm, *lempər* Lämmer, *kχomp* Kamm, *kχampə* Radfelge, *kχampḷ* Haarkamm, *wompə* Bauch (ahd. *wamba*), *kχrump* krumm, *šimpḷ* Schimmel (ahd. *scimbal*), *rumplə* rumpeln, *štumpə* Stumpf, Stummel, *timpər* dumpf (mhd. *timber*), *kχlompərə* Klammer (vgl. mhd. *klampfer* mit anderer Stufe des Labials), *kχlumpə* Klumpen, das Wort ist gut mundartlich, sicher nicht dem Nhd. entlehnt, und zu anord. *klumba* zu stellen (das nhd. 'Klumpen' ist ndd. Herkunft, Kluge, et. Wb.[5] s. v.). Vgl. *empər* Eimer (Kluge s. v.) und *tsäwər* Zuber (Kluge s. v.). Als *mm* zeigt sich altes *mb* in *umm* um (mhd. *umbe*). *tumm* dumm, entspricht mhd. *tum* flect. *tumm-* (nicht *tump*); *tsimmərə* zimmern (mhd. *zimbern*, got. *timrjan*). Die *p* in *šlompə* umherschlendern (Schmeller, b. Wb.[2] II 523), *gumpə* (mhd. *gumpen*, westg. *mbb?*), *gimpḷ* Gimpel (Kluge, et. Wb.) entziehen sich der genauen Beurteilung. Dass *trompə*, *tromplə* trampeln, dem Ndd. entlehnt ist (Kluge, et. Wb.) scheint mir zweifelhaft; vgl. mhd. *trampeln* und die Labialstufen in *štumpf*, *štumpə*, *štumm*.

Westgerm. *bb*. Es tritt als Fortis *p* auf: *rip* Rippe, *grip* Gerippe, *kχrippə* Krippe, *sipšǫft* Sippschaft (verächtlich), *kχluppə* Feuerzange, Kluppe, *tuppə* grosses Stück Holz (zu mhd. *tübel*), *kχlöppə* kleben (fact. *klabjan-*) trans. u. intrs., *špinnəwöppə* Spinne (mhd. *spinneweppe*), *kšrap* Stein-Schiefergeröll (zu mhd. *schraf*, **scrab*), *kχnǫp* Knappe (Berg-), 'Knabe' fehlt, dafür *puə* Bube, *rǫp* Rabe, *rǫppə* zusammenraffen (mit *raffə* raufen (mhd. *reffen*), zu idg. *rap-* lat. *rapio*), *lǫp* Laffe (mhd. *lappe*), *šoppə* schoppen (zu schieben), *tǫppə* tappen, erwischen, *tǫppər* plumper Fuss, *tappig* täppisch (vgl. Kluge, et. Wb.[5] S. 372), *šnǫppə* schnappen (zu *šnǭbḷ* Schnabel), *šnapplə* schnitzeln zum vorigen. (Heusler, Alem. Kons. S. 118) *gnǫppə* nicken (mhd. *gnaben*, *gnappen*), *trǫpplə* Falle (ahd. *trappa*), *kχnippḷ* Knüttel, mit westgerm. Dehnung zu mhd. *knübel*; in mhd. *knüpfel* liegt urgerm. *bb* (zu *pp*, hd. *pf*) vor. *tšippḷ* Schopf, Büschel, und *tšüwl* mhd. *schübel*, *kχnoppərə* feine Knollen der Gerberlohe, mit *kχnippḷ*, *kχnopf* zum Stamm germ. *knūb-*, *šlǫppərə* (mhd. *slappern*) vom Wassertrinken des Hundes; die ursprüngliche Bedeutung muss „herabhängen“, „baumeln“ gewesen sein. Zu diesem Stamme auch *šlapšuəχ* Lederhausschuhe ohne Hinterteil (Schmeller, b. Wb.[2] II 530). *grǫpplə* herumgreifen, krauen, zu 'graben', *ripplə* und *rīblə* reiben (mhd. *rippeln*). Westgerm. *bb* nach langer Silbe: *širpə* Scherbe (vgl. ahd. *scirbî*) setzt ein westgerm. **scirbj-* voraus, *šǫrpə* scharren, kratzen (wohl zum Stamm des vorigen, vgl. *scharben* bei Schöpf, tir. Id. S. 591), *hölp* Axtstiel (**halbja-*), *šilpərə* Holzsplitter, zum Stamm *scel-* in 'Schale' mit Labialsuffix, vgl. *šölfə* Obstschale (ahd. *sceliva*), *šlarpə* schlecken (*ar* aus *ĕr*) zu *šlurflə* schlürfen, *lǫapə* übrig lassen (**laibjan-*), *kχlę̄apər* was kleben bleibt, hinfällig (Ableitung zu **klaibjan-* ahd. *kleiben*), *šiəpə* Schuppe (*scōbja-* mhd. *schuope*), *traupə* Traube (PBB. 12, 527), *gruipə* Griebe, *roupə* Ortsname Roppen (§ 53), *riəpə* Schutt-Steinrinne, die Schreibung *rüep* Schöpf, tir. Id. S. 567, lässt sich nicht rechtfertigen; beide lassen sich unter einer Wurzel idg. *rup-* vereinen. Germ. Ablautstufen *raub- reub-*, vielleicht auch *rauf-* (§ 53); aus *raub-*, westgerm. *raubn-*, entwickelte sich *roupə*, aus *reub-*, westg. *reubn-*, wurde **riupa*, *riəpə*. Schwierigkeiten bieten der Erklärung die *p* folgender Wörter: *toup* erzürnt (mhd. *toup*) es bietet sich keine Flexionsform, welche die Geminata (*bb*) hätte erzeugen können; vgl. *dərtöipə*, *toup* machen, erzürnen, (*taubjan*); vielleicht ist die Fortis vom Zeitwort übertragen worden. *loup* Laub (ahd. *loub*); vgl. *glöip* Laubwald (Flurname) (**galaubja-*), und ahd. *louppa* Laube. *štoup* Staub, *štöipə* (*staubjan*) stäuben, aber *štiəwə* stieben. *šoup* Schaub, Strohbund (mhd. *schoub*); war das Wort ursprünglich ein *n*-Stamm (vgl. Schaupen bei Schmeller, b. Wb.[2] II 436), so erklärt sich *p* einfach; vgl. Tropf (heute stark) und Tropfen (schwach) u. a. m.

§ 62. Germ. *f*. Es ist als Lenis *f* erhalten. Anlaut: *fīl* viel, *fuədər* Fuder, *fougḷ* Vogel, *fǫast* fett (mhd. *veizet*), *fę̄al* Fell, *fǫar* vor, *fər-* ver-, *fīr* für u. s. w. Vereinzelt erscheint *pf* an Stelle von anlautendem *f*: *pflennə* flennen, *pflarrə* breiter Schmutzfleck (mhd. *vlerre*), *pflittərə* kichern (mhd. *vlittern*), *pflǫttərə* flattern. Es sind satzphonetische Scheideformen, die in andern Gebieten grössere Verbreitung haben; vgl. Kauffmann, Gesch. d. schw. Ma. S. 183, Heusler, Al. Kons. S. 92 f., Weinhold, bair. Gr. S. 132 f., Schöpf, tir. Id. S. 494 ff. Inlaut: *oufə* Ofen, *śroufə* Schrofen, *hǫfə* Hafen, Topf, *śīfər* Schiefer, *houfəlig* achtsam (mhd. *hovelîch*), *tswaifl̥* Zweifel, *kχöifər* Käfer, *tuifl̥* Teufel, *śauflə* Schaufel, *rufə* Eiterkruste (Braune, ahd. Gr.[2] § 139, 5), *gouflə* hohle Hand (mhd. *goufe*), *gūfl̥* kleine Felsenhöhle (zum vorigen), *rāfə* Dachbalken (ahd. *râvjo*), *elfə* elf, *tswölfə* zwölf (mhd. *elviu*, *tswölviu*), *śnūflə* schnüffeln, *śnaufə* schnauben, *śraufə* Schraube, *śtīfl̥* Stange zum Stützen der Schlingpflanzen (Fisolen), mhd. *stivel* Schmeller, b. Wb. II 736; PBB. 18, 224, *tswīfl̥* Zwiebel, *tsīfər* allgemein vom Kleinvieh, (vgl. ahd. *zebar*), *untsīfər* Ungeziefer, *kχnouflig* Knoblauch, *höifl̥* Sauerteig (PBB. 12, 518; 14, 423), *höifommə* Hebamme, *pēfərə* gesprochenes nachäffen (von Kindern) Braune, ahd. Gr.[2] § 139, 5, *ślurflə* schlürfen, *ślīfərə* Eis laufen, fordert idg. *p*, kann also nicht zum Stamme germ. *slīp* „schleifen" gestellt werden. *wīflig* Weiberrock der alten Volkstracht, (zu ahd. *weibōn*, idg. Wurzel *vip*, Kluge, et. Wb. s. v. Wippe); möglich ist auch beim vorigen ein Nebeneinander von idg. *slib* und *slip*. *śtǫrfə* dürrer Stamm (§ 45); die *f* in der Verbindung *ft* sind erhalten: *luft* Luft, *śrift* Schrift, *kχrǫft* Kraft, *kśaftig* geschäftig u. s. w. Im Auslaut ist *f* selten; es muss im Satzauslaut zur Halbfortis werden, zwischen stimmhaften Lauten im Satzinnern muss die Lenis *f* erscheinen; *houf* Hof, *houfund-* Hof und. Etymologisches *ff* wird im Auslaut nach langer Silbe zur Halbfortis. Wenn nun in *grǭf* Graf, in den inlautenden Formen *ff* erscheint für etymol. *f*, kann die Ursache nur eine Neubildung der inlautenden *f* nach dem Muster von etwa *kχouf* Kauf und *kχouffə* kaufen, *ślǭf* und *ślǭffə* schlafen, sein. Auf derselben Stufe wie *grǭf* stehen: *priəf* Brief (vgl. *fərpriəffə* verbriefen, *priəfflig* brieflich), *śtaif* steif, in den flektierten Formen mit *ff*, ebenso *śiəf* schief.

§ 53. Germ. *w*. Es ist im Wortanlaut vor Vokalen erhalten: *wǫrm* warm, *wǫssər* Wasser, *wint* Wind; die germ.

Anlautverbindung *wl*, *wr* erscheint als *l*, *r* wie schon im Ahd. (Braune, ahd. Gr. § 106); über *wǭsə* Wasen, Rasen (dies fehlt der Ma.) vgl. Kluge, et. Wb. s. v. Germ. *qu* tritt als *kχw* und *kχ* auf: *kχwiərə* ächzen (ahd. **quirren* zu *quëran*), *kχwǭl* Qual, *kχwöilə* quälen; ohne *w* sind *kχökχ* keck (ahd. *quëc*), *kχittə* Quitte, *kχemmə* kommen (ahd. *quëman*), *kχǫadər* Köder (mhd. *quërder*); *kχǫat*, Kot, geht auf *kôt* zurück, *ô* entstand aus *wâ* (ahd. *quât*), in *kχuttlə* ist *kχu* wahrscheinlich aus *qui* zu erklären (Kutteln) Kluge, e. W. S. 222. — Lehnwörter sind *kχwǭdər* viereckiges Gartenbeet (mhd. *quâder* aus dem Latein.), *kχwit* quitt, *kχwökχsilwər* Quecksilber; über den Schwund des *w* in *huəštə* Husten, *siəs* süss (aus *hwôst-swôti-*) vgl. Braune, ahd. Gr. § 107 A. 1. In den anlautenden Verbindungen von Dentalen und *w* ist *w* erhalten: *šwǫrts* schwarz, *šwöllə* schwellen, *kšwind* geschwind, *tswǫa* zwei, *tswölf* zwölf, *tswiŋŋə* zwingen, *tswarχ* (zwerch-) quer; eine Neubildung ist das *w* in *gwunnə* gönnen (ahd. *ga-unnan* wohl über **gu-unnan* zu *gwunnə*). Das heute gesprochene *w* hat seine Stellung nur im Silbenanlaut, im Auslaut wird es zu *b*, genau wie das dem germ. *b* ensprechende *w*, *b*.

Inlautendes *w* ist erhalten in: *fröiwə* freuen (ahd. *frewen*), *štröiwə* streuen (ahd. *strewen*), *öib* Mutterschaf (ahd. Nom. *ou*, Gen. *ewi*), *špaiwə* speien (ahd. *spîwan*), *šnaiwə* schneien (ahd. *snîwan*), *riəwig* (mhd. *rüewic*) ruhig, *ǫawig* ewig (mhd. *êwic*), *aiwə* Eibe (mhd. *îwe*), *löib* Löwe (ahd. *lewo*); *plǭb* (flekt. *plǭwər*) blau, *grǭb* (*grǭwər*) grau und *lǭb* (*lǭwər*) lau, haben das *w* aus den Formen, in welchen *w* inlautend stand, in den Auslaut übernommen, in welchem das *w* ahd. als Vokal auftritt (*blâo*, *grâo*); *harb* herbe (ahd. *harawi*), *förwə* färben, *garwə* gerben (ahd. *ferwen*, *garawen*), *arwəs* Erbse (mhd. *erweiz*), *sarwə* siechen (mhd. *serwen*), *harwəs* Stoffadj. Neutr. 'flachsenes'; dagegen das Substantiv *hǭr* Flachs (vgl. Kluge, et. Wb. Haar[1]); *kχilb* mild (von der Witterung) mhd. *gehilwe* bewölkt, *šwǫlmə* Schwalbe, mit sekundärem Übergang des *lw* in *lm*, vgl. *gwölm* Gewölbe (zu mhd. *welben*); weitere Beispiele für diesen Übergang bietet Weinhold, bair. Gr. S. 143 f. Geschwunden ist *w* in *hauə* hauen (ahd. *houwan*), *pluijə* bläuen (ahd. *bliuwan*), *ruijə* reuen (ahd. *riuwan*), *kχuijə* kauen (ahd. *kiuwan*), *pruijə* bräuen (ahd. *briuwan*), *nui* neu (flekt. *nuijər* neuer, *nuijə* neue, neuen), *trui* treu (selten) ahd. *triuwi*, *truijə* Flurname ahd. **triuwa* nach der Erklärung im § 54, *hai* Heu (mhd. *höuwe* ahd. *houwi*), *gai* Gau, Landgegend (selten) ahd. *gouwi*, *štrǫa* Stroh (ahd. *strao* zu *strô*), *frǫa* froh (ahd. *frao* zu *frô*), *ruə* Ruhe (mhd. *ruowe*), *ruəə*, *ruəijə* ruhen, *sę̄a* See (ahd. *sêo*), *kχlę̄a* Klee (ahd. *klêo*), *kχniə* Knie (ahd. *kneo*), *ę̄a* Ehe (ahd. *êwa*), *šmiərə* schmieren (mhd. *smirwen*). In *gę̄al* gelb (ahd. *gëlǫ*), *męal* Mehl (ahd. *mëlǫ*), *fǭl* falb (ahd. *falǫ*), *mǭr* mürbe (ahd *marǫ*), wirkten die auslautenden Formen, deren vokalisiertes *w* dem Schwunde unterlag, auf die inlautenden. Durch *g* vertreten ist heute altes *w* in *šaugə* schauen (ahd. *scouwan*); vgl. Wilmanns deutsche Gramm. S. 98, A., Weinhold, bair. Gr. S. 185, Pfaff, Paul-Braune, Beitr. 15, 192, wo andere Beispiele dieser Art angeführt werden. *d* für *w* liegt vor in *kχnuidl̥*; es ist dies vereinzelt, scheint aber alt zu sein: Maister, Vokalism. d. Ma. im Burggrafenamt S. 10 verzeichnet *haudn* hauen (*houwen*). *h* für *w* zeigen *lǫaχ* M. Gerberlohe (*χ* ist im Auslaut Vertreter des inlautenden *h*, vgl. Adj. *lǫahig* mit Lohe vermengt); *rǫaχ* roh, ungekocht, mhd. *rô* und (dial.) *rôch*, *rôher*. Die *h* in diesen Wörtern sind weit verbreitet; vgl. Schöpf, tir. Id. S. 396, Schmeller, b. Wb.[2] I 1467, II 85. Nach Kluge (e. W. s. v.) sind die Grundformen germ. *law- hraw-*. Im Ahd. findet sich manchmal für ursprüngliches *w* im Inlaute *h* (Braune, ahd. Gr. § 110. 3). Fasst man die *h* (-*χ*) in den beiden Wörtern als sekundär entwickelte Übergangslaute, so ist die Entstehung so zu denken: Germ. *law-*, *hraw-* wurden im Ahd. auslautend zu *lao*, *hrao*, diese zu *lô*, *rô*; im Inlaut ist die regelmässig entwickelte Form z. B. *lawes*, *rawêr*; die *ô* der auslautenden Formen wurden nun in den Inlaut übertragen, *lôwes*, *rôwêr*; für *w* trat *h* ein (vielleicht schon *lahes*, *rahêr*), *lôhes*, *rôhêr*, das später über alle Kasus sich ausdehnte.

Vereinzelt sind Wandlungen des *w*, wie in *miər* wir (*m* aus *n*, *w* bei enklitischer Stellung nach dem Verbum *sagen wir* zu *sage mir* vgl. mhd. *sage wir* Paul, mhd. Gr.

§ 155. 3), *kχrāmət* Wachholder (mhd. *kranewite*; Kranebitten, 1 Stunde westl. von Innsbruck, heisst in der Ma. *kχrāmətə*), *wippə* Witwe (mhd. *witwe*), *wippər* Witwer (sec. gebildet), *öppər* jemand, „etwer" (mhd. *ëtwër*), *öppəs* etwas, *öppə* etwa.

§ 64. Die erhaltenen inlautenden *-w-* (auslaut. *-b*) stehen mit den aus germ. *b* entstandenen *-w-*, *-b* heute auf derselben Stufe. Treten sie im Wort- und Satzgefüge vor stimmlose Konsonanten, so werden sie zu *p*. Vgl. die Flexionsformen: *fröiwə* freuen, *i fröib* ich freue, *du fröpšt* du freust, *ər fröpt* er freut, *fröptig* freue dich, *kfröpt* gefreut; *plǫb* blau, *ə plǫwər* ein blauer, *ə plǭps* ein blaues; *höiwə* heben, *i höib* ich hebe, *du höpšt* du hebst, *ər höpt* er hebt, *höps* hebe es, *kχöpt* schw. Part. gehoben; *groub* grob, *ə grouwər* ein grober, *ə groups* ein grobes, *dər gröipšt* der gröbste. Schwund eines *b* zeigen einige Formen zu *hǭwə* haben: *i houn* ich habe, *du hǫšt* du hast, *ər hǫt* er hat (mhd. *hân*, *hâst*, *hât*); *hommər* haben wir, nur in dieser Stellung (*hân wir*), *i hat*, *hatšt*, *hat*, *hattə*, *hattət*, *hattə* (Konj. Prät. mhd. *hæte* u. s. w.), Part. *kχöt* gehabt (ahd. *gahebit* entsprechend, Braune ahd. Gr. § 368. 2. 4). Zu *göiwə* geben lautet die 2. 3. Sing. *gaišt* gibst, *gait* gibt (schon mhd. *gist*, *gît*). Manchmal tritt Angleichung des *b* (*w*) an *m* ein im Imp., *gimmər* und *gībmər* gib mir. Mhd. *ab* erscheint als *ǭ* überall in hochtoniger Stellung; nur in *ǫpsǫts* Absatz des Schuhes, ist *b* als *p* (vor *s*) erhalten, in schwachtoniger ist *b* vorhanden, *ǭb*, *ǭbm poūm* „ab dem Baume" (vom Baume herab). Es wird ebenso behandelt wie mhd. *ûf* auf; in hochtoniger Stellung als Adverb ist *f* verloren, in schwachtoniger als Präposition ist *f* erhalten: *auštīə* aufstehen, *tuə au* tue auf; *auf tər ponkχ* auf der Bank, *afṃpoudə* auf dem Boden.

§ 65. Über die historische Entwicklung von germ. *b* und *w* sei folgendes beigebracht. Die Belege, welche Weinhold, bair. Gr. S. 128 f. für die Schreibung von *b* für historisches *w* und S. 140 von *w* für germ. *b* bietet, erweisen, dass die heute herrschende Vertretung des nachtonigen *b* durch *w* (*-b*) bereits im 13. Jh. vorhanden war. Ihre Verbreitung über das ganze bairische Gebiet bezeugt Schmeller.

Maa. Bai. S. 82; aus den Imster Urkunden sei angeführt: 1455 *ebig* (*êwic*), 1473 *urbis* (mhd. *arweiz*), 1509 *albeg* (mhd. *allewege* immer). Es ist meines Erachtens nicht richtig, aus der Vertretung des germ. *b* durch *w* den Schluss zu ziehen, dass das obd. *b* ein stimmhafter Laut gewesen sei (Wilmanns, deutsche Gr. S. 55). Vor dem Wandel zu *w* war *b* ein stimmloser bilabialer Verschlusslaut schwächster Artikulation und kürzester Dauer, wie ihn unsere Ma. heute im Auslaut und vor *m* spricht: *grǭb* Grab, *griəb-lə* Grüblein, *īb-rig* übrig, *hōibmər* hebe mir. Um von stimmlosem *b* zu *w* zu gelangen, ist es nicht nötig, dass *b* zuerst stimmhaft wird und dann erst die Verschlussbildung aufgegeben wird. Vielmehr ist der Übergang so zu denken, dass die äusserst schwache Artikulation der Verschlussbildung nicht mehr ausgeführt und der Stimmton durch das so entstandene *w* hindurch beibehalten wurde; denn das wesentliche für einen stimmlosen Laut dieser Artikulation, die Verschlussbildung, fehlte; (z. B. *graben* zu *grawen*). Einen genau analogen Vorgang zeigt die lebende Ma. bei der Aufgabe der *g*-Artikulation nach *i* (s. § 16 Anm.).

Das ahd. *w* war ein Halbvokal mit *u*-Artikulation der Zunge (Braune, ahd. Gr. § 104); dem *w* der Imster Ma. kommt nur die Lippenartikulation zu. Von einer Entwicklung des ahd. *w* zum Spiranten, wie Wilmanns, a. a. O. S. 98 und Behaghel, Pauls Grdr. I S. 579, annehmen, kann für das Bairische nicht die Rede sein. Die Schreibungen *b* für *w* und *w* für *b* lassen keinen andern Schluss zu, als dass für *b* dieselbe Aussprache herrschte wie für *w*, und zwar die des *w* des heutigen Bairischen. Wäre die angeführte Ansicht von der spirantischen Aussprache des *b* und *w* im 13. Jh. richtig, so müsste man annehmen, dass einerseits *b* zum stimmhaften Spiranten, anderseits *w* vom Halbvokal zum Spiranten und beide in der weiteren Entwicklung zu unserm *w* geworden seien. Dafür, dass das ahd. *b* (obd.) ein stimmloser Verschlusslaut war, spricht die Vertretung des germ. *mb* durch *mp*. Wir haben keinen Grund zur Annahme, dass *mb* durch die Lautverschiebung anders entwickelt worden sei, als etwa *lb* oder *b* zwischen Vokalen.

Die Entwicklung des stimmlosen *b* in *mb* zu *p* entspricht der des anlautenden *b* zu *p*, welche über ein grosses Gebiet verbreitet ist. (Schmeller, Maa. Bai. S. 81, Schöpf, tir. Id. S. 24 f., v. Bahder, Grundlagen d. nhd. Lautsyst. S. 226 f.). In wieweit die heutigen bairischen Maa. Lenis oder Fortis im Anlaute sprechen, ob germ. wortanlautendes *b* überall einheitlich vertreten ist, wie in der Imster Ma., bleibt des Nähern zu untersuchen. In einigen romanischen Lehnwörtern entspricht dem anlautenden *b* in der Ma. *w*: *warbl̥* Barbara, *wǫštl̥* Sebastian (vgl. 1524 *Bastion Schaz*), *weīnədikχt* Benedikt (vgl. Weinhold, bair. Gr. S. 140). Zur Zeit der Entlehnung wurde also das einheimische *b* im Anlaut wohl sicher als Fortis, zum mindesten als stimmloser Laut gesprochen. Die Zusammensetzungen *kχrūəwurg* Schloss Kronburg, *hörwrig* Herberge, *sęawrig* Name einer Hochalpe „Seeberg", in denen das anlautende *b* des zweiten Bestandteiles gleich den inlautenden *b* behandelt wurde, sprechen dafür, dass die Differenzierungen der heute herrschenden Entsprechungen des germ. *b* in unserer Ma. eine jüngere Entwicklung sind und nicht in die früh ahd. Zeit zurückreichen (also nicht durch die Lautverschiebung hervorgerufen wurden). Da *b* schon im 13. Jh. als *w* erscheint und durchwegs erhalten geblieben ist, muss der Schwund des inlautenden *w* (gleich ahd. *w*) bereits im 12. Jh. durchgeführt gewesen sein. (Vgl. § 54). Über vereinzelten Schwund des *b* vgl. § 64. Dazu noch *puə* Sing. Bube, der Plur. hat *w*: *puəwə*, Demin. *piəblə* Büblein; das bairische Lechtal scheint den Schwund eines auslautenden *b* in grösserem Umfange zu kennen, vgl. *wai* Weib, *gī* gib; es ist offenbar ein später Vorgang.

§ 66. *m*. Es ist im An- und Inlaut erhalten: *muətər* Mutter, *mūənə* meinen, *mōunə* mahnen, *mǫgə* Magen, Mohn (mhd. *mage*), *raīmə* prahlen (mhd. *rīmen* Reime machen). *hōumər* Hammer, *šwimmə* schwimmen, *šimmərə* schimmern, *summər* Sommer u. a. m. Die *m* im Auslaut sind aus den inlautenden Formen übertragen (Braune, ahd. Gr. § 124): *štomm* Stamm, *tumm* dumm (mhd. *tum, tummes*), *lōum* lahm, *pōum* Baum, *hūəm* (Heim) heim, *laīm* Leim. Den alten Übergang des auslautenden *m* zu *n* zeigen heute noch:

hüəlig heimlich (auslautende Lenis *n* schwand), *tūrə* Turm; es geht auf *turen* zurück, das aus *turn*, *turm* entstanden ist. Vgl. dagegen: *wurm* Wurm, *ǫrm* Arm, *dǫrm* Darm, *širm* Schirm, *hǫlm* Halm. In schwachtonigen Silben ist auslautendes *m* geschwunden, wie alle *n*: *poudə* Boden (mhd. *bodem*), *fǭdə* Faden (mhd. *vadem*), *gǭdə* Schlafgemach (mhd. *gadem*), *pöisə* Besen (mhd. *besem*); von diesem bewahrten das Demin. *pöisməla* (neben *pöisələ*) und das Verb *pöismə* mit dem Besen rühren, das suffixale *m*.

2. DIE DENTALEN.

§ 67. Germ. *t*. Es ist als *t* erhalten in den Verbindungen *tr*: *trauə* tranen, *troug* Trog, *ft*: *luft* Luft, *kχröftig* kräftig, *st*: *štūə* stehen, *mišt* Mist, *ht*: *nǫχtwǫχtər* Nachtwächter; im Inlaut zeigen sich einige germ. *tr* im Hd. als *ttr*: *pittər* bitter, *tsittərə* zittern, *lattərə* locker angebracht sein (gehört zu ahd. *laz* und geht auf westgerm. *latr-* zurück). Die Affrikata *ts* erscheint für germ. *t* im Anlaut vor Vokalen und nach *l*, *r*, *n*: *tsǫrgə* Zarge, Rand, *tsǭrt* zart, *tsonnə* zannen, Gesichter schneiden, *tsǖrle* zappeln, *tsāhər* Zähre (ahd. *zahar*), *tsaihə* zeihen, *tsöirə* zehren, *tsöttl̥* Zettel, *tsiəhə* ziehen, *tsillə* Zülle, Kahn, *tsirwə* Zirbel (mhd. *zirben*); germ. *tw* ist heute zu *tsw* geworden, ebenso auch germ. *dw*, *þw*: *tswaifl̥* Zweifel, *tswölfə* zwölf, *tswikχə* zwicken, *tswaig* Zweig, *tswiššə* zwischen, *tswǫa* zwei, *tswīsl̥t* gabelförmig geteilt, *tswittər* Zwitter, *tswiərə* Zwirn; *tswarχ* zwerch, *tswiŋŋə* zwingen, *tswerg* Zwerg u. a.; *holts* Holz, *filts* Filz, *wǫltsə* walzen, *milts* Milz, *mǫlts* Malz, *maltsə* weiche Speisen mit der Zunge zerdrücken (Fact. **maltjan-* zu germ. (ags.) *mëltan* zergehen), *šmǫlts* Schmalz, *polts* Bolz, *fǫlts* M. langes Bindseil, mit dem das Bergheu auf die Schlitten gebunden wird (zu mhd. *valzen*) *štaltsə* Stelze; *šwǫrts* schwarz, *wurtsə* Wurzel, *wartsə* Warze, *harts* Herz, *kχurts* kurz, *šurts* M. Schürze, *partsə* refl. sich auf die Zehen stellen (Schmeller, b. W. I 284), *štǫrtsə* Pflanzenstrunk (aus dem Boden hervordringend) zu mhd. *sterzen* hervorstehen (vgl. Streitberg, urgerm. Gr. S. 139), *möirts* März, *kχöirtsə* Kerze; *gonts* ganz, *šronts* Schranz, *pflontsə* Pflanze, *mintsə* Minze, *pfintstig* Donnerstag (mhd. *pfinztac*); *tswāətsk* zwanzig, *siwətsk* 70 (mhd. *sibenzec*), *nüntsk* 90, *fiərtsk* 40: nach diesen Formen trat *ts* ein in *fuftsk* 50, wo aus vorahd. **fuftug t* nicht zu *ts* hätte werden können, da *ft* erhalten blieb; ebenso sind die *ts* analogisch eingeführt in *fuftsöihə* 15, desgleichen auch in *draitsöihə* 13, gegenüber *draisk*, das lautgesetzlich entwickelt ist (mhd. *drîzec* aus westgerm. **þrîtug*).

Nach Vokalen entspricht dem in- und auslautenden germ. *t* der Spirant *ss* (-*s̥*), der heute an derselben Stelle artikuliert wird, wie *s* (aus ahd. *s*). Der Unterschied zwischen beiden ist heute im allgemeinen der von Fortis und Lenis. Über den Wandel des ahd. Spiranten *z* (*zz*) zu *ss* vgl. Braune, ahd. Gr. § 168. 1, Paul mhd. Gr. § 29. Im Auslaut wird dieser Spirant nach langem Vokal als Halbfortis gesprochen (analog wie bei *ff* und *hh*). Der Wechsel zwischen der geschwächten Fortis im Auslaut und der vollen im Inlaut eines und desselben Wortes ist regelmässig bewahrt. *gǫssə* Gasse, *fǫss* Fass, *pissig* bissig, *wissə* wissen, *grissə* gerissen, *prennössl̥ə* Brennessel, *pössər* besser, *fərgössə* vergessen, *rǫssl̥ə* sich bei der Arbeit unmässig anstrengen (mhd. *razzeln*, zu *ræze*), *kšmissə* geschmissen, *kšlossə* geschlossen, *šuss* Konj. Prät. schösse (mhd. *schüzze*), *nussə* F. Nuss (die obd. Maa. setzen ein schwaches Fem. mhd. *nuzze* voraus, vgl. schweiz. (Brienz) *nussän*), *wassərə* wässern, *gǫas* Geiss, *gǫassər* Geisshirt, *mǫas* gerodete Waldfläche, *mǫassl̥* Meissel (beide zu mhd. *meizen*), *hǫassə* heissen, *grǫas* gross Komp. *grǫassər*, *ruəs* Russ, *ruəssig* russig, *ruəssl̥* Kaminkehrer, *puəs* Busse, *piəssə* büssen, *raissə* reissen, *šiəssə* schiessen, *šwǫas* Schweiss, *gruəs* Gruss u. a. m.

Germ. *tt*. Ihm entspricht Affrikata *ts*: *šwitsə* schwitzen, *hits* Hitze, *kχits* N. Kitze, *kχǫtsə* Katze, *rǫts* Ratte (mhd. *ratze*), *kχrǫtsə* kratzen, *mǫtsə* F. durch einen Stoss erzeugte Vertiefung im Holz, in der Mauer, *štüemöts* Steinmetz (beide gehören zur germ. Wurzel *mat* vgl. Kluge, e. W. Metze[1]), *mötsə* M. kleines Getreidemass (mhd. *metze*), *wötsə* wetzen, *sötsə* setzen, *sitsə* sitzen, *nötsə* netzen, *nöts* Netz, *hötsə* hetzen, *ötsə* ätzen, *löts* schlecht, übel daran (mhd. *letze*), *tratsə* necken (mhd. *tretzen*), *šwatsə* schwätzen, *nutsə* Nutzen, *šutsə* in die Höhe werfen (zu 'schiessen' **scutt-*), *woatsə* Weizen, *hǫatsə* heizen, *pǫats̩* (neben *pǫass̩*) Sauerdorn (Schmeller, b. W. I 287) zu 'beissen', *pǫatsə* beizen (zu 'beissen'), *špraitsə* refl. sich spreitzen, zum Stamme germ. *spreut-* ahd. *spriuzen*; eine Form *sprût-* setzt das Subst. *špraus* M. Stütze, voraus: *šnaitsə* schneuzen, *šnaūts* Schnauze, *kχlǫatsə* F. gedörrte Birne, zu mhd. *klôȝ* auf westgerm. *klautt-* weisend (Schöpf, tir. Id. S. 326), *gātsə* zu essen geben (**ga-âtjan*), *gāts* N. Eingeweide, ursprüngl. das Gegessene.

§ 68. Germ. *d.* Er erscheint als Fortis *t* an allen Stellen des Wortes. Für den Anlaut vgl. man: *tomm* Damm, *tompf* Dampf, *tumm* dumm, *tuŋkχl̩* dunkel, *tuŋŋə* düngen, *teŋglə* dengeln, *tunšt* Dunst, *tuft* Duft (selten), *tiftə* eine Flüssigkeit leicht durchsickern lassen (intrans.), *truttə* „Drude" mhd. *trute*, *trǫkχ* ein im Verhältnis ungewöhnlich grosses Tier (ahd. *traccho*, lat. *draco*), *taiχl̩* hölzerne Brunnenröhre (mhd. *tiuchel*), *toulə* überdecktes Rinnsal eines Gassenbaches, gehört mit *tuələ* kleines Loch im Boden, zu 'Tal' (idg. *dhl̥-* und *dhŏl-*), *tāsig* in gedrückter Stimmung (mhd. *dæsec*); nach Schmellers Belegen, b. W. I 545 liegt hier westgerm. *d-* vor. Im In- und Auslaut: *fǭtər* Vater, *gātər* Gatter, *wǭtə* waten, *pöitə* beten, *kχroutə* Kröte, *šlītə* Schlitten, *pröit* Brett, *pout* Bote, *wait* weit, *saitə* Seite, *sǫatə* Saite, *rǫat* rot, *hǫatər* heiter, *giətig* gütig, *wiətə* wüten, *ruətə* Rute, *muətər* Mutter, *fuətər* Futter, *plǭtərə* Blatter, *ǭtərə* Natter (mhd. *nâtere*), *špāt* spät, *gaitig* geizig (mhd. *gîtec*), *prǭtə* braten, *lǫatə* löten, *haut* Haut, *niətə* Niete, *nǫat* Not, *gmuə̄t* gemeint, *kfölt* gefällt, *tsöirt* zehrt, *ər šrait* er schreit u. a.

Dem westgerm. *dd* entspricht Fortis *t* (Geminata *tt*); da bei der Silbendehnung in der Lautfolge kurzer Vokal + einfachem *t* (= germ. *d*) vielfach die Kürze des Vokals erhalten blieb und *t* gedehnt wurde, ist die sekundäre Geminata mit der ursprünglichen (westgerm. *dd*) zusammengefallen. *tuttə* Zitze (mhd. *tutte*), *kχuttə* F. Herde, Menge (zu mhd. *kütte*), *šǫttə* Schatten, *tröttə* treten, *prittə* F. Brettchen (**britja-*), *šittər* locker, dünn (mhd. *schitere* ,*jo*-Adj.), *pittə* bitten, *wöttə* wetten, *wöttər* Wetter, *wittərə* wittern, *hittə* Hütte, *kχuttlə* Kuteln. Sicher einfaches *t* liegt den Partizipien zu Grunde: *ksottə* gesotten, *dərsottərət* ausgemergelt, erschlafft, *kšnittə* geschnitten, *grittə* geritten, *kštrittə* gestritten, *glittə* gelitten; *plǫttə* Platte, *glöttə* glätten, *glǫt* glatt, *mǫt* matt, *štǫt* Stadt, *sǫt* satt, *söttigə* sättigen, *sittə* Sitte, *mit* mit, *hǫttlə* Ziege (mhd. *hatele*), *grittə* die Beine auseinander strecken (mhd. *griten*), *kχnǫttlə* Kotballen in den Haaren der Tiere (von Schöpf, tir. Id. S. 327 richtig zu 'kneten' gestellt), *föttər* Vetter, *plattə* weibliches Hühnchen (zu mhd. *blate-*, weil der Kamm fehlt?).

šǫrtə Scharte, *hart* Herde (ahd. *hërta*), *šwǫrtə* Schwarte, *tsǫrt* zart, *hörtə* härten, *gurt* Gurt, *wiərt* Wirt, *hiərt* Hirt, *dər fiərt* der vierte, *wǫrtə* warten, *gartnər* Gärtner, *wǫart* Wort, *ǫart* Ort; *hǫltə* halten, *šǫltərə* Barnbaum (mhd. *schultere*), *špiltərə* Zaunstecken (mhd. *spiltere*), *walt* Welt, *galt* Geld, *gədult* Geduld, *gədultig* geduldig, *saltə* selten, *šwaifǫltərə* Schmetterling (umgebildet aus ahd. *rîvaltra*), *gwǫltig* gewaltig, *šilt* Schild; *wintə* winden, *wintlə* N. Windel, *pintə* binden, *nt* herrscht in allen Ableitungen: *pont* Band, *pentigə* bändigen, *umpentig* unbändig; *šintə* schinden, *šunt* Schund, *šlintə* schlingen (mhd. *slinden*), *šlunt* Schlund, *hintə* hinten, *rintə* Rinde, *plint* blind, *wint* Wind, *grint* Kopf (mhd. *grint*), *hont* Hand, *sont* Sand, *ront* Rand, *gwont* Gewand, *gwantə* bekleiden, *pfont* Pfand, *pfentə* pfänden, *ksunt* gesund, M. Gesundheit, *hunt* Hund, *untə* unten, *ent* N. Ende, *pront* Brand, *ontə* ahnden (ahd. *antôn*), *tsintə* zünden, *tsuntl̥* Zündschwamm, *tsuntərə* F. Zwergkiefer (Schmeller, b. Wb. II 1134), *šruntə* F. Riss in der Haut (mhd. *schrunde*), *glent* N. Feldname „Gelände" zu 'Land', hier kann z. B. westgerm. *ddj* vorliegen **ga-landj-*; doch ist im Ahd. wohl kaum ein Unterschied zwischen *nt* aus **nd* und dem aus **ndd-*; *šwintə* schwinden, *šwintlə* schwindeln, (*kšwiŋklə* den Schwindel haben refl.; es hat *ŋk* für *nt*, die leichte Umbildung wurde durch das anlautende *k* veranlasst), *antərə* nachäffen (ahd. *antaren*), *šentə* schänden, *fəršantlə* herabsetzen, *t* in *antə* Ente (ahd. *anut*); in *wintər* liegt germ. *ntr* vor. In der Partizipialendung des Präs. erscheint altes *-nt-* als *t* (*-ət*): *raissət* reissend, *ə štŭnətər* ein stehender, *šlǫffətə* schlafende, *löiwətər* lebender. Dieser grossen Zahl von Wörtern, in welchen germ. *nd* zu *nt* verschoben ist, stehen einige gegenüber mit

Lenis *d* statt der zu erwartenden Fortis *t*: *lond* Land (ahd. *lant*), *haid* heute (mhd. *hînte*), *pfund* Pfund (ahd. *pfunt*), *winda* Winde, *wenda* wenden, *aus-*, *aï-*, *nǫatwendig* aus-, ein-, notwendig, *ǫ̃wendig* abwendig, *wunda* Wunde, *wundər* Wunder, *fəršwendə* verschwenden, *und* und, *psunder* 'besonder' in allen Abteilungen. In jenen Fällen, in welchen *d* auf idg. *t* zurückzuführen ist, könnte man an grammatischen Wechsel denken, dass also neben den in den germ. Dialekten allein überlieferten Formen mit *nd* solche mit *nþ* bestanden; die Annahme einer Beeinflussung durchs Nhd. lässt sich schwer erweisen. Sicher ist, dass diesem Wandel des ahd. *nt* zu *nd* (soferne wir ahd. *nt* anzusetzen haben) kein Gesetz der Ma. zu Grunde liegt. Das *nd* in *hundərt* (ahd. *hunt*) beruht auf fremdem Einflusse: die Form *hundert* erscheint erst seit dem 12. Jh. in der Litteratur (Braune, ahd. Gr. § 274). Auffallend ist *nd* in allen Formen zu ahd. *stantan*: Präs. Plur. *štendə*, Konj. *štend*, *štendə*, Konj. Prät. *štand*, *štandə*, Part. Prät. *kštondə*, *pštendig* beständig, *štond* Stand, *kštandər* Geständer, *pštond* Bestand, Pacht, *štund* Stunde, *štundə* eine Pause machen, aussetzen; alle diese *d* statt des zu erwartenden *t* aus fremder Beeinflussung zu erklären, ist bedenklich. Es liegt idg. *t* zu Grunde; doch hat das Germ. nur *nd*, nie *nþ*. Stammbetonung zeigt das analog wie *standan* gebildete got. *fraihnan*. (Vgl. Braune, got. Gr. § 177. 3). Demzufolge könnte man denken, dass das *nd* der Imster Ma. auf urgerm. **stanþ-* zurückgehe. (Kann die Verschiedenheit der Betonung, welche got. *hausjan*, *laisjan*, *nasjan* einerseits, ahd. *hôren*, *lêren*, *nerien* anderseits aufweisen, als Stütze für die Annahme, dass germ. nebeneinander *stanþ-* und *stand-* vorkam, geltend gemacht werden?). *sind* Sünde, *šond* Schande, zeigen in den Wendungen *sint unt šǫd* Sünde und Schade, *ə šont und ə špot* eine Schande und ein Spott, dass ursprünglich Fortis *nt* vorhanden war. Heute ist hier die Lenis *nd* herrschend.

§ 69. Germ. *þ*. Ihm entspricht im spätern Ahd. *d*, in der Ma. Lenis *d*. Wo *t* erscheint, liegt eine spätere Wandlung vor. *dǫχ* Dach, *dǭ* da, *dǭχt* Docht, *deŋkχə* denken, *dǫks* Dachs, *dikχ* dick, *dáumə* Daumen, *dirr* dürr, *dǫrm* Darm, *diŋŋ* Ding, *durχ* durch, *duršt* Durst, *dillə* Dachboden (mhd. *dile*), *dîəšt* Dienst, *diəb* Dieb, *dǫrf* Dorf, *du* du, *diər* dir, *gədult* Geduld, *pədaitə* bedeuten, *fərdarwə* verderben, *driŋŋə* dringen, *drukχə* drücken, *drai* drei, *dröššə* dreschen, *drukslər* Drechsler, *draijə* drehen, *drǭt* Drat, *drökχ* Dreck, *drumm* Trumm; *röidə* reden, *kχaidə* keimen (zu ahd. *chîdi*), *laidə* leiden, *lǫad* leid, *maidə* meiden, *raidə* drehen (ahd. *rîdan*), *rīd* Wegbiegung; hierher auch der Ortsname Nassereit, der fälschlich mit *t* (*th*) geschrieben wird. *nǫsraid* und *nǫssraid* wird gesprochen, daher ist der Name als Kompositum von *nass* und **rîd* zu erklären; die Betonung des zweiten Bestandteiles erklärt, dass Lenis *s* für mhd. *ʒ* erscheint. *hǫadə* Heiderich (mhd. *heide*), *wīdə* F. Weidenstrang (zu mhd. *wîde*), *wǫad* Weide, *tǫad* Tod, (Adj. *tǫat* tot), *šǫadə* Scheide, *pruədər* Bruder, *liədərliŋ* liederlich, *miəd* müde, *mǭd* Mahd, *grǭd* gerade, *štǭdl* Stadel, *mädlə* Mädchen (Deminut. zu mhd. *maget*, ahd. *magad*), *wīdər* wieder; Widder, *šöidigə* schädigen, *pęadə* beide, *poudə* Boden, *fǭdə* Faden, *luədər* Luder, *fuədər* Fuder, *flǭdə* Fladen (nach Kluge, e. W. idg. *plat*, dazu *flittə* F. dünne Schnitte Speck idg. *plt-* germ. **fludj-?*); *fində* finden, *lind* lind, *kšwind* geschwind, *kχind* Kind, *rind* Rind, *tsond* Zahn (ahd. *zand*), *ondər* ander, *frend* fremd, *glandər* Geländer, *londə* F. Karrendeichsel (mit *n* Erweiterung zu germ. *laþ-* (Laden) s. Kluge, e. Wb. Geländer); *nd* zeigen auch die Lehnwörter *šindlə* Schindel, *špendə* spenden; *wǫld* Wald, *wild* wild, *šuld* Schuld (ahd. *sculd* Braune, ahd. Gr. § 163. 6), *gold* Gold, *pǫld* bald, *fǫldə* und *fǫltə* Falte (mit Bewahrung der Doppelform **falþ*, **fald*).

Germ. *þþ* wurde im Hd. über *dd* zu *tt*: *šmittə* Schmiede (*šmīdə* schmieden), *špottə* spotten, *lǫttə* Latte (zu *lǫdə* Laden), *kχlöttə* Klette, *mottə* langsam ohne Flamme brennen, glimmen (Schmeller, b. Wb. I 1693) zu *moudər* Moder; es setzt germ. *moþþ-* voraus — bei der Annahme eines westgerm. *modd-* bleibt die Gemination unerklärt.

Anm. Nhd. 'Schotter' hat in der Ma. *šoudər* als Entsprechung; demnach ist mir wahrscheinlicher, dass westgerm. *scoþ-* u. *scoþþr-* nebeneinander bestanden, als dass 'Schotter' dieselbe Dentalstufe (germ. *d*) hat wie 'schütten'.

Zusammen gehören auch: *tsǫdərə* Fleischfaser und ahd. *zata* (*taþ-* u. *tad-*) (Schmeller, b. Wb. II 1085, 1166), *tsoutl* M. ungeordnetes Haar, weist auf germ. *tod-*, mhd. *zotte* auf auf germ. *topþ*; (Kluge, e. Wb. „Zote").

Die Fälle, in denen einem westgerm. *þ* in der Ma. Fortis *t* entspricht, sind: Anlautend: *taitš* deutsch, *taitə* deuten (dagegen *d* in *pədaitə*), *tausət* tausend, *tarffə* dürfen, *tirχ̥lkχöllə* Siebkelle (mhd. Adj. *dürkel*), *toudərə* donnern, *tǫasə* tosen (mhd. *dôsen*), *tuŋkχə* dünken, *treaštələ* Drossel (Kluge, e. W. s. v.), *triəssə* Drüse, *traupə* M. Traube, *t* als Artikel des Fem. Sing. Nom. Acc., des Plur. Nom. Acc. „die" *ər will t ǫrwət* er will die Arbeit, *a t ougə* an die Augen, *t ǫltə* die Alten; die Erklärung. dass die Fortis *t*, welche im Satzanlaut und nach stimmlosen Konsonanten gesprochen wird, die etymologische Lenis *d* verdrängt hat, (Behaghel, Pauls Grdr. I 589 o.), befriedigt am meisten; dazu stimmt, dass in der Ma. alle Fremdwörter mit anlautendem *d* mit Fortis *t* erscheinen: *tūsə* Dose, *tukǫtə* Dukaten, *topplt* doppelt, *tutsət* Dutzend, *tūdlsǫkχ* Dudelsack, *taurə* dauern (*durare*), *tetsemmər* Dezember, *təkχrēt* Dekret, *tifədiərə* dividieren, *tokχtər* Doktor, *tōn* Ton (mhd. *don*), *tattum* Datum, *tekχa*, *tekχə* Deka, *telikχat* delikat, *tesərtēr* Deserteur, *tikχtiərə* diktieren, *tiškant* Diskant, *tišpens* Dispens, *tiškəriərə* diskurieren, *tettə* detto u. a.; fremde Wörter werden immer als einzelne aufgenommen und nicht im Gefüge des Satzes, ihnen kann also nur Fortis *t* zukommen. Unklar sind mir die *t* in *pilt* Bild (mhd. *bilde*); *j*-Dehnung (westgerm. **biliþja-*) ist in nebentoniger Silbe wohl ausgeschlossen, ebenso auch grammatischer Wechsel (es ist nach Kluge, et. Wb. *bi-liþ-ja-*); *sait* seit (ahd. *sîd*), aber *saidər* seitdem (mhd. **sîder*); ahd. *sîd* ist germ. ein *u*-Stamm, bei denen suffixale Betonung Regel ist (Kluge, Nominale Stammbildungslehre § 182); doch ist germ. **sîd* nicht belegt. *fort*, *furt* fort (ahd. *vord*), *faltərər* Feldhüter zu Marktzeiten, eine Bildung aus dem Plur., mhd. **velderære*. Germ. *rþ* ist mit Schwund des *r* zu *d* geworden, wo es nach der Wirkung der Auslautgesetze inlautend blieb: *fǫadərə* fordern, *fǫadər* vorder, *fęadər* nach vorne liegend (Komparativbildung), *fīdərə* fördern, fertig machen (mhd. *vürdern*), *kχęadər* Köder (mhd. *quërder*), *męadərə* zerfetzen (mhd. **mördern, mürdern*), *mǫdər* Marder, *nęadər* nördlich, *nęadərsaitə* Schattenseite, *nęadrig* auf der Schattenseite (an einem Nordabhange) gelegen. Nur mhd. *wërden* erscheint in allen Formen mit Schwund des *d* und Bewahrung des *r*; *węarə* werden, *wür* würde, *gwǫarə* geworden. (S. Kauffmann, Gesch. d. schwäb. Ma. S. 182, A. 2). Germ. *rþ* ist heute im Auslaut *rt*: *węart* Wert, *fərwęartə* verwerten (spätere Ableitung), *ęart* Erde, analog *ęartig* erdig, *hęart* Herd, *furt* fort (ahd. *vord*). Dass diese Entwicklung jung ist, liegt auf der Hand; vgl. ahd. *hërta* Herde, *hart*, und *ërda* Erde, *ęart*; sie kann erst nach der Dehnung eingetreten sein. Älter ist der Schwund des *r* im inlautenden *rd*; Belege bei Weinhold, bair. Gr. S. 168. In den Imster Urkunden: 1468 *erfodern*, 1473 *erfodertt*, 1476 *vodrung*, *vordrung* — (Vgl. *ęardöpfl̥* 'Erdapfel', Kartoffel).

§ 70. Germ. *s*. Es ist in der Umgebung von Vokalen erhalten: *sou* so, *siŋŋə* singen, *sǫlts* Salz, *sunnə* Sonne, *söihə* sehen, *saĩ* sein, *löisə* lesen, *wīsə* Wiese, *nǭsə* Nase, *rę̄asələ* leicht rösten, zu 'Rost', germ. Wurz. **raus-*; **rus* liegt vor in *rouslig* mit Sommersprossen bedeckt, *rūsələ* Plur. Masern (also „Flecke"), vgl. mhd. *rosel, rosem*; *aisig* eisig, *aisə* Eisen, *plǭsə* blasen, *pęas* böse, *glǭs* Glas, *grāslə* Gräslein, *muəs* Mus; *hs* erscheint als *ks*: *wǫksə* wachsen, *söks* sechs. Erhalten ist *s* auch nach *l*, *n*: *hǫls* Hals, *fölsə* Felsen, *gons* Gans. Altes *ss* haben: *ross* Ross, *kχröss* M. Kresse, *pussə* küssen (Schmeller, b. Wb. I 295), *gwissə* Gewissen, *tsusslə* nachlässig gekleidetes, unordentliches Weib (Schöpf, tir. Id. 835, Schmeller, b. Wb. II 1157), *misslig* misslich, *gǫasslə* Geisel, Peitsche, der nhd. Schreibung 'Geissel' liegt *ss* zu Grunde; *ss* ist westgerm. Dehnung durch *w*, **gaiswala-* nach Kluge, e. Wb. s. v., *triəssə* Drüse (germ. *þrōsjā-*).

Ahd. *sk* wurde zu *š*: *šaĩnə* scheinen, *šuəχ* Schuh, *šǭlə* Schale, *šāmə* schämen, *waššə* waschen, *miššə* mischen, *puššl̥* Büschel, Blume, *mentš* Mensch, *pairiš* bäurisch; *s* wurde zu *š* in den alten Verbindungen *st*, *sp* an allen Stellen des Wortes: *štuə̃* Stein, *štollə* Stollen, *mǭaštər* Meister, *išt* ist, *mǫašt* meist, *gaišt* gibst (mhd. *gist*), *reχnəšt* rechnest, *špǭrə* sparen, *šprenŋə* sprengen, *hǫšpl̥* Haspel, *wöšpə* Wespe, *rǫšplə* raspeln, *tswöšpə* Zwetsche; *sl*, *sm*, *sn*, *sw* sind im Wortanlaut zu *šl*, *šm*, *šn*, *šw* geworden: *šlöχt* schlecht, *šlǭgə* schlagen, *kšlaīnə* refl. sich beeilen (zu 'schleunig'), *šmaissə* schmeissen, *šmǭl* schmal, *šnuər* Schnur, *šnall* schnell, *šnaufə* schnauben, *šwǫrts* schwarz, *šwöirə* schwören, *šwǟr* schwer, *kšwind* geschwind. Inlautend erscheint *sl* als *šl* nur in *omšlə* Amsel. Der Übergang war hier durch die Stellung des *sl* im Silbenanlaut hervorgerufen: *ǫmšlə* aus *am-slə* (ahd. *amsala*). Vgl. *hǫslə* Haselnuss, -strauch, *möismər* Mesner, *lousnə* horchen (zu mhd. *losen*). Altes *rs* wurde zu *rš*: *ǭrš* Arsch, *mǫəršər* Mörser, *kχīršnər* Kürschner, *fǫaršnə* Ferse (ahd. *vërsana*), *piəršə* unmässig arbeiten (mhd. *birsen*), *purš* Bursch, *ferš* „Vers“, Spruch-, Sinngedicht, *hintəršig* rückwärts, hinter sich, *īwəršig* darüber, über sich, *fīršig* vorwärts (*vür sich*); diese drei sind frühe Zusammenfügungen zu einem Wort. Wo *s* in Flexionsformen vor *t* zu stehen kommt, oder als Endung des Adj. Neutr. an *r* antritt, bleibt es als *s*: *löisə*, lesen, *ər löist* er liest, *glöist* (schw. Part.), *ondərs* anderes, dagegen: *ondərš*, *ondəršt* anders; *psundərs* besonders, *waitərs* weiters, *ə sauwərs* ein sauberes. Da diese Scheidung genau durchgeführt ist, muss der Übergang des *s* in *š* in den angeführten Fällen schon frühe eingetreten sein, jedenfalls vor der Synkope der Flexionsvokale. (Vgl. Kauffmann, Gesch. d. schwäb. Ma. S. 194 A. 2). Ahd. Spirans *z* wurde zu *š* in *lǫšt* letzte, mhd. *lezte*, *leste*, *grǫašt* grösste, *pöšt* beste. Die Synkope des Mittelvokals muss frühe schon eingetreten sein; vgl. *fǫast* fett (mhd. *veizet*). Auch *rʒ* ist einmal zu *rš* geworden in *hiərš* Hirsch (ahd. *hiruz*, mhd. *hirʒ*).

§ 71. *tš*. Es ist eine junge Lautverbindung. Im Anlaut der Wörter mag *tš* durch satzphonetische Scheideformen gewonnen sein (auslautend *t* und anlautend *š*). *tšīwl̥*, *tšippl̥* Schopf, Büschel (mhd. *schübel*), *tšopf* Schopf, *tšaūpl̥* Schopf, Kamm der Vögel, *tšūdərə* sprudeln. (Wrz. *skuþ-*; Schmeller, b. W. II 490), *tšeppərə* klappern (Schmeller, b. Wb. II 354) *tšīklə* schief drein schauen, schielen (zu mhd. *schiec* schief). In *tšiŋkələ* geht *tš* wahrscheinlich auf *gs* (*ks*) zurück; es gehört zu 'singen' (Heusler, der alem. Kons.

v. Basel-St. S. 65). *tšarkə* beim Gehen mit den Füssen den Boden streifen (vgl. 'schergken' bei Schmeller, b. Wb. II 467). Für den Inlaut ist es schwer eine sichere Erklärung des *tš* zu geben; für einige Wörter hat die von Winteler, PBB. 14, 455 ff. dargelegte Deutung grosse Wahrscheinlichkeit. Anspruch auf allgemeine Gültigkeit kann die dort gegebene Regel nicht erheben.

Anm. Ich muss mich begnügen, die Fälle, welche die Imster Ma. bietet, anzuführen: *rūtšə* rutschen (PBB. 14, 443. 461 aus *ruckezen*) mhd. *rutschen*, *grātšə* mit gespreizten Beinen gehen (Beitr. 14, 461), *fātšə* Windel, Wickelband (nach Weinhold, bair. Gr. S. 163 aus lat. *fascia*, s. Kauffmann, a. a. O. S. 183), *kχnatšə* zerdrücken (B. 14, 492. 463), *frātšlə* schwätzen (zu 'fragen' B. 14, 465), *pfōitšə* M. Äste der Nadelholzbäume (s. Schöpf, tir. Id. S. 591), *rītšə* Gassenbach (nach Schöpf, S. 559 zu ital *ruscello*), *pǫtšə* M. grobe Hausschuhe aus Tuch, Filz; grosser Schmutz- Blutfleck. (Schöpf, a. a. O. 490, Beitr. 18, 310): *glatš* N. Schmutzlache, Nässe auf Wegen bes. von geschmolzenem Schnee, (nach Wintelers Regel zu *lakχə*, Lache?), *watšə* Ohrfeige (Schöpf 804), *glatšə* einen Baum durch Abschälen eines Stückes Rinde kennzeichnen (Schweiz. Idiot. I 1235 verzeichnet *flätš* in der gleichen Bedeutung), *tatšə* mit der Hand flach aufschlagen (Beitr. 14, 462), *pfitšə* zischen, sausen, *rātšə* schwätzen (mhd. *retschen*, Kauffmann, a. a. O. S 194 c), *plötšə* F. grosses Pflanzenblatt (ders. ebda.), *tatšələ* von Kindern, sich anschmiegen um zu schlafen (nach Wintelers Regel zu ducken?), *tǫatšə* Kotfladen (*ǫa* aus *ō*, *ai*? verwandt mit schwäb. *dotš*? Kauffmann, a. a. O. S. 194), *noutš* M. Schopf, dichte Baumkrone, *nǫatš* M. Hauskäppchen (der Geistlichen), *plutšə* F. durch Vorschieben der Lippen verzerrtes Gesicht, *pǫatš* männliches Schwein (Schöpf, tir. Id. 39).

§ 72. *r*. Das ahd. *r* war Zungen -*r*; in der Ma. herrscht jetzt das Zäpfchen -*r*. Es ist überall erhalten: *riŋy* Ring, *raiwə* reiben, *rǭd* Rad, *pǫarə* bohren, *riərə* rühren, *hǫrt* hart, *širpə* Scherbe, *prennə* brennen, *frǫa* froh, *traurig* traurig, *šraijə* schreien, *grunt* Grund, *kχruəg* Krug, *mǫar* Maier, *tsarrə* zerren, *nǫrr* Narr, *kχǫrrə* Karren, *dirr* dürr. Alte Fortis *rr* ist zur Lenis geworden in *iər* irr, *iərə* irren, *kšiər* Geschirr. (Über den Schwund des *r* bei inlautendem *rd* vgl. § 69). Schon in ahd. Zeit zurück reicht der Abfall des auslautenden *r* (Behaghel, Grdr. I 581 § 75) in *dǭ*, *wou* (mhd. *dâ*; *wou* ist spätere Entwicklung aus **wō*), *ə mę̄a* aus *am ê* früher (ahd. *êr*), *ǫakχädlə* Pl. „Frühkare", Bergspitze nordwestl. v. Imst (in den Karten zu 'Öder Karlekopf' umgedeutet), *mα̃* mehr (das ahd. Adv. *mêr*, Braune, ahd. Gr. § 268. 1, musste sich zu *mê* (mhd.) entwickeln; *α̃* ist aus späterer progressiver Nasalierung zu erklären). Vereinzelt ist *hęa* her (ahd. *hëra*). Der Diphthong weist auf späten Schwund des *r* (mhd. *ër* zu *ęar*). Heute wird vor *l* jedes *r* im Worte und beim Zusammentreffen im Satze als *d* gesprochen: *kχadl* Kerl (mhd. *kërl*), *öidlə* Erle, *piədlig* Heuhaufe (mhd. *birlinc*), *šǫdlǫχ* Scharlach, *šwādlig* schwerlich, *tiədlə* Tierlein, *kχǭdl* Karl, *węadlouft* wer lauft, *skšiədlaihə* das Geschirr leihen u. a. Die Erklärung ergibt sich daraus, dass alle *r* einstens als Zungen-*r* gesprochen wurden. Beim allmählichen Verdrängen desselben durch das Zäpfchen-*r* behielt man die bei *rl* zur Verwendung kommende Artikulation der Vorderzunge bei. Die Aussprache *rl* ist für den, der nur die Artikulationsbasis der Imster Ma. sich angewöhnt hat, mit einer gewissen Anstrengung verbunden. Aus der ursprünglich alveolaren Bildung des *r* sind auch einige *d* zu erklären, die sich als „Übergangslaute" zwischen *nr* und *lr* gebildet und erhalten haben.

Einen parallelen Vorgang kennt heute die Ma. bei der Artikulation von *nl* (§ 23): *soldər* Söller (mhd. *solre*), *pöldərə* poltern (mhd. *bölren*), *hildərə* stark widerhallen (zu hohl, mhd. **hülren*), *kχoldərə* lärmen, schreien (zu mhd. *kolre*). *dəršöldərə* (eine verbale *r*-Ableitung zu 'schälen') aus den Fugen schütteln, sich durch einen Fall, Schlag das Fleisch losschälen, *mandər* Männer, *tondər* Donner, *dind* dünn; hier ist das *d* aus den Formen mit *r* im Suffix zu erklären (z. B. Gen. Fem. *dünre*, Komp. *dünres*, *dünre*). Die Adj. *faĩ* fein, *grα̃* grün, *šα̃* schön, *kχlα̃* klein, *prāũ* braun, *rα̃ĩ* rein (nicht rein mundartlich, es sollte *rα̃* lauten, mhd. *rein*, vgl. *rint swǫssər īwər naĩ štα̃, iššəs wīdər rα̃*, rinnt das Wasser über 9 Steine, ist es wieder rein) haben neben den regelmässigen Komparativbildungen *fãĩnər*, *grα̃nər*, *šα̃nər*, *kχlũənər*, (*kχlα̃nər*), *prāũnər*, *rãĩnər*, Formen mit *d* statt *n*. *fãĩdər* *grα̃dər*, *šα̃dər*, *kχlũədər*, (*kχlα̃dər*), *prãũdər*, (*rãĩdər*); dies weist auf einstige Doppelformen. Wo *r* auf *n* folgte, entwickelte sich ein *d*.

§ 73. *n*. *n* ist im Wort- und Silbenanlaut erhalten.

In starktoniger Silbe nach kurzem Vokal ist *n* Fortis, weil jeder kurze betonte Vokal unter scharfgeschnittenem Accent gesprochen wird. Geschwunden ist Lenis *n* nach langem Vokal und im In- und Auslaut schwachtoniger Silben. Als Silbenträger (*n̥*) kommt *n* nur als Vertreter des Pron. der 3. Pers. 'ihm, ihn' vor: *ər hǫtn̥s* er hat ihm's, *ər hǫtn̥* er hat ihn, ferner als Abschwächung des Fem. Suffixes mhd. *-inne*: *pairn̥* und *pairin* Bäuerin, *haisərn̥*, *haisərin* Häuserin, und als Dat. Acc. des Artikels nach Präpositionen: *mitn̥* mit dem, *hintərn̥* hinter dem, den. Der Schwund des *n* nach langem Vokal ist dem Bair. zum grossen Teil eigen. (Weinhold, bair. Gr. S. 172 f.). Den lautgesetzlichen Schwund des nicht anlautenden *n* in nebentoniger Silbe weist nur das Oberinntal und das bairische Lechtal auf; die Grenzorte nach Osten sind Roppen und Nassreid (2 Stdn. östlich von Imst). Gemeinsam ist diese Erscheinung dem genannten Gebiete mit dem angrenzenden Alemannischen (Vorarlberg) und Schwäbischen (Reutte, Ausserfern). Ein Charakteristikum dieser Mundarten kann sie nicht genannt werden, da z. B. die Maa. des Kantons Bern die auslautenden *n* ohne Nasalierung des voraufgehenden Vokals bewahrt haben (Schild, Brienzer Ma. I. an der betr. Stelle). *nǭsə* Nase, *noumə* Name, *niχt* nichts, *naĩnə* neun (flect.) mhd. *niunin*, *nennə* nennen, *nunnə* Nonne, *pont* Band, *tsond* Zahn, *prunnə* Brunnen, *sunnə* Sonne, *tonnə* Tanne, *pfonnə* Pfanne, *hennə* Henne, *hoũnig* Honig, *hantig* bitter (ahd. *hantag*), *gwõnnə* gewöhnen intrans., *gwẽnə* trans. u. intrs., *reχnə* rechnen, *wīsnə* Plur. Wiesen, *waĩ* Wein, *sãĩ* sein, *šũə* schon, *frũnt* Freund, *du mũəšt*, *ər mũət* du meinst, er meint, *i mũə* ich meine, *dər ũə* der eine (mhd. *der ein*). *t ũenə* die einen (andern). Alle mhd. auslautenden *-en* sind heute *-ə*: *mũənə* meinen, *tǫltə* die Alten.

Im Satzgefüge waren die auslautenden *n* schwachtoniger Silben seiner Zeit berechtigt; vor Vokalen wurden sie als Anlaut zur Folgesilbe gezogen, also z. B. mhd. *die alten und die jungen* wurde zu *tǫltə nunt juŋŋə*; das *n* von *alten* bildete den Anlaut des *und* (*alte nund*), das von *jungen* fiel ab. Aus solchen Silbentrennungen im Satze stammt der Gebrauch, dass heute zwischen *-ə* und einen folgenden Vokal *n* geschoben wird; dabei bleibt es gleichgültig, ob -*ə* auf mhd. -*en* oder -*iu* zurückgeht: *ə nǫltə wǫrt* eine alte Art (mhd. *ein altiu art*). So erhielten im Satzgefüge vokalisch anlautende Wörter nach -*ə* ein *n*. Aus der Verallgemeinerung der satzinlautenden Formen mit *n*-Anlaut erklären sich: *nǭlə* Ahle, *neīnə* Grossvater (mhd. *ene*), *nālə* Grossmutter (Deminutiv zu ahd. *ano*). *nannə* Dem. *nannələ* Anna, *nǫsslə* Assel; umgekehrt wurde nach dem Muster von etwa *t ǭdərə* und *ə nǭdərə* die Ader, eine Ader, aus der Fügung *ə nǭtərə* mit stammhaft anlautendem *n* ein *t ǭtərə* entnommen (eine Natter, die Natter): *ǭtərə* ist allein geltend. Doppelformen hat Nest: *nöšt* und *öšt*. Dass die heute allein gebrauchte Negation *it* nicht, Fortsetzung des mhd. *iht* ist, wie Weinhold, S. 171 Anm. annimmt, ist fraglich, da wir keine Anhaltspunkte dafür haben, dass mhd. *iht* im Behauptungssatze ohne *en* (*ne*) als verneinende Partikel gebraucht wurde. Das *n* schwand hier in derselben Weise, wie in *ǭtərə*, *öšt*. *niχt* nichts, hält sein *n* fest.

Vereinzelt ist der Schwund des *n* in *roūft* Ranft (vgl. *sompft* sanft, *fərnumpft* Vernunft, *kχimpftig* künftig), ebenso in *wīsslə* winseln, auch die Fortis *ss* bleibt hier unklar. Weite Verbreitung hat der Schwund des inlautenden *n* vor Spiranten im Alemannischen, s. Staub in Frommanns deutsch. Maa. 7, 18 ff. Auch im Bairischen ist inlautend *n* vor Konsonanten vielfach geschwunden; doch ist hier noch die Nasalierung vorhanden, Weinhold bair. Gr. § 166 b.

Im Wortkörper wird jeder dem *m*, *n*, *ŋ* vorangehende Vokal mit geöffnetem Nasenzugange gesprochen. Als Zeit für den Eintritt der Nasalierung bestimmt Kauffmann, a. a. O. S. 165, fürs Alemannisch-Schwäbische das 12. Jh.; wie die Behandlung der nicht anlautenden Lenis *n* zeigt, steht Imst auf derselben Stufe mit dieser Dialektgruppe. In den Urkunden finden sich nur spärliche Schreibungen, welche auf Nasalierung schliessen lassen: 1467 *one* ohne (mhd. *âne*) (1448, 50 *ane*), 1472 *on* ohne, von da an immer, nur 1493 *an*, 1472 *geton* getan, 1451 *montag* (ob mundartlich? heute *mātig* *mantag). Im Pfarrarchiv: 1452 *gethon*, 1466 *on*, 1497 *mit nomen*. Dass die Nasalierung schon früh eingetreten ist, lässt sich aus der verschiedenen Behandlung der Vokale vor Nasalen schliessen. (Vgl. Vokalismus). Progressiv ist die Nasalierung in *šnaũts* M. „Schnauze“ Schnurrbart, *noũ* noch, *šnoũkə* Schnake, *mũə* mehr (mhd. *mê*), *nũə* nie, *nũəslə* näseln (**nuoslen*). Unklar ist sie in *kχaũts* Kauz, *tšaũpl̥* Schopf, Kamm (zu mhd. *schoup*), *hoũkə* Haken. Isolierte Wandlungen des *n* in *m* liegen vor in *möismər* Mesner, *pemsl̥* Pinsel, *pimməssə* Binse (mhd. *binez*); Sievers, Phon.[4] § 699.

§ 74. *l*. Es ist überall erhalten: *laihə* leihen, *lomp* Lamm, *lǫatərə* Leiter, *laut* laut, *halffə* helfen, *hǫlb* halb, *wild* wild, *hǫls* Hals, *pǫlg* Balg, *milχ* Milch, *wolkχə* Wolke. *kχlǫr* klar, *pflöigə* pflegen, *flūg* Flug, *šlęahə* Schlehe, *glǫt* glatt, *wollə* Wolle, *still* still, *męal* Mehl, *tǫalə* teilen, *pīhl̥* Bühl, *fougl̥* Vogel, *sǫttl̥* Sattel, *štǭdl̥* Stadel. Fortis *ll* kann nur nach starktonigem kurzem Vokal stehen; etymologisches *ll* ist nach schwachtonigem Vokale vereinfacht: *əlũə* allein, *filaiχt* vielleicht, *löffələ* Löffelchen (mhd. *leffellîn*). Vereinzelt ist *n* für *l* in *kχnuidl* Knäuel (mhd. *kliuwel*). Die Konj. Prät. von *söllə*, *wöllə* sollen, wollen, haben immer *tt* für *lt*: *i sött*, *wött* ich sollte, wollte, *mər söttə*, *wöttə* wir sollten, wollten (Heusler, a. a. O. S. 114). Selten ist *pǫll* für *pǫld* bald, *gall* für *galt* (mhd. *gëlte*) gelt.

3. DIE GUTTURALEN.

§ 75. Germ. *k*. Ihm entspricht im Anlaut vor Vokalen und vor *l*, *r*, *n* (*w*) die Affrikata *kχ*; ebenso in der Gemination, germ. *kk*: *kχǫlb* Kalb, *kχǫštə* Kasten, *kχǭrwoχχə* Charwoche, *kχennə* kennen, *kχöigl̥* Kegel, *kχind* Kind, *kχopf* Kopf, *kχoul* Kohle, N. *kχouffə* kaufen, *kχumpf* Holzgefäss für den Wetzstein (mhd. *kumpf*), *kχail* Keil, *kχits* N. Kitz, *kχöifər* Käfer, *kχās* Käse, *kχössl̥* Kessel, *kχittl̥* Kittel, *kχlęa* Klee, *kχlemmə* klemmen, *kχliəwə* klieben, *kχlokχə* klopfen (ahd. *chlocchōn*), *kχlũə* klein, *kχlaffl̥* Klöppel (mhd. *kleffel*), *kχlukχ* Riss (mhd. *kluc*), *kχlǫaštər* Kloster, *kχlöppə* kleben, *kχlǭftər* Klafter, *kχluəg* klug, fein, *kχliŋŋə* klingen, Klinge, *kχlaupə* klauben, *kχlöttə* Klette, *kχneχt* Knecht, *kχnoudə* Knöchel, *kχnǫp* knapp, Knappe, *kχniə* Knie, *kχnoχχə* Knochen, *kχnopf*

Knopf, *kχnillə* prügeln (mhd. *knüllen*), *kχrǫft* Kraft, *kχrippə* Krippe, *kχrump* krumm, *kχroutə* Kröte, *kχroŋkχ* krank, *kχrāijə* krähen, *kχrāmət* Wachholder (mhd. *kranewite*), *kχreps* Krebs, *kχrǭblə* kriechen, krabbeln, *kχruəg* Krug, *kχrǫtsə* kratzen, *kχraksə* Traggestell (mhd. *krehse*), *kχröil* Kräuel, Spat (ahd. **chrewil* mit dem Vokal des ersten Umlautes, der des zweiten liegt vor in *kχrālə* kratzen), *kχriəχə* kriechen, *kχwiərə* ächzen (*ahd. *quirren*), *kχökχ* keck, *kχittə* Quitte, *kχwökχsilwər* Quecksilber (vgl. § 63).

Fremdwörter mit anlautendem *kχ* (zum Teil schon früh entlehnt): *kχarštə* Kirsche (mhd. *kërse*), *kχirwəs* Kürbis, *kχǭwəs* Kohl (aus lat. *caput*), *kχontslə* Kanzel, *kχǫppə* Kappe, *kχǫppələ* N. Kapelle, *kχǫrrə* Karren, *kχlǭr* klar, *kχǫrtə* Karte, *kχeīm* Stubenkamin (ahd. *chemî*), *kχamī* Kamin, Rauchfang, *kχanāl* Kanal, *kχaputsə* Kaputze, *kχapittḷ* Kapitel, *kχǫploũ* Kaplan, *kχarakχtər* Charakter, *kχanōũnə* Kanone, *kχamillə* Kamille, *kχumərǭt* Kamerad, *kχapitāl* Kapital, *kχaput* kaput, *kχasarmə* Kaserne, *kχamot* bequem, *kχalendər* Kalender, *kχadaštər* Kataster, *kχuntə* Konto, *kχūfər* Koffer, *kχatolliš* katholisch, *kχādər* Cadre, *kχamēdə* „Komödie", lärmende Unterhaltung, *kχlaus* Nikolaus, *kχlausə* Klause u. a. m.

Anlautende Tenuis *k* fehlt der Ma. als etymologischer Laut. Beachtenswert ist *gītsələ* kitzeln (*gītsl*, *gūtsḷ* Kitzel). Die Grundform der germ. Wurzel muss *tig-* gewesen sein, die mit urgerm. Dehnung englisch als *tickle* erscheint; unsere Mundart hat *tsekχə* mit den Fingern stossen, um zu necken, (vgl. alem. *zickle* Kluge, e. Wb. „Kitzel"). Durch Vertauschung der Konsonanten der urgerm. Form *tig-* entstand *git-*, das mit westgerm. *l*-Gemination (*gittl*) sich zu dem *gītsələ* der Ma. entwickelte. Die von Kluge, a. a. O. aufgestellte germ. Grundform *kit*, *kut* kann nach Ausweis der Imster Ma. nur sekundär sein. Das Verhältnis von *gītsələ* zu „kitzeln" ist genau dasselbe wie das von 'Geiss' zu 'Kitz' (Kluge, e. Wb. „Ziege"). *gŋaib* M. Schustermesser (Lexer, mhd. Hwb. I 1042, Schmeller, b. W. I 1349), *gŋikkə* knicken, knausern (vgl. engl. *knife* und *to knicke*). Wie sich in beiden *gŋ* und engl. *kn* verhält, ist nicht klar; sollte germ. *ga-hni-* zu Grunde liegen? Vgl. Kluge, a. a. O. kneipen.

glokkə F. Glocke, ist Lehnwort. In *gompfər* Kampfer, *gollər* N. Koller, *gimmərlə* Gurke (ital. *cucummero*), *gūtšə* Kutsche, *grǫllə* Koralle, *graidə* Kreide, entspricht das anlautende *g* einem *k* der fremden Sprache, das in dem entlehnten Worte sicher unaspiriert gesprochen wurde und mit dem allein herrschenden *g*-Anlaut zusammenfiel.

Im In- und Auslaut entspricht germ. *k* nach Vokalen und *l*, *r* die Spirans Fortis *χ*: *kχoχχə* kochen, *mǫχχə* machen, *sǫχ* Sache, *štöχχə* stechen, *siχχər* sicher, *rǫχχə* Rachen, *rǫχχlə* schnarchen, röcheln, *wǫχ* wach, *woχχə* Woche, *šoχχər* Strohhaufen (zu 'Schock'), *siχχlə* Sichel, *flǫχ* flach, *kšmaχχig* schmackhaft, schmeichelnd, Ableitung zu mhd. *gesmach*, Imst. *kšmǭχ* Geschmack, *paχχlə* Bächlein, *loχ* Loch, *töχχət* Dechant (lat. decanus), *proχχə* gebrochen, *kštriχχə* gestrichen, *ploχ* Block, *pǫχχə* backen, *tsöχ* Zecke, *laiχ* Leiche, *glaiχ* gleich, *waiχə* weichen, *šlaiχə* schleichen, *taiχl̥* Brunnenröhre (mhd. *tiuchel*), *prauχə* brauchen, *plǫaχ* bleich, *wǫaχ* weich, *riəχə* riechen, *rouχə* rauchen, *siəχ* Geizhals, Nimmersatt, *lǫaχə* (von den Gelenken, Augen) den Dienst versagen, *tsǫaχə* Zeichen, *ǫaχələ* N. Eichel, *špǫaχə* Speiche, *špǫaχl̥* Speichel, *prǭχə* brachen, das Feld umbrechen, *tsiəχə* Zieche, Decke, *šmaiχlə* schmeicheln, *puəχə* Buche, *fluəχə* fluchen, *fəršlauχə* refl. sich (Hand, Fuss) verrenken (PBB. 18, 221), *štauχə* Nonnenschleier (mhd. *stûche*), *suəχə* suchen u. a. Germ. *rk* ist als *rχ*, *lk* als *lχ* vertreten: *pirχə* Birke, *šnarχlə* schnarchen, *wirχə* wirken, *warχə* wirken, *warχ* Werk, Werg, *mǫrχ* Marke, *marχə* kennzeichnen, abgrenzen, *štǫrχ* stark, *larχə* Lerche (aus mhd. *lërche*, *rk* nach ags. *lawerce*), *ǫrχə* Flussmauer (Lexer, mhd. Hwb. I 92), *kχǫlχ* Kalk, *milχ* Milch, *malχə* melken, *wǫlχə* walken. In *kχirχə* Kirche, *larχ* M. Lärche, *tswilχ* Zwilch, *kχölχ* Kelch, ist der Mittelvokal etymologisch berechtigt gewesen; diese *χ* aus *k* sind zwischen Vokalen entwickelt. In *tirχl̥kχöllə* Siebkelle, muss *tirχl̥* auf eine germ. Form *þurkil-* zurückgeführt werden, das *k* (aus urgerm. *gn*) entspricht dem in got. *þairkō* Loch; 'durch' gehört zum selben Stamme. Wäre *rχ* in *tirχl̥* auf germ. *rh* zurückzuführen, so müsste man annehmen, dass *h* durch *l* geminiert worden sei. Aber Synkope des *i* in **þurhil-* ist ausgeschlossen, da dieses *i* Umlaut bewirkte. Den Übergang von *rh* zu *rk*, den Wilmanns, deutsche Gramm. § 92, aufstellt, vermag ich aus der Imster Ma. nicht zu bestätigen. Wie die angeführten Beispiele von *rχ*, *lχ* zeigen, haben wir in den *lkχ*, *rkχ* von *pǫlkχə* Balken, Fenster, *wolkχə* Wolke, *gwilkχ* Gewölke (mhd. *gewülke*), *mörkχə* merken, *lkk*, *rkk* zu suchen (westgerm. *balkn-*, *wolkn-*, *gawulkj-*, *markj-*); *kχ* in *folkχ* Volk, kann nicht mundartlich entwickelt sein (ahd. *folh*), *mǫrkχt* Markt, ist ein Lehnwort.

Germ. *nk* ist heute *ŋkχ*: *poŋkχ* Bank, *šloŋkχ* schlank, *kχroŋkχ* krank, *doŋkχə* danken, *šwoŋkχə* schwanken, *siŋkχə* sinken, *seŋkχl̥* Senkblei, *deŋkχə* Denken, *weŋkχə* wanken machen, *štiŋkχə* stinken, *triŋkχə* trinken, *froŋkχ* frank, *šiŋkχə* Schenkel, *šeŋkχə* schenken, *kχlaŋkχlə* mit dem Glockenschwengel anschlagen, muss mit mhd. *klenken* auf germ. *klank* zurückgeführt werden, *šreŋkχə* schränken, *tuŋkχə* dünken, *tuŋkχl̥* dunkel, *wiŋkχl̥* Winkel, *fiŋkχ* Fink, *hiŋkχə* hinken, *gleŋkχig* gelenkig.

Germ. und westgerm. *kk*. Die Geminata *kk* zeigt sich als *kχ*: *trukχə* trocken, *lukχə* Lücke zu 'Loch' (**lukkja-*), die bei Kluge, e. Wb. „Lücke" erhobenen Bedenken gegen die Zusammenstellung von 'Loch' und 'Lücke' sind nicht stichhältig; schweiz. *lugg* ist eben vom Stamme *lug* (locker) abgeleitet und hat dieselbe Bedeutung wie ahd. *luccha*, das, wie es scheint, dem Alemannischen verloren gieng. *pukχə* bücken (zu 'biegen', urgerm. *bugn-* zu *bukk-*), *tsukχə* zucken, zu 'ziehen', *dukχə* ducken; Zusammenhang mit 'tauchen' ist mir wegen des anlautenden *d* nicht wahrscheinlich; es wäre der einzige Fall in unserer Ma., dass anlautend *t* zu *d* geworden. *šrikχə* M. Schrecken (mhd. *schricken*), *tukχ* M. Tücke (PBB. 18, 220), *pokχ* Bock, *lokχə* locken, Locke, *dökχə* decken, *dikχ* dick, *sikχərə* sickern (gut mundartlich), *wökχə* wecken, *drökχ* Dreck, *špökχ* Speck, *tswekχ* Zweck, *tswikχə* zwicken, *rökχə* recken, *štökχə* stecken, Stecken, *kχökχ* keck, *flökχ* Fleck, *flökχə* Bodendiele (Ableitung zu 'flach' **flakkja-*), *pikχl̥* Pickel, *wikχlə* wickeln, *dəršlikχə* ersticken, *štikχl̥* steil (Kluge, Nom. Stammbldgl. § 188), *rukχə* rücken (zu mhd. *rogel*, Imst. *rougl̥* locker, also urgerm. **rugn-* zu **rukkj-*), *šmukχələ* sich anschmiegen (Paul PBB. 7, 133 A. 2 zu 'schmiegen'), *ǫkχər* Acker, *trǫkχ* grosses Tier (westgerm. *n*-Gem., ahd. *traccho*), *kχrikχə* brechen, schadhaft machen (zu 'krachen'), *hakχl̥* Hautausschlag an den Händen zu 'Hechel', vgl. Heusler, der alem. Konson. v. Basel-St. S. 69, *nǫkχət* nackt, *hokχə* sitzen, verschieden davon ist *hokχərlə* N. kleiner Heuhaufe, es gehört zu 'hoch' (germ. **hauh*-, **haug*-, **hugn*-), *wikχə* Wicke, *plikχə* blicken, *štukχ* Stück, *lukχ* N. Deckel (mhd. *luc*, Ableitung zu *belucken*), *tsuə lukχə* zudecken, *špekχə* mit dem Finger fortschnellen, mit *špöihə* verjagen, zusammenhängend und auf idg. *spik*- weisend (lat. *spiculum*?), germ. *spëgn*- und *spëh*-, *lekχə* lecken, *šlekχə* schlecken, *plekχə* blecken, *hǫkχə* hacken, *wǫkχər* wacker, *štokχ* Stock, *štrikχ* Strick, *štrökχə* strecken, *kštokχnə* von Flüssigkeiten, dick werden (PBB. 18, 223), *šmökχə* schmecken, *šlukχə* schlucken, *šikχə* schicken, *rokχ* Rock, *prokχə* Brocken, pflücken (zu 'brechen'), *pǫkχə* packen, *tokχə* M. hölzerner Auslass an einem Weiher, zu mhd. *tocken* versenken (zu 'tauchen'), *sokχə* Socken, *sǫkχ* Sack, *sökχl̥* Säckel, *kχlokχə* klopfen, *nekχə* necken, *glökχ* N. Hofname bei Obtarrenz; ein *jo*-Neutr. zu 'Lache', **galakja*- „der Hof bei den Lachen", *lakχə* Lache, *kχlökχə* intrans. ausreichen (mhd. *klecken*). Nach langem Vokal haben wir *kχ* nur in *lęakχlə* anlocken, zu mhd. *leichen*, westgerm. **laikkj*-, *tęakχnə* Holzgefässe ins Wasser tauchen, um sie wasserdicht zu machen: es lässt sich am leichtesten zu 'Teich' stellen. (**daikkj*-); der Flurname *plǫakχengl* bei Obtarrenz ist 1477 urkdl. als *Plaeck-Anger* verzeichnet, man vergleiche dazu die Verweise im § 52.

Die Vertretung des germanischen *k* durch *kχ* im Anlaut, nach *n* und in der Gemination erstreckt sich über das ganze bairisch-österreichische Westtirol (Oberinntal und Etschtal). Die Ostgrenzen vermag ich derzeit nicht anzugeben. Dass wir hier eine Stufe der hd. Lautverschiebung vorliegen haben, ist ohne weiteres klar. Die zahlreichen Fremdwörter mit anlautendem *kχ* beweisen, dass die Ma. die Affrikata seit den frühesten Zeiten besessen hat. Gegenüber den Angaben bei Behaghel, Pauls Grdr. I 591, welcher die Affrikata nur einem beschränkten Teile des

Alemannischen zuschreibt, muss das Vorhandensein der Affrikata auf bairischem Boden nachdrücklich betont werden. Vgl. Jellinek, Zs. f. d. A. 36, 77 ff. Wilmanns, deutsche Gramm. S. 29, hat seine Darstellung der Verbreitung von *kχ* nach Behaghel gemacht, obwohl er den genannten Aufsatz Jellineks kannte (vgl. Deutsche Gr. S. 57 § 70).

Als *g* erscheint germ. *k* heute in dem nebentonigen *-ig*, das der Ableitung mhd. *-lîche* entspricht: *frailig* freilich, *hauslig* häuslich, sparsam, *šūəlig* schonend (**schônlîch*); ferner in den enklitisch gebrauchten *mig*, *dig*, *sig* mich, dich, sich, in hochtoniger Stellung ist hier *ch* geschwunden, *mī*, *dī* (*sī*): weiters in *kχnouflig* Knoblauch, *šnittlig* Schnittlauch, *lailig* Leintuch (mhd. *lînlachen*), *rātig* Rettich. In den Urkunden und selbst noch in den Ratsprotokollen des 17. Jhs. wird das etymologische *χ* immer als *ch* geschrieben und von *g* (Suffix mhd. *ec*) getrennt gehalten. Die Ma. des Ötztals hat die alten *χ* in nebentonigen Silben bewahrt. Der Übergang zu *g* ist also sehr jung und wohl durch Angleichung an das Suffix *ig* (ahd. *ig*, *ag*, *ug*) bewerkstelligt worden. An phonetischen Ursprung kann kaum gedacht werden. Für die Annahme, dass rein analogischer Übergang des Suffixes *-ich* zu *ig* vorliegt, spricht der Umstand, dass diese neuen *g* durchaus fest sind (im Gegensatz zu schweizerischen Maa., vgl. Heusler, a. a. O. S. 58). Im Stanzertal ist nebentoniges *g* im Auslaut geschwunden; Imst: *frailig* freilich, *rātig* Rettich, Stanzertal: *fraili*, *rāti* aber auch: *tsaiti*, zeitig, *lǫssmi* lass mich, für *tsaitig*, *lǫssmig* der 'Imster' Ma.

Anm. Die Namen der Hochalpen 'Grubig, Plötzig, Plattig', nordwestl. (5 Stdn.) von Imst (*gruəwig*, *plötsig*, *plǫttig*) werden im 17. Jh. als *Gruebach*, *Plötzach*, *Plattach* geschrieben; es liegt das Suffix ahd. *-ah* vor, Kluge, Nom. Stammbldl. § 67, 202. Ihr *-χ* (gleich germ. *χ*) ist in derselben Weise behandelt worden wie das nebentonige *χ* aus germ. *k*.

§ 76. Germ. *g*. Die regelmässige Entsprechung ist *g*: *gęarə* gerne, *galt* Geld, *gift* Gift, *guət* Gut, *gǫšt* Gast, *glouwə* Glauben, *glonts* Glanz, *glǭs* Glas, *glikχ* Glück, *grǫas* gross, *graiffə* greifen, *grunt* Grund, *grǭt* Grat, *gnuəg* genug, *gmuə* Gemeinde (ahd. *gimeinî*), *grǭd* gerade, *grǫast* gereist, *trǭgə* tragen, *fluigə* Fliege, *liəgə* lügen, *parg* Berg, *folgə* folgen, *troug* Trog, *šlǫg* Schlag, *kχlǫg* Klage, *štöig* Steg, *wöig* Weg, *tswaig* Zweig, *tsüg* Zug.

Schwund des *g* oder vielmehr Vokalisierung (vgl. die zutreffende Darstellung bei Heusler a. a. O., S. 67 u. f.) zeigen: *mǫaštər* Meister, *trǫad* Getreide, wie *ǫa* aus *agi* zeigt, sehr alte Zusammenziehungen; später sind: *tröišt, tröit* trägst, trägt, *söišt, söit* sagst, sagt, *löišt, löit* legst, legt, *ksöit* gesagt, *glöit* gelegt, selten *jöišt, jöit, gjöit* neben *jǫkšt, jǫkt, gjǫkt* jagst, jagt, gejagt, *laišt, lait* liegst, liegt (mhd. *līst, līt*), *mädlə* Mädchen (Dem. zu ahd. *magad* **magadelīn*) mit dem Vokal des spätern Umlauts.

Statt des zu erwartenden *g* im Auslaut haben folgende Wörter *kχ*: *əwökχ* weg! (mhd. *enwëc*), *parkχmǫd* Bergmahd, *parkχmǫaštər* Bergmeister (Aufseher über die Alpen), *parkχriχtər* Bergrichter (des einstigen Bergbaus), (*pęarkχwęarχskχopf* wird im Westen von Imst eine Spitze genannt „Bergwerkskopf"), dagegen *parg* Berg, *loŋkχwailig* langweilig, *leŋkχlig* länglich, *loŋkχwīd* die hintere Stange am Wagen (vgl. Frommanns D. Maa. 3, 299) *ǫrkχwōn* Argwohn. Es sind isolierte Formen (*wöig* Weg, *parg* Berg, *loŋŋ* lang, *ǫrg* arg): ihre Affrikata kann kaum anders erklärt werden, als dass einst in einer frühern Sprachperiode die auslautenden *g* nicht als einfache Verschlusslenes gesprochen wurden. (Vgl. Jellinek, PBB. 15, 268 ff, Braune ahd. Gr. § 149, 5, Jellinek, Zs. f. d. A. 36, 77 ff). Eine Media affrikata, welche Jellinek annimmt, scheint mir phonetisch nicht möglich, da bair. *g* sicher stimmlos war. Sollte bairisch auslautendes *g* als Media aspirata gesprochen worden sein? Der Wandel zur Affrikata würde sich dann auf eine Stufe stellen mit dem von anlautendem *gh* zu *kχ*: wo im Wortanlaut die synkopierte Partikel *ge*, *g* mit *h* zusammentrifft, wird Affrikata *kχ* gesprochen: *kχilb* (mhd. *gehilwe* bewölkt) mild (vom Wetter), *kχaijə* umwerfen (mhd. *gehīen*), *kχęarə* gehören, *kχǫltə* behalten (*gehalten*), *kχais* Gehäuse. Dagegen könnte man nicht einwenden, dass die Vorsilbe *ge* bei Schwund des Vokals zur Fortis *k* geworden sei (wie tatsächlich in schweizerischen Mundarten, Heusler, a. a. O. S. 3 A. 1), dass also diese anlautenden *kχ* aus *kh* entstanden seien. Unsere Ma. (das Bairische überhaupt?) hat für die Vorsilbe *ge* überall, wo der Vokal geschwunden ist, Lenis *g*, natürlich vor Stimmhaften. Dass *kχ* für auslautend *g* nur in so wenigen Wörtern erhalten ist, erklärt sich, wenn man bedenkt, dass die obigen Wörter und Zusammensetzungen isoliert sind; den übrigen Wörtern standen Formen zur Seite, in welchen *g* den Anlaut der Flexionssilbe bildete. (Also etwa N. S. *zwîkχ*, G. *zwîges*, Imp. Sgl. *trakχ*, Plur. *traget*). Die Ausgleichung geschah überall zu Gunsten des *g*. In den Urkunden finden sich die Doppelkomposita der Adj. *-iglich* häufig mit *gk*, *ck*, *ckh* geschrieben, 1450 *männigklich*, 1435 *giftigkleichen*, 1477 *ewicklich*. Ferner *junckfraw*, *jungkfraw*, *junckhfrau* im 15. Jh. — Die ersten Ratsprotokolle (von 1611 an) schreiben gerne *hinwögkh*, *perkhrichter*, *perckhmaister*.

mǫrχ N. Mark, lautet im Ahd. *marg*. Mhd. ist in bair. Denkmälern eine Form *march* belegt (Lexer, mhd. Hwb.). Vielleicht ist *rχ* hier auf folgende Weise zu erklären. Das Nebeneinander von *marg*, *marges* erscheint im Bairischen als *markχ*, *marges*. Nun kann ganz wohl eine Ausgleichung in der Weise erfolgt sein, dass das auslautende *kχ* in den Inlaut drang: *markχes*; das so entstandene *markχ*, *markχes* stellte sich bezüglich der inlautenden Form *rkχ* mit G. *starches* (d. h. *starkχes*, vgl. Braune, ahd. Gr. § 144, 5) auf eine Linie. Dem *starches* mit inlautendem *rkχ* stand auslautend *rh*, *starh* aus *starah* zur Seite. Wie *starkχes* zu *starh* bildete sich *markχes* zu *marh*; *marχ* wurde allein geltend. Es ist eine gewundene Erklärung, wie ich zugebe, aber unmöglich ist diese Umbildung nicht. Eine Stütze dafür kann das Lehnwort *pətsirχ* Bezirk, bieten. Es ist in ahd. Zeit nach der Lautverschiebung entlehnt (*ci* zu *tsi*); *rc* muss als *rkh* gesprochen worden sein nicht als *rk* ohne Hauch. *kh* trat in unserer Ma., welche keine (reine) Tenuis Aspirata kannte, mit *kχ* zusammen. Wie *starches* zu *starh* bildete man *zirkχes*, *zirkχ* (*zirkhes*, *zirkh*) zu *tsirkχes*, *tsirχ* um.

Westgerm. *gg*. Die Entsprechung ist Fortis *k* (Geminata *kk*): *mukkə* Mücke, *rukkə* Rücken, *tsruk* zurück, *prukkə*

Brücke, *luk* locker (mhd. *lücke*), *ök* N. Ecke, *ökkə* eggen, Egge, *wökkə* Weck, *lökkə* Holz aufschichten, *fikkə* sich die Haut wundreiben (zu 'fegen'), *gŋak* Genick, das lautliche Verhältnis zu ahd. *nacch* ist nicht klar. *pfŋakkə* dickes, schwer atmendes Weib (zu *pfnthə* schwer atmen, Schmeller, b. Wb. I 451), *pukkḷ* Buckel (westgerm. *gg*, Kauffmann, a. a. O. S. 197, setzt fälschlich urgerm. *gg* also germ. *kk* an, es gehört zu *piəgə* biegen vgl. *pukχə*), *tsikklə* aus dem Ziehbrunnen (*tsikkḷprunnə*) Wasser schöpfen (zu 'ziehen' **zug-*), *sukklə* schlürfend trinken, zu 'saugen', *štakkḷ* Eisenspitze am Bergstock (PBB. 18, 224), *lakkḷ* nachlässiger Kerl, möglicher Weise zu *lǫb* lau (Kauffmann, a. a. O. S. 197), *gwǫkklə* wackeln, *wǫkkə* Bachstein, Wagge (Kluge, e. Wb.[5] 393) *tsǫkklə* Troddel, Quaste (zu *zagel*), *snök* M. Schnecke, *rokkə* Roggen, *pǫkkə* Backen, eine Form mit *kχ*, ahd. *baccho* entsprechend, fehlt, *pǫkkə* setzt **baggo-* voraus, also westgerm. **bagn-*, es ist mit mhd. *buog* Schenkel, zu verbinden, dessen idg. Form *bhāgh-* ist. Die Schwundstufe dazu, *bhəgh-*, entwickelte sich im Germ. zu *bag-*; idg. *bhāgh-* verhält sich zu *bhəgh-* wie *māgh-* zu *məgh-* (Streitberg, urgerm. Gramm. S. 44). *šprekklə* sprenkeln (Kluge, e. W. s. v.), *grǫkkə* dürre Zweige (vgl. Schöpf, tir. Id. S. 205, 207) schweiz. *grageln*, *rigēre* PBB. 14, 461, *flǫkkə* flackern (zu ahd. *flagarōn*), *tšökkət* scheckig (ein Lehnwort? Kluge, e. Wb.), *fərmukklə* verheimlichen, weist mit *fərmaũklə* dass. auf eine germ. Form **mūg*, die als Nebenform zu *muk* zu betrachten ist (Kluge, e. Wb. unter „meucheln"), *gukkə* gucken (bei Kauffmann fälschlich mit germ. *kk* angeführt a. a. O.), *nǫakə* beugen (*hnaigjan*), *goukla* herumfuchteln, gaukeln, *hǫakḷ* heikel (auf westgerm. *gg* im Gegensatz zu schweiz. *heikχel* Kluge, e. W. s. v., weisend), *šnoũkə* Schnake (bei Kauffmann, a. a. O. fälschlich als mit westgerm. *kk*), *hoũkə* Haken, *tsuə̃kə* Zacken mit sekundärer Nasalierung (vgl. Kluge, e. Wb. „Zweig"), *tšiə̃klə* schielen, zu mhd. *schiec*, *tšiŋkələ* nach Brand riechen, zu 'sengen', *štoŋkə* F. *štaŋkər* M. Stange, Pfahl (zu 'Stange'), *roŋkə* zerren (mhd. *ranken*), *raŋklə* sich balgen, *roŋkər* unartige Kinder, *poŋkər* dass. zu mhd. *bangen* stossen, *tsoŋkə* zanken, zerren („zanken"?), *šlaŋkḷ* Schlingel, *šleŋklə* schlenkern, *puŋkə* stossen, schlagen, *puŋkərə* klopfen, lärmen, *piŋkḷ* durch Stoss, Schlag entstandene Geschwulst (alle drei zu mhd. *bunge*), *fleŋkə* Fetzen, Zipfel (Heusler, a. a. O. S. 67), *liŋk* link, *teŋk* link, *glaŋklə* baumeln (zu 'lang'), *šliŋkə* Schlingpflanze, *mirk* mürbe (*jo*-Adj. zu mhd. *murc*), *tšarkə* mit den Schuhen den Boden streifen (vgl. ahd. *scurgan* bei Schmeller, b. Wb. II 467), *šlǫrkə* geht auf *slorken* zurück, Oberinntal *šlǫarkə* schlechte Schuhe, zu *schlurken* bei Schmeller, b. Wb. II 533.

§ 77. Germ. *χ*. Es ist regelmässig erhalten und zwar als *h* im Wort- und Silbenanlaut, als *χ* vor stimmlosen Konsonanten und im Auslaut. Nur in den anlautenden Verbindungen *hl, hr, hw, hn* ist *h* geschwunden wie schon im Ahd. (*louffə* laufen, *riŋ* Ring, *węar* wer, *nǫpf* Napf). *hommə* Schenkel (ahd. *hamma*), *haus* Haus, *höiwə* heben, *hǭr* Haar, *hǫalə* heilen, *halffə* helfen, *hintə* hinten, *holts* Holz, *söihə* sehen, *öihər* Ähre (ahd. *ehir*), *tsāhər* Zähre, *truhə* Truhe, *plǭhə* Blahe, *fīχ* Vieh, *fīhiš* viehisch, *waihə* weihen, *laihə* leihen, *saihə* seihen, *tsīhə* geziehen, *tsiəhə* ziehen, *fliəhə* fliehen, *šaihə* scheuen, *šaiχ* scheu, *pīhḷ* Bühl, *štǭhḷ* Stahl, *paihḷ* Beil (mhd. *bīhel*) *lęahə* als Ortsname „Lehen", *šilhə* schielen (mhd. *schilhen*), *pəfolhə* befohlen (mhd. *bevolhen*), *fǫrhə* Föhre (ahd. *voraha*), *wāχ* stolz, *ə wāhər* ein stolzer (germ. *wêh-*), dazu sicher *wiəχ* üppig wachsend (mhd. **wüehe* germ. **wōhi-*, aus idg. *wōk, wāk?*), *tsāχ* zähe, *gāχ* jäh, *šiəχ* unschön, *furχ* Furche (ahd. *furuh*). Dem organischen Wechsel von auslautendem *χ* mit inlautendem *h* steht und stand eine Vertretung mit auslautendem *χ* (in langer Silbe) und inlautendem *χ* (gleich germ. *k*) gegenüber. Die auslautenden *χ* sind heute in beiden Fällen dieselben (Halbfortis). Daraus ergibt sich die Erklärung, dass einige Wörter, deren auslautendes *χ* gleich germ. *k* ist, heute in den inlautenden Formen *h* aufweisen. *pauχ, pauhig* Bauch, bauchig, *də pauhaušnaidə* den Bauch aufschneiden, *pöiχ* Pech, *fərpöihə* mit Pech verkleben, *plöiχ* Blech, *plöihərnər* blechener, *milχ* Milch, *milhig* milchig, aber *malχə* melken, *kχəlχ* Kalk, *kχəlhig* kalkig, *kšmǭχ* Geschmack (Geruch), Dem. *kšmahlə* feiner Duft; so auch in allen, in welchen kurzer Vokal vor auslautender Fortis *χ* (aus *k*

s. § 80) gedehnt wurde. Umgekehrt ist auslautend *χ* in den Inlaut gedrungen in *tswarχ*, *ə tswarχə hont* eine quere Hand (seltener *ə tswarhə*). Vielfach ist im Bairischen inlautendes *h* durch *χ* vertreten, z. B. im Zillertal; wie weit der Wechsel von *-χ* und *-h-*, wie ihn die Imster Ma. aufweist, nach Osten reicht, bleibt noch festzustellen. Westgerm. Dehnung des *h* liegt vor in *lǫχχə* lachen, *kχuəχə* Schlittenkufe (PBB. 12, 524), *tsöχχə* zechen, kaum in *ǭχ* Ache, *ǭχətǭl* Achental (got. *ahva*); eher ist hier Verdrängung des inlautenden *-h-* durch das *-χ* des Auslauts anzunehmen.

Altes *hs* wurde zu *ks*: *drakslər* Drechsler, *wǫksə* wachsen, *wǫks* Wachs, *wiksə* wichsen, *oks* Ochse, *fuks* Fuchs, *daikslə* Deichsel, *piksə* Büchse, *luiksə* M. Leuchse, *aks* Achse, *söks* 6, *haksə* Fuss (mhd. *hehse*), *höirədaks* eine eigene Umformung des mhd. *egedehse*; frühe Synkope zeigt *nakšt* Sup. der nächste in der Folge, aber *nāhχšt*, *nāhnəšt* der nächste, *hökštųs* höchstens, ist auffallend, da *ö* durch *ęa* vertreten sein sollte. *sikš* siehst, neben *sīχšt*. Schwund des *h* liegt vor in *gāligə* plötzlich einmal, mhd. *gæhelîchen*, *wairouχ* Weihrauch (mhd. *wîhrouch*), *wāinaχt* Weihnacht (mhd. *wîhenehte*), *tseīnə*, *tseī* zehn, neben *tsöihnə*, *tsöihə* (hier ist der Schwund des *h* nicht identisch mit dem in ahd. *zên* vorliegenden; *zên* hätte zu *tsiə* werden müssen). Die drei ersteren standen nicht mehr im Zusammenhang mit *gæhe*, *wîh-*; *hl*, *hr*, *hn* wurden wie im Ahd. im Wortanlaut zu *l*, *r*, *n*. Die untrennbare Verbalpartikel *dər* ist aus schwachtonigem *durch* entstanden (= nhd. er-, zer-, ent) § 58. Schwachtonigkeit ist auch Ursache des Schwundes in *it* nicht, *nou* noch; ebenso ist der Schwund des *h* (*χ*) gleich germ. *k* zu beurteilen in *ou* auch (mhd. *ouch*), *glai* Adv. gleich (mhd. *gelîch*). Vgl. *nǫrrət* närrisch (mhd. *narreht*), *rǫatlaχt* neben *rǫatələt* rötlich, *uətsaχt* einzeln.

§ 78. Germ. *ng*. Es ist zu *ŋŋ* geworden: *siŋŋə* singen, *heŋŋə* hängen, *šloŋŋə* Schlange, *tswoŋŋ* Zwang, *riŋŋ* Ring, *špruŋŋ* Sprung, *huŋŋər* Hunger. Altes *gn* erscheint als *ŋŋ*, also mit Artikulationsausgleichung in: *aŋŋə* Baumnadeln (mhd. *agene*), *oŋŋənęas* Agnes, *moŋŋ* Magnus; Vgl. noch *poŋŋərt* Baumgarten, *hāŋərt* Heimgarten. In diesen wurde das auslautende *m* des ersten Kompositionsteiles zuerst nach dem Gesetze zu *n*, dann vor *g* zu *ŋ*, *poumgarto* zu *poungarte* zu *poŋŋərt* — Urkdl. 1455 *pongartli*.

§ 79. Germ. *j*. Es ist anlautend erhalten: *jǭr* Jahr, *juŋŋ* jung, *jūgət* Jugend, *jōumər* Jammer, *jāmərə* jammern, *jǭgə* jagen, *jǫχt* Jagd, *jūtskə* jauchzen, *jālə* Dem. zu dem seltenen *jōu* kleiner Fleck Acker (Kluge e. W. S. 178), *jöttə* jäten. Über den Schwund des *j* in *ōumər* (ahd. *âmar*) Gier, Sucht und *eĩhǫlb* (mhd. *enhalp*) vgl. Sievers PBB. 18, 407 f., Streitberg urg. Gr. S. 60, Hoffmann-Krayer, Kuhns Zeitschrift 34, 144 ff. Über die heute zwischen Vokalen stehenden inlautenden *j* vgl. § 10. Darnach stehen neben den Formen mit *j* solche ohne *j*. *j* muss stehen nach den Diphthongen, deren zweiter Bestandteil *i* ist, also nach *ai*, *ui*. *saijə* seien, *ruijə* reuen. Hier ist eine Aussprache *saiə*, *ruiə* ausgeschlossen. Als *g* ist *j* erhalten in *tilgə* Ottilie (*tilje*), *gilgə* Lilie (mhd. *gilge*), *šörg* Scherge (ahd. *scerio*), *lǫtwergə* Latwerge (mhd. *latwerje*).

Anm. Auf *j* geht das *k* in *mǖtskə* zurück (mhd. *metzjen*). Wie die *k* in *lęftskə* (mhd. *lefse*) Lippe, *saiftskə* seufzen, *ōuχtskə* ächzen, *jūtskə* jauchzen, zu erklären sind, steht dahin. (Vgl. Winteler, PBB. 14, 455 f.). *plintskə* ist aus *blinkazzen* blinzen, entstanden, eine ähnliche Metathese mag vorliegen in *sutskə* (Beitr. 14, 461), *grutskə* vom Knarren der Schuhe (B. 14. 461) (*grūglə* murren) *grugatzen*? *štǫtskə* stottern, *ǫ* geht auf *a* zurück, vielleicht *stakatzen*, *stak* zu 'stecken' u. a.

Auf Erhaltung des *j* weisen die *š* in *plūšə* F. Schale der Hülsenfrüchte (Erbse, Bohne, Fisole) **blâsja* zu 'blasen', *raišə* Reuse, **rûsja* (Kluge e. Wb.). *sj* wurde zu *sk* (*sg*) dieses zu *š*? [1]) Im Gegensatz zum Nhd. und vielen deutschen Maa. ist der Diphthong mhd. *ie* als *iə* erhalten in: *ən iədər* ein jeder, *dər iəd* jeder, *iets* jetzt (mhd. *ieze*). Für Georg ist im allgemeinen *jörg* im Gebrauch; vgl. *honserg* Hansjörg. Das lateinische 'Ingenuin' erscheint als *jennəwaĩ* und *gennərlə*; geschrieben wird es als Schreibname 'Jennewein' und Gennewein'.

[1]) *niəšə* F. Schimpfwort für 'Gesicht, Antlitz', kann in dieser Weise als germ. *nōsj-* F. erklärt werden; idg. *nās-*, vgl. § 56, also gleich 'Nase'.

D. ÄNDERUNGEN IN DER QUANTITÄT.

1. DEHNUNG KURZER VOKALE.

Vor stimmlosen Konsonanten.

§ 80. Kurzer Vokal in offener Silbe wurde gedehnt. Silbenauslautend waren kurze Vokale vor den intervokalischen Lenes *b*, *d*, *g*, *f*, *s*, *h*. *grǫwə* Graben, *löiwə* leben, *plīwə* geblieben, *ouwə* oben, *hǭfə* Hafen, *höifommə* Hebamme, *rūfə* Eiterkruste (ahd. *hrufa*), *houfəlig* schonend, achtsam (mhd. *hovelîch*), *šǭdə* schaden, *röidə* reden, *löidig* ledig, *kšīdə* geschieden, *poudə* Boden, *pǭsə* Base, *wǭsə* Rasen, *wīsə* Wiese, *löisə* lesen, *housə* Hose, *trǭgə* tragen, *jǭgə* jagen, *sǭgə* sagen, *mǭgə* Magen, *līgə* liegen, *kštīgə* gestiegen, *wöigə* wegen, *kflougə* geflogen, *pougə* Bogen, *trūhə* Truhe, *söihə* sehen, *öihər* Ähre, *tsāhər* Zähre, *tsouhə* gezogen, *kflouhə* geflohen.

Vor auslautender Lenis ist ebenfalls durchwegs die Dehnung eingetreten. *štǭb* Stab, *oub* ob, *šūb* Schub, *trīb* Trieb, *sīb* Sieb, *houf* Hof, *rǭd* Rad, *glǭs* Glas, *grǭs* Gras, *mous* Moos, *tǭg* Tag, *šlǭg* Schlag, *wöig* Weg, *štöig* Steg, *troug* Trog, *pūg* Bug, *tsūg* Zug.

Vor den Fortes *p* (westg. *bb*), *t* (wg. *dd*), *k* (*gg*), *ff* (wg. *p*), *ss* (*zz* aus t), *χ* (aus *k*) ist im Inlaut die Kürze immer erhalten geblieben, ebenso vor *kχ*, *pf*, *ft*, *st*, *ht*, *š*: *rǫppə* Raben, *wöttə* wetten, *mukkə* Mücke, *hoffə* hoffen, *össə* essen, *mǫχχə* machen, *lǫχχə* lachen, *dökχə* decken, *gipfḷ* Gipfel, *kχröftig*, kräftig, *rǫštə* rasten, *trǫχtə* trachten, *wiššə* wischen. Das Gleiche gilt für die Formen, in welchen diese Konsonanten auslautend sind.

Doch bilden hier eine Reihe von Wörtern mit kurzem Vokal und auslautender Spirans Fortis (ahd.) eine Ausnahme, indem in ihnen der kurze Vokal gedehnt wurde, der auslautende Spirant zur Halbfortis geschwächt erscheint, die im Satzinlaut vor Vokalen als Lenis auftritt. *grīf* Griff, *šlīf* Schliff, *pfīf* Pfiff, *šlūf* Schluff, *šöif* Schiff (mhd. *schëf*), *pīs* Biss, *kšīs* (mhd. *geschiz*) lat. nuces, *rīs* Riss, *šūs* Schuss, *šlūs* Schluss, *fərdrūs* Verdruss, *gnūs* Genuss, *kšlous* Schloss, *kšous* Geschoss, Sprössling, *gwīs* gewiss, (mhd. *ge-*

wis), *döis* das, *wǭs* als satzauslautende Frage, was? im Innern oft noch *wǫss* zumal vor Konsonanten. *štīχ*, Stich, *prūχ*, Bruch, *grūχ*, Geruch, *kšmǫχ* Geschmack, Geruch (mhd. *gesmach*), *pöiχ* Pech, *plöiχ* Blech, *štrīχ* Strich, *šlīχ* Schlich, *šprūχ* Spruch, *kχouχ* Koch, *löiχ* Lech, aber *lötχl*, *pǭχ* Bach in *štarkəpǭχ* Starkenbach, Weiler 2 Stn. westl. von Imst, *pǫlməpǭχ* Flurname bei Imst. Palmenbach, sonst immer *pǫχ* mit Kürze.

Aus der Tatsache, dass Wörter von der Form kurzer Vokal + inlautender Spirans Fortis nie Dehnung haben, ergibt sich von selbst, dass die Dehnung eines kurzen Vokals vor auslautender Spirans Fortis nicht durch die inlautenden Formen verursacht sein kann, wie man allenfalls für auslautende Lenis annehmen könnte und für die Schriftsprache auch anzunehmen hat (Wilmanns, deutsche Gramm. § 245). In der Imster Ma. haben sich die gedehnten Formen über Sing. und Plur. verallgemeinert. Der Wechsel von kurzem und langem Vokal innerhalb der Flexion desselben Wortes kommt nicht mehr vor. Mit dieser Dehnung vor auslautender Spirans Fortis steht unsere Ma. nicht vereinzelt da; das Alemannische kennt sie (vgl. Heusler a. a. O. 22 A.) und im Bairischen ist sie Regel. Hier haben alle Wörter mit kurzem Vokale und (im Mhd.) auslautender stimmloser Konsonanz die Dehnung erfahren (Weinhold, bair. Gr. §§ 7. 36, 48, 51, 55, 61 u. ö.). Dass die Dehnung heute nicht überall durchgedrungen ist, erklärt sich durch den Einfluss der inlautenden Formen, denen gesetzlich die Kürze zukommt. Vielfach hat das Bair. noch das Nebeneinander von gedehnten, ursprünglich auslautenden und kurzen, ursprünglich inlautenden Formen bewahrt (Schmeller Maa. Bai. S. 160, § 691).

Aus dieser Tatsache geht deutlich hervor, dass seinerzeit kurzer Vokal mit auslautender Konsonanz (Fortis) anders gesprochen wurde als mit inlautender Konsonanz. Für den letzteren Fall, wenn Fortis Konsonanz auf den kurzen Vokal folgte, ist es sicher, dass der kurze Vokal den stark geschnittenen Silbenaccent hatte. Man vgl. z. B. nur die Entwicklung des germ. einfachen inlautenden *p*, *t*, *k* zur

Geminata *ff*, *zz*, *χχ*. Die Vorstufe für die Dehnung der auslautenden Form kann nur eine Aussprache des Vokals unter schwach geschnittenem Accente gewesen sein. Wörter mit kurzem Vokale und auslautender Lenis können nur unter schwach geschnittenem Accente gesprochen worden sein; wäre der Vokal scharf geschnitten gewesen, so hätte nach dem Silbenaccentgesetze (Sievers Phon. S. 206) die Lenis zur Fortis werden müssen. Das mhd. Auslautgesetz kann nicht durch das Silbenaccentgesetz erklärt werden, weil die Schreibung *p*, *t*, *c* für *b*, *d*, *g* ebenso nach langem Vokale und *l*, *r*, *m*, *n*, (*ŋ*) auftritt wie nach kurzem. Ich sehe für die Erklärung dieser Dehnung keine andere Möglichkeit, als dass die auslautenden Formen den schwach geschnittenen Vokal hatten, die inlautenden den starkgeschnittenen. So war z. B. von *grīf* Vorstufe der Dehnung *grìf* mit schwach geschnittenem Vokale, im Inlaut war er stark geschnitten: *gríffe*; fürs Bairische im Ganzen vgl. z. B. *kòbf* Plur. *kepf* (Schmeller a. a. O.) aus *kòpf*, Pl. *köpfe*. Dass dieses Gesetz, Dehnung des Vokals einsilbiger Wörter, nur im Satzauslaut (vor Pause) eingetreten ist, leuchtet ein; denn die inlautenden Formen des Wortes sind konform der Inlautstellung im Satzgefüge (vgl. dazu die Dehnung im Schwäbischen, Kauffmann, a. a. O. § 127 ff.).

Dehnung vor *t* gleich einfachem *d*: *pöitə* beten, *pöitlə* betteln, *gəpöit* Gebet, *pröit* Brett, *wǭtə* waten, *kχlǫtə* Klaue, (mhd. *klate*), *kχlätlə* klettern (zum vorigen), *kχroutə* Kröte, *fǭtər* Vater, *gätər* Gatter, *štöitig* widerspenstig (mhd. *stetic*), *šlītə* Schlitten, *pout* Bote, *pīt* Zuwarten (mhd. *bite*), *töit* 'Göth', *toutə* Patin (mhd. *tote*), *ksout* geschnittenes Heu, das gebrüht wird (zu 'sieden' **gisot*). Dass das *t* in den inlautenden Formen zur Zeit der Dehnung und früher Anlaut der schwachtonigen Silbe war, kann nicht bezweifelt werden, also ahd. *bē-tôn*, *kro-ta*, *va-ter*; demnach hatte der Stammvokal schwachgeschnittenen Accent, die Dehnung vor *t* ist also identisch mit der vor den inlautenden Lenes: Kurzer Vokal in offener Silbe wird gedehnt. Dass die Wörter mit auslautendem *t* die Dehnung aus dem Inlaut überkommen haben, ergibt sich aus den zahlreichen Beispielen, in denen auslautende Kürze in den Inlaut übertragen wurde, *got* Gott, *mit* mit, *šrit* Schritt, *trit* Tritt, *šnit* Schnitt, *sut* M. einmaliges Sieden, *glǫt* glatt, *plǫt* Blatt, *sǫt* satt, *štǫt* Stadt. Daraus erhellt auch, dass die Ma. vor auslautender Verschlussfortis den Vokal nicht dehnte; in einer solchen Silbe wurde also der (oben für alle einsilbigen Wörter angesetzte) schwachgeschnittene Accent durch den starkgeschnittenen ersetzt und zwar gesetzmässig, wie sowohl die Überzahl der Beispiele mit auslautender Fortis *t* und aller mit auslautender Affrikata erweisen; anzusetzendes *strìkχ* erscheint in der Imster Ma. als *strikχ*; im grössten Teile des Bairischen aber als *strīk*; ebenso Imst: *mit*, *šrit*, *spits*, *kχopf* mit Kürze, östlich mit Länge, *mīt*, *šrīt*, *spīts*, *kχoupf*. Wie sich die Erhaltung der Kürze in *šnittə* (ahd. *snita*) Schnitte, *sittə* (mhd. *site*) Sitte, erklären lässt, steht dahin. Letzteres kann unter schriftsprachlichem Einflusse stehen, denn für das nhd. Sitte ist meist *prauχ* verwendet. Das erstere ist ein schw. Fem.; möglich, dass die Flexionsendung des einen oder anderen Kasus seinerzeit so beschaffen war, dass ein *n* auf *t* folgte, wodurch dieses in den Silbenauslaut zu stehen kam. Die Erhaltung der Kürze in *föttər* Vetter, *kχöttnə* Kette, *kχuttlə* Kuteln, *hǫttlə* Ziege (mhd. *hatle*), *špǫttlə* kleine Schaufel des Malers (mhd. *spatle*) ferner in *grittə*, *glittə*, *kštrittə*, *kšnittə*, *ksottə* geritten, gelitten, gestritten, geschnitten, gesotten, muss in der Weise erklärt werden, dass neben Formen, in welchen *t* die Folgesilbe anlautete, solche bei welchen eine Silbentrennung *t-r*, *t-n*, *t-l* getroffen wurde, Bestand hatten. Diese verdrängten die andern, denen Dehnung hätte zukommen müssen. Für *pittə* (schw.) bitten, muss ahd. *bitten* gefordert werden. *tröttə* treten (nur schw.) hat ein ahd. Fakt. *tretten*; demnach sind wohl auch für *jöttə* jäten, *kχnöttə* kneten (beide schw.), Faktitive Ursache der *tt*. Vor *ts* gleich westgerm. *tt* hat Dehnung: *kχrīts* Kritz, *gītsələ* kitzeln, *šmūts* Schmutz, *kχloutsə* Klotz, *pītsə* Pfütze; aus den Gesetzen der Ma. lässt sie sich nicht erklären; sie müssen die Dehnung fremdem Einflusse verdanken. *šmaroutsə* schmarotzen, ist ein Lehnwort (Kluge, e. Wb. S. 329). Unklar ist die lautliche Entwicklung von *špǫts* Spatz, *štūtsə* Stutzen, kürzen (PBB. 14, 465), *toutsə* Kreisel, Klotz, kleiner Mensch (zu mhd. *tokzen*?), *kχrātskə* Traggestell (auf dem Rücken getragen) zu mhd. *kretze*, *šmöitsəl̥* schmunzeln, zu mhd. *smotzen* (vgl. Kluge, e. Wb. schmunzeln).

Vor stimmhaften Lauten.

§ 81. Vor den inlautenden Fortes *ll*, *mm*, *nn* (*ŋŋ*) ist die Kürze des Vokals durchgehends erhalten: *fǫllə* fallen, *wöllə* wollen, *tsillə* Zülle, *dillə* Dachboden (mhd. *dille*), *šallə* Schelle, *ǫllə* alle, *štemmə* stemmen, *šwimmə* schwimmen, *grimmə* Bauchgrimmen, *wonnə* Wanne, *tinnə* Stirne (mhd. *tinne*), *hennə* Henne, *sinnig* sinnig. Auch wo im Auslaut etymologische Fortis stand, ist die Kürze erhalten: *fǫll*, Fall *štǫll* Stall, *hall* hell, *šnall* schnell, *foll* voll, *štomm* Stamm, *tumm* dumm, *sinn* Sinn, *i kχonn* ich kann. Dehnung zeigen *moū* Mann (ahd. *man*, *mannes*), Plur. *mandər*, Dem. *mandlə*, *fęal* Fell; es hat *ęa* auch im Inlaut: Plur. *fęalər*. In beiden muss die Dehnung von den einsilbigen Formen ausgegangen sein, für die schwach geschnittener Accent im Satzauslaute anzusetzen ist: *màn*, *fèl*. Vgl. *kχroūm* Krampf (mhd. *kram* Gen. *krammes*) und *kχremmig* einen leichten Krampf habend. Vor den inlautenden Lenes *l*, *m*, *n* ist die Dehnung regelmässig: *tsǭlə* zahlen, *štęalə* stehlen, *šöilə* schälen, *tsīlə* zielen, *mǭlə* mahlen, *höilə* höhlen; *noūmə* Name, *šāmə* schämen, *štrīmə* Strich, Narbe (mhd. *strime*), *preīmə* Bremse (mhd. *brëme*) *moūnə* mahnen, *pīnə* Bühne, *kšīnə* geschienen, *meīnə* mit einem Gespann arbeiten. Ebenso ist vor auslautender Lenis Dehnung: *tǭl* Tal, *diəpštǭl* Diebstahl, *štīl* Stiel, *tsīl* Ziel, *houl* hohl, *moul* weich geschlagen (zu mhd. *müllen*), *tsoūm* zahm, *loūm* lahm, *tsī* Zinn, *hī* hin, *sū* Sohn. *moū*, *fęal*, *kχroūm* zeigen, dass im Auslaut Dehnung ohne Einfluss der inlautenden Formen erfolgen konnte; die umgekehrte Erscheinung, dass kurzer Vokal mit auslautender Lenis heute als Kürze und Fortis auftritt, zeigen die Parallelformen: *ou* an, und *onn* an, letztere als Präpos. in betonter Stellung *onn dər* an dir, *onn sig* an sich, *foū* und *fonn* von, *dərfoū* davon, *fonn dər* von dir. Vgl. *i pinn* ich binn (mhd. *bin* ahd. *bim*); die

Vorsilbe *un-* ist immer kurz starktonig; *uŋgęarə* ungerne, *unsinnig* unsinnig, *umpǭr* unpaarig. *drumm* Trumm (mhd. *drum*), *woll* (mhd. *wol*), ja, auf eine verneinende Frage, *wolfl̥* wohlfeil, gegen *wouldīnər* Wohldiener, Schmeichler. In den folgenden ist die Kürze des Vokals vor Lenis bewahrt; sie verdanken sie den inlautenden Formen, in welchen *l*, *m*, *n* im Silbenauslaut war. *pöllər* Böller (mhd. *boler*), *kχoldərə* lärmen (zu mhd. *kolre*), *pöldərə* poltern (mhd. *bollern*), *soldər* Söller (mhd. *solre*), *hildərə* hohl widerhallen (*r*-Ableitung zu 'hohl'), *tondərə* donnern, *tsimmərə* zimmern (got. *timrjan*), *kχommərə* Kammer, *nummərə* Nummer, *samlə* sammeln, *gromlə* Flachs brechen (Schmeller, b. Wb. I 995), *himml̥* Himmel, *šimml̥* Schimmel, *summər* Sommer, *šimmər* Schimmer. Vgl. die Durchführung der Dehnung in: *woĩmlə* wimmeln (Wrzl. *wim*, *wam*), *fĩmlə* die reifen männl. Hanfstengel schneiden, Schmeller, b. Wb. I 718 *femeln*, *dreĩml̥* Hebebaum (mhd. *drëmel*), *wĩmər* Narbe, Fleck (mhd. *wimer*), *hoũmər* Hammer, *hāmərə* hämmern. In allen konnten Doppelformen, solche mit aus- und solche mit anlautendem *l*, *m*, *n* bestehen. Kurzer Vokal mit silbenauslautender Lenis *l*, *m*, *n*, wurde wohl nur im Satzauslaute gedehnt, im Inlaut blieb die Kürze; so erklären sich unsere Verhältnisse am einfachsten. *nemmə* nehmen, *kχemmə* kommen, haben in allen Formen die Kürze: *nimm*, *kχimm*, *gŋommə* genommen, *kχemmə* gekommen; in der Umgebung von Imst ist im Präsens dieser beiden Verba (in den *ë*-Formen) die Dehnung durchgeführt: Ind. und Inf. Plur. *neĩmə*, *kχeĩmə* Part. *neĩmət*, *kχeĩmət*, aber in Imst *nemmət*, *kχemmət*; das Part. Prät. zu *kχemmə* lautet in den benachbarten Maa. *kχeĩmə* wie das Präsens.

§ 82. Vor Lenis *r* ist Dehnung eingetreten: *fǭrə* fahren, *wöirə* wehren, *kχöirə* kehren (fegen), *tūrə* (aus *turen*) Turm, *hǫarə* Horn, *hiərə* Hirn. Im Silbenauslaut: *miər* mir, *diər* dir, *piədlig* Heuhaufe (mhd. *birlinc*), *węar* wer, *dęar* der, *ęar* er, *hęa* her, *fǫar* vor, *tǫar* Tor (die Entwicklung des gedehnten Vokals vor *r* ist nach den einzelnen Vokalen verschieden, s. Vokalismus). Vor *r* + Konsonant und vor *rr* ist die Dehnung je nach den Vokalen eine verschiedene. Mhd. *irr*, *ir* mit dental. Kons. wurde zu *iər* gedehnt: *iər* irr, *iərə* irren, *kšiər* Geschirr, *wiərt* Wirt, *hiərt* Hirt, *fiəršt* First, *hiərš* Hirsch. Folgt auf *ir* labiale oder gutturale Konsonanz, so bleibt die Kürze erhalten: *gəpirg* Gebirge, *kχirχə* Kirche, *tsirkḷ* Zirkel, *širpə* Scherbe, *wirf* ich werfe, wirf, *štirb* ich sterbe, stirb. Die Maa. westlich von Imst haben hier vor lab. und gutt. Konsonanz die Dehnung (§ 43). Mhd. *ër* mit dent. Lenis wurde zu *ęa* gedehnt: *ęart* Erde, *węart* Wert, *hęart* Herd, *fęaršnə* Ferse. Kürze blieb erhalten vor *rr*, *r* mit dent. Fortis, mit lab. gutt. Kons.; vgl. die Beispiele § 40. Auch hier dehnen die Ortschaften im Westen alle *ër* zu *ęar*. Mhd. *or* mit Dental wurde gedehnt, *or* mit Lab. Gutt. blieb kurz (§ 45). Vereinzelt sind *Q̄rt* Art, *Q̄rtig* artig, *tsQ̄rt* zart, *fQ̄rt* Fahrt (vgl. dagegen *förtig* fertig), *Q̄rš*, *kχöirtsə* Kerze, *möirts* März, *kföirt* N. Fahrzeug, *gepūrt* Geburt. Die Behandlung kurzer Vokale vor *r* beruht auf dem früher gesprochenen Zungen-*r*. Mir ist es sehr schwer ein alveolares *r* zu bilden — die Beurteilung der Dehnungen vor *r* kann aber nur dann richtig geschehen, wenn man sich über die Artikulation des Zungen-*r* völlig klar ist.

2. KÜRZUNG LANGER VOKALE.

§ 83. Die Fälle sind zu vereinzelt, als dass daraus eine Regel gezogen werden könnte. *draksler* Drechsler (zu ahd. *drâhsil*), *dər nakšt* der nächste, *kχropfə* Krapfe (ahd. *chrâpfo*), *nQχχə* nachher, nach (mhd. *nâchhin*, *nâchher* — hier mag die Schwachtonigkeit im Satze mitgewirkt haben), *nQχpər* Nachbar (mhd. *nâchbûr*), *štrQss* Strasse, *lQssə* lassen mit allen Ableitungen: *glass* Benehmen, sich gehen lassen (**gelæȥe*), *Q̄blQss* u. s. w. Die Konj. Prät. der starken Verba der 4. 5. Klasse, die im Präsens Kürze bewahrt haben, zeigen *a* (mhd. *æ*): *praχ* bräche, *štaχ* stäche, *namm* nähme, *ass* ässe, *frass* frässe, *fərgass* vergässe, *sass* sässe, *kχamm* käme. Vergleicht man nominale Ableitungen wie *āssig* gut essbar (*æȥec*), *kfrāss* schlechtes Essen (*gevræȥe*), *prQ̄χə* brachen, *sprQ̄χ* Sprache, so wird man zur Annahme geführt, dass hier analogische Durchführung des kurzen Stammvokals durch alle Ablautformen vorliegt. Eine Kürzung liegt auch vor in dem *harrgot*! Ruf: Herrgott (nach Ausweis des Vokals früh gekürzt, *ê̩r* zu *ĕr* zu *ar*), *larχə* Lerche, verlangt älteres *lĕrche* (ahd. *lêrahha*).

§ 84. Kürzung gedehnter Vokale und ursprünglicher Längen zeigt sich in der Flexion des Verbums mit inlautender Lenis *b*, *g*, wenn sich ein stimmloser Kons. anschliesst: *löiwə* leben, *löpšt* lebst, *löpt* lebt, *grǭwə* graben, *grǫpšt* gräbst, *grǫpt* gräbt, *fröiwə* freuen, *fröpt* freut, *kfröpt* gefreut (§ 64), *kχlǭgə* klagen, *kχlǫkšt* klagst, *kχlǫkt* klagt, geklagt, *frǭgə* fragen (mhd. *vrâgen*), *frǫkšt* fragst, *frǫkt* fragt. Die *ou* von *louwə* loben, *glouwə* glauben (mhd. *loben*, *gelouben*) sind heute dieselben, *ər lopt* er lobt, ebenso *ər glopt* glaubt. Zu *göiwə* geben, Konj. Prät. *i gāb*, aber *i gaptər* ich gäbe dir, *du gapšt* du gäbest. Da diese Kürzung vor stimmloser Flexionsendung ebenso alte Längen wie gedehnte Vokale trifft, kann sie erst sekundär entstanden sein, veranlasst durch die mehrfache Fortiskonsonanz, so dass also die Tendenz nach Entlastung überlanger Silben (Paul, PBB. 9, 122) der Ma. nur in beschränktem Masse zukommt. Im selbständigen Worte fehlt diese Kürzung fast völlig, vgl. *kχlǭftər*, Klafter, *dǫχt* Docht, *liəχt* Licht. Doch *pǫpšt* Papst (mhd. *bâbest*); auch *propšt* Propst (mhd. *brobest*), *kχreps* Krebs (mhd. *krĕbez*), *opšt* Obst (mhd. *obez*), werden spätere Kürzungen sein (*krĕbez* zu *krēbes* zu *krēps* zu *kχreps*).

FLEXIONSLEHRE.

I. DAS SUBSTANTIV.

DIE KASUS DER MUNDART.

§ 85. Von den vier Kasus des Mhd. (Nom. Gen. Dat. Acc.) ist der Mundart der Gen. in freier syntaktischer Verwendung verloren gegangen. Nur im Sing. kann zu persönlichen Substantiven — solchen, unter welchen der Sprechende eine bestimmte Person versteht — ein Gen. gebildet werden. Es kann aber auch in diesem Falle ebenso, wie es bei den unpersönlichen Substantiven immer geschieht, die syntaktisch gleichwertige Umschreibung mit 'von' (*fu*) mit dem Dat. angewendet werden, die ja auch den Gen. verdrängt hat. Diese Sonderbildung des Gen. geschieht auf *-s* oder *-ə*, entsprechend den Gen.-Endungen des Mhd. *-es*, *-en*. Die Bildung auf *-s* wird gebraucht bei Wörtern mit schwachtoniger Nebensilbe, die auf *-ə* bei solchen, deren letzte Silbe stark- oder nebentonig ist, oder auf *-s* endigt; es sind meist einsilbige. Beide Bildungen haben sich über alle drei Geschlechter des Substantivs ausgedehnt. Beispiele: Männliche; auf *-s*: *s lęarərs* des Lehrers, *s fǫtərs* des Vaters, *s jakkəs* des Jakob (*jakkə*), *s miχχl̥s* des Michael (*miχχl̥*), *s gǭbl̥s* des Gabl (Familienname); auf *-ə*: *s pökχə* des Bäckers (mhd. *becke*), *s grǭffə* des Grafen, *s hannəsə* des Hans (*hannəs*), *s wiərtə* des Wirtes, *s šmīdə* des Schmiedes. Bei den letzten beiden kann auch die Bildung auf *-s* gebraucht werden, ihrer ursprünglichen Deklination entsprechend: *s wiərts*, *s šmīds* mhd. *des wirtes*, *des smides*. Sehr selten ist die Verwendung des *-s* bei *n*-Stämmen: *s grǭffs*. Weibliche: *s muətərs* der

Mutter; hier ist auch der Artikel vom Mask. übernommen, seltener ist *dər muatərs* mit dem weiblichen Artikel. *s pǫsəs* der Base, *s gręatə* der Margaretha (*gręat*). Sächliche, *s waiwə* des Weibes, *s nannələs* des Ännchens (*nannələ*): *s waibləs* des Weibleins, *s wiərtləs* des Wirtleins u. a. Diese Gen. können nur attributiv verwendet werden; sie stehen dabei immer vor dem Substantiv.

Die Tatsache, dass Feminine einen Gen. auf *-s* bilden können, sowie männliche vokalische Stämme einen auf *-ə* und umgekehrt *n*-Stämme einen auf *-s*, zeigt, dass diese Sonderbildung den Boden historischer Entwicklung verlassen hat. Sie ist auf eine bestimmte Wortgruppe beschränkt und es wird nur vom Wohllaute bestimmt, ob der Gen. nach der vokalischen Deklination auf *-s* oder nach der der *n*-Stämme auf *-ə* gebildet wird. Beispiele der Umschreibung mit 'von' (*fu*): *fun lęarər, fun fǫtər, fun pökχ, fun wiərt*; *fur muatər, fur pǫsə, fun waib, fun nannələ, fun wiərtlə* u. a.

§ 86. Reste des Genetivs sind erhalten in adverbialen Wendungen: *stǫks* des Tages, im Tage, *sjǫrs* des Jahres, im Jahre; in *ts ǫwəts* des Abends, am Abend, ist das *-s* des Artikels durch die Präposition *ts* (mhd. *ze*) vertreten, wohl weil zu einer Zeit das *-s* des Artikels bei Sächlichen überhaupt nicht mehr als Gen. gefühlt wurde; bei *stǫks, sjǫrs* hat der Wohllaut das *s* erhalten; *ts mǫrgəts* des Morgens, morgens, ist nach *ts ǫwəts* gebildet, man würde *ts mǫrgəs* erwarten; *ts nǫχts* nachts; *nǫχts* ist ein alter Gen., ahd. *des nahtes* Braune, ahd. Gramm.[2] § 241, 2.

§ 87. Der Gen. Plur. ist völlig geschwunden. Dativ und Accusativ werden in beiden Zahlen syntaktisch und durch den Artikel von einander getrennt gehalten. Die Flexionsendungen jedoch, welche noch im Mhd. und im Nhd. die Grundlage der Deklination bilden, sind der Mundart als Kennzeichen einzelner Kasus verloren gegangen. Es kann zu einem Nom. kein Dat. Acc. derselben Zahl durch Anfügung einer Suffixendung gebildet werden. Der Singular hat nur eine Form für alle Kasus ebenso der Plural. Diese Verhältnisse sind teils durch die Auslautgesetze der Mundart, teils durch analogische Bildung herbeigeführt worden. Im folgenden wird ihre Entwicklung jedesmal bei der Behandlung der einzelnen Klassen dargestellt werden.

A. MÄNNLICHE SUBSTANTIVE.

Die *o*- und *i*-Stämme.

§ 88. Die Flexionsendungen der *o*- und *i*-Stämme sind im Mhd. gleich: *tag*, *tages*, *tage*, *tag*; *tage*, *tage*, *tagen*, *tage*. *gast*, *gastes*, *gaste*, *gast*; *geste*, *geste*, *gesten*, *geste*. In der Mundart sind alle Endungen dieser Stämme verloren gegangen. Alle kurzen auslautenden Vokale sind abgefallen, durch dieses für die Flexion wichtige Gesetz wurden der Dat. Sing., der Nom. Acc. Plur., dem Nom. Acc. Sing. gleich. Die Endung *-en* des Dat. Plur. sollte regelmässig entwickelt *-ə* lauten; tatsächlich ist sie erhalten in den festen Wendungen: *i dən ǫltə tǭgə* in den alten Tagen, *fu sinnə* von Sinnen. Sonst ist sie überall geschwunden und der Dat. Plur. hat analogisch die Form der übrigen Kasus. Es heisst also: *i drai tǭg* in drei Tagen, *də lait* den Leuten, *pai də gōst* bei den Gästen, *auf də parg* auf den Bergen, *mit də fiəs* mit den Füssen.

§ 89. Der Umlaut im Plural, welcher bei den *i*-Stämmen im Ahd. soweit er möglich war eingetreten ist, blieb auch nachdem sich das *i* der Endsilben zu *-e* entwickelt hatte. Dadurch wurde im Mhd. eine Zweiteilung der *i*-Stämme herbeigeführt. Die eine Gruppe hatte im Singular und Plural denselben Stammvokal, bei den umlautfähigen war im Plural der umgelautete. Schon frühe muss der Umlaut bei diesen als charakteristische Eigenschaft des Plurals empfunden worden sein; denn schon im Mhd. nehmen *o*-Stämme analog den *i*-Stämmen im Plural den Umlaut an, vgl. Paul, mhd. Gramm.[4] § 119, 2. In der Mundart sind heute so ziemlich alle *o*-Stämme zu den *i*-Stämmen übergetreten, d. h. sie bilden ihren Plural durch den Umlaut des Stammvokals, jene natürlich, deren Stammvokal umgelautet werden konnte. Durch den Verlust der Flexionsvokale konnte diese Pluralbildung nur gefördert werden, weil sich in ihr der Sprache ein Mittel bot die beiden Zahlen von einander zu scheiden.

Im folgenden sind die starken Maskulina, welche ihren Plural durch Umlaut bilden, zusammengestellt. Die Anordnung ist zur besseren Übersicht nach Vokalen gemacht.

§ 90. Dem *u* entspricht *i* als Umlautsvokal, mhd. *u* zu *ü*: *tsūg* Plur. *tsīg* Zug, *flūg*, *flīg* Flug, *pūg*, *pīg* Bug, *trūg*, *trīg* Trug, *fuks*, *fiks* Fuchs, *tukχ*, *tikχ* Tücke (mhd. *tuc*), *rukχ*, *rikχ* Ruck, *šlukχ*, *šlikχ* Schluck, *grūχ*, *grīχ* Geruch, *šprūχ*, *šprīχ* Spruch, *prūχ*, *prīχ* Bruch, *gūs*, *gīs* Guss, *šlūs*, *šlīs* Schluss, *fəršlūs*, *fəršlīs* Verschluss, *fərdrūs*, *fərdrīs* Verdruss, *fluss*, *fliss* Fluss, *wurm*, *wirm* Wurm, *šturm*, *štirm* Sturm, *šurts*, *širts* Schurz, *wurf*, *wirf* Wurf, *lupf*, *lipf* das Emporheben (zu *lupfə* mhd. *lupfen*), *hupf*, *hipf* das Emporspringen, zu *hupfə* hüpfen, *šūb*, *šīb* Schub, *šprunŋ*, *šprinŋ* Sprung, *trunkχ*, *trinkχ* Trunk, *punt*, *pint* Bund, *grunt*, *grint* Grund, *šlunt*, *šlint* Schlund, *wunts̆*, *wints̆* Wunsch, *tunšt*, *tinšt* Dunst, *runšt*, *rinšt* das Fliessen, das Rinnsal (mhd. *runst*), *trumpf*, *trimpf* Trumpf, *štumpf*, *štimpf* Strumpf, also die gleiche Bedeutung wie *štrumpf*, *štrimpf* Strumpf, *sumpf*, *simpf* Sumpf, *kχumpf*, *kχimpf* hölzernes Wetzsteingefäss, mhd. *kumpf*. Mit Ausnahme einiger auf *u* mit Nasal sind diese Wörter mit *u* Angehörige der *i*-Klasse, schon aus lautlichen Gründen. *hunt* Hund, hat im Plural gewöhnlich *hunt* seltener *hint*; *šūs* Schuss, hat meist *šūs*.

§ 91. Zu *uə* ist *iə* Umlaut, mhd. *uo* zu *üe*: *huət*, *hiət* Hut, *fuəs*, *fiəs* Fuss (ursprünglich konsonantisch), *gruəs*, *griəs* Gruss, *pfluəg*, *pfliəg* Pflug, *kχruəg*, *kχriəg* Krug, *fluəχ*, *fliəχ* Fluch, *pluəšt*, *pliəšt* Blüte, Knospe mhd. *bluost*, *fuəg*, *fiəg* „Fug“ in „mit Fug“, *umfuəg*, *umfiəg* Unfug, *štuəl*, *štiəl* Stuhl; nur *šuəχ* hat immer *šuəχ* Schuh.

§ 92. Dem *au* entspricht *ai*, mhd. *û* zu *iu*: *pauχ*, *paiχ* Bauch, *prauχ*, *praiχ* Brauch, *šlauχ*, *šlaiχ* Schlauch, *rauš*, *raiš* Rausch, *tauš*, *taiš* Tausch, *štraus*, *štrais* Strauss, *gaul*, *gail* Gaul.

§ 93. *ǫ* hat zwei Umlautvokale wie mhd. *a*, welchem es entspricht. Der eine ist *ö*, gedehnt *öi* (mhd., ahd. *e*):

gǫšt, göst Gast, *ǫšt, öšt* Ast, *sǫkχ, sökχ* Sack, *sǫts, söts* Satz (der gesprochene), *šlǭg, šlöig* Schlag, Hieb. In allen übrigen Wörtern dieser Klassen mit *ǫ* in der Stammsilbe ist heute *a*, gedehnt *ā* der Umlautvokal des Plural; es liegt hier lautliche Entwicklung vor und Analogiebildung. Den *i*-Stämmen, deren Stammvokal im Plural im Ahd. nicht zu *e* wurde (*â*, *a* und umlauthindernde Konsonanz) schlossen sich die *o*-Stämme, welche ihren Plural analog bildeten, an und dieser starken Gruppe folgten wiederum *i*-Stämme, welche im Ahd. im Plural *e* hatten. Die in der Mundart lebendige Pluralbildung ist die von *ǫ* zu *a*, während *ǫ* zu *ö* erstarrt ist. Anders ist es vor Nasalen: hier entspricht heute durchwegs *e* im Plural, auch bei ursprünglichen *o*-Stämmen. Klar ist, dass diese Verhältnisse erst infolge späterer, ausgleichender Entwicklung entstanden sind. *pǫχ, paχ* Bach, *pǫlg, palg* Balg, *wǫld, wald* Wald, *nǫpf, napf* Napf, *ǭrš, ārš, slǭg, slāg* Holzschlag, vgl. oben *šlöig*, der verschiedenen Bedeutung entsprechen verschiedene Pluralformen, *šlāg* ist analogisch; *sǫts sats* Satz, Einsatz, Sprung, vgl. oben *söts*; *hǫss, hass* Hass, *fǫll, fall* Fall, *štǫll, štall* Stall, *hǫll, hall* Hall, Widerhall, *šnǫll, šnall* Platzgeräusch, mhd. *snal*, *pfǭl, pfāl* Pfahl, *sǭl, sāl* Saal, *wǭl, wāl* kleines Bachbett, *hǫlm, halm* Halm, *hǫls, hals* Hals, *dǫrm, darm* Darm, *pǫrt, part* Bart, *fǫrm, farm* Farnkraut, *šwǫrm, šwarm* Schwarm, *mǫrkχt, markχt* Markt, *pǫšt, pašt* Bast, *glǫts, glats* Glatze, mask. Bildung wie *špits* Spitze, *plǫts, plats* Platz, *štǭb, štāb* Stab, *pǫkχ, pakχ* Pack, Bündel, *hǭg, hāg* Hag, *dǫks, daks* Dachs; *grǭt, grāt* Grat eines Berges und Gräte des Fisches, *drǭt, drāt* Draht, *rǭt, rāt* Rat, *šlǭf, šlāf* Schlaf, Schläfe, *dǭχt, dāχt* Docht, mhd. ahd. *dâht*, *tǭg, tāg* Tag, als Zeitmass aber Plur. *tǭg* vgl. *guətə tāg* gute Tage, *tswǫa tǭg* zwei Tage; *ǭblǫss* und *ǭlǫss*: *ǭblass, ǭlass* Ablass, Abkehrvorrichtung an einem Bache, *auslǫss, —lass*, Auslass, ein Stück Wald, das nicht abgeholzt werden darf, im 17. Jh. 'Premstall' Ort, an dem das Vieh vor den Bremsen Schutz im Gehölz fand, *aīlǫss, —lass* Einlass. *štomm, štemm* Stamm, *tomm, temm* Damm, *šwomm, šwemm*, Schwamm, *tsond, tsend* Zahn, ahd. *zand*, *štond, štend* Stand, *pront, prent* Brand, *kχronts, kχrents* Kranz, *šwonts, šwents* Schwanz, *šlonts, šlents* das

Herumschlendern, zu mhd. *slenzen*, *šronts*, *šrents* Schranz, *tonts*, *tents* Tanz, *kχrompf*, *kχrempf* Krampf, *tompf*, *tempf* Dampf, *hompf*, *hempf* Hanf, *goŋŋ*, *geŋŋ* Gang, *kχloŋŋ*, *kχleŋŋ* Klang, *troŋkχ*, *trenkχ* Trank, *rōuft*, *rēift* Ranft, Rand.

§ 94. *o* lautet zu *ö* um, gedehntes *ou* zu *öi*, mhd. *o* zu (sekundärem) *ö*: *pokχ*, *pökχ* Bock, *rokχ*, *rökχ* Rock, *štokχ*, *štökχ* Stock, *tšopf*, *tšöpf* Schopf, *kχopf*, *kχöpf* Kopf, *kχropf*, *kχröpf* Kropf, *kχnopf*, *kχnöpf* Knopf, *tropf*, *tröpf* Tropf, *wolf*, *wölf* Wolf, *froš*, *fröš* Frosch, *proš*, *pröš* Broche, *troug*, *tröig* Trog, *houf*, *höif* Hof, *kχouχ*, *kχöiχ* Koch.

§ 95. *ou* wird zu *öi*, mhd. *ou* zu *öu*: *kχouf*, *kχöif* Kauf, *trouf*, *tröif* Traufe (ahd. *trouf*), *šoup*, *šöip* Schaub, Strohbündel, *poūm*, *peīm* Baum, *soūm*, *seīm* Saum, *troūm*, *treīm* Traum, *rouχ*, *röiχ* Rauch, *štoup*, *štöip* Staub.

§ 96. *ǫa* lautet zu *ęa* um, mhd. *ô* zu *oe*: *tǫad*, *tęad* Tod, *trǫašt*, *tręašt* Trost, *rǫašt*, *ręašt* Rost, *flǫaχ*, *flęaχ* Floh, *štǫas*, *štęas* Stoss, *tǫas* *tęas* Tosen. Dieser organisch entwickelte Umlaut von *ǫa* zu *ęa* hat auf jene *ǫa* gewirkt, welche mhd. *ei* entsprechen: *rǫaf*, *ręaf* Reif, *šwǫaf*, *šwęaf* Schweif, *štrǫaf*, *štręaf* Streif, *šrǫa*, *šręa* Schrei, *kχrǫas*, *kχręas* Kreis, *šwǫas*, *šwęas* Schweiss, *trǫad*, *tręad* Getreideernte, mhd. *der treid*, *štrǫaχ*, *štręaχ* und *štrǫaχ* Streich, *tǫal*, *tęal* und *tǫal* Teil, *lǫašt*, *lęašt* und *lǫašt* Leisten; ferner noch *šūəm*, *šīəm* Schaum, mhd. *scheim*, *lūəm*, *līəm* Lehm, mhd. *leim*.

§ 97. Die umlautfähigen Maskulina auf *-l̥* bilden den Plural regelmässig durch Umlaut: *nǭgl̥* Nagel, ist das einzige dieser Gruppe, dessen *ǭ* zu *öi* umlautet, und beweist dadurch den frühen Übertritt dieses konson. Stammes zu den *i*-Stämmen: ahd. *negili*, Braune, ahd. Gramm. § 216, 1, § 27, 4. *sǫttl̥*, *sattl̥* Sattel, *hošpl̥*, *hašpl̥* Haspel, *šnǭbl̥*, *šnābl̥* Schnabel, *tǭdl̥*, *tādl̥* Tadel, *štǭdl̥*, *štādl̥* Stadel, *wǭdl̥*, *wādl̥* Wade, *štǭhl̥*, *štāhl̥* Stahl; *moŋgl̥* Mangel und *oŋgl̥* Angel, haben *meŋgl̥*, *eŋgl̥* vgl. oben § 93, *hondl̥* aber hat *handl̥* Handel, *fougl̥*, *föigl̥* Vogel, *moudl̥*, *möidl̥* Form, Modell (mhd. *model*), *gūfl̥*, *gīfl̥* Höhlung in Felsen vgl. § 62, *pukkl̥*, *pikkl̥* Bückel, *fǫartl̥*, *fęartl̥* Vorteil, selbst *mǫassl̥* Meissel, bildet *męassl̥*. Nie tritt der Umlaut ein bei *sūgl̥* Sauglamm, *pūdl̥* Pudel, *humml̥* Hummel, Plur. *sūgl̥*, *pūdl̥*, *humml̥*. In *öpfl̥* Apfel, ist die umgelautete

Form auch in den Singular gedrungen. Ahd. *aphul* Plural *ephili*; nach dem Plural ist ein Singular **aphil* gebildet worden, dem *öpfl̦* entspricht (**aphil* wurde zu *ephil*), Plur. *öpfl̦*. *štaffl̦* Staffel, Stufe, *kχlaffl̦* Klöpfel mhd. *kleffel*, haben im Singular einen umgelauteten Vokal; aus dem ahd. Plural **staffali*, *klaffali*, in welchem *a* bereits vom *i* der Schlusssilbe afficiert gewesen sein muss, konnte späteres *steffel kleffel* mit dem offenen Umlauts-*e* hervorgehen und den Singular beeinflussen. Die Plurale lauten heute *štaffl̦*, *kχlaffl̦*.

§ 98. Auch die Substantive auf *-ər* haben im Plural Umlaut: *summər*, *simmər* Sommer, *kχummər*, *kχimmer* Kummer, *tsūwər*, *tsīwər* Zuber, *šouwər*, *šöiwər* Schober, *ǫkχər*, *akχər* Acker, *hoūmər*, *heīmər* Hammer, *oūmər*, *eīmər* Verlangen, Begierde ahd. *âmar*, *joūmər*, *jeīmər* Jammer, *ǫŋŋər*, *eŋŋər* Anger; die Analogiebildung hat also überall die historisch berechtigten Lautformen beeinträchtigt. *tsāhər* Plural *tsāhər* Zähre, hat im Singular Umlaut wie die im vorigen § genannten *štaffl̦*, *kχlaffl̦*. Nur *wuəχər* Wucher, bildet den Plural ohne Umlaut: *wuəχər*.

§ 99. Die Wörter auf *-ə* (mhd. *-en*, *o*-Stämme) lauten alle um: *wǭgə*, *wāgə* Wagen, *fǭdə*, *fādə* Faden, *hǭfə*, *hāfə* Hafen, *poudə*, *pöidə* Boden, *oufə*, *öifə* Ofen, *tūrə*, *tīrə* Turm (setzt *turen* aus mhd. *turn* voraus), *tsǫarə*, *tsęarə* Zorn, *dǫarə* hat zwei Plurale mit verschiedener Bedeutung: *dǫarə* Schliessdorn einer Kette, *dęarə* Dornen 'spinae'; auch ein Singular *dęarə* 'spina' ist häufig gebraucht. Es ist möglich, dass der Singular *dęarə* schon sehr alt ist. Im Ahd. flektiert der ursprüngliche *u*-Stamm *dorn* nach der *o*-Deklination, Braune, ahd. Gramm[2] § 229, 1; es kann nun sehr wohl sein, dass im Ahd. auch ein Plural nach den *i*-Stämmen gebildet wurde, dass dann *dorni* den Singular beeinflusste.

§ 100. Jene Wörter, deren Stammvokal nicht umlautfähig ist, bieten keine Besonderheiten. Sie haben im Plural dieselbe Form wie im Singular. Zu den Vokalen, die nicht umgelautet werden können, gehört auch das *a* der Ma. Einige Beispiele mögen die hiehergehörigen Gruppen veranschaulichen: *štrikχ* Plur. *štrikχ*, Strick, *šrit* Sing. und

Plur. Schritt, *trīb* Trieb; *kχneχt* Knecht, *herpšt* Herbst, *wöig* Weg; *triəl* Unterlippe (mhd. *triel*), *wiərt* Wirt, *diəb* Dieb; *štaig* Steig, *kχail* Keil, *štrait* Streit; *parg* Berg, *marš* Marsch; *fiŋŋər* Finger, *widər* Widder; *griffl̥* Griffel, *paihl̥* Beil, *šlissl̥* Schlüssel, *štempfl̥* Stössel (mhd. *stempfel*); *söigə* Segen, *röigə* Regen; *kχīnig* König, *piədlig* (*piərl-*) Heubündel (§ 43), *jādlig* einjähriges Stück Vieh, *hampflig* Hänfling, *hantšig* Handschuh, *saidlig* (*sairl-*) Säuerling, *laŋŋəts* Lenz (mhd. *lengez*).

§ 101. Mehrere Substantive bilden den Plural durch die Endung *-ər*, mit der auch Umlaut des Stammvokals verbunden ist. Ausgegangen ist diese Bildung von den Sächlichen, bei denen sie die regelmässige ist, und in das Maskulinum durch solche Wörter gedrungen, die männlichen und sächlichen Geschlechtes waren. *qart* Plur. *ęartər* Ort (heute noch m. und s.), *šilt*, *šiltər* Schild, *grint*, *grintər* Kopf (mhd. *grint*), *lqab*, *lęawər* und *lqab* Laib. Regel ist diese Pluralbildung bei jenen einsilbigen Mask. geworden, welche im Mhd. auf Lenis *n* endigten. Das *n* ist geschwunden, der vorhergehende Vokal nasaliert: *mo͂u*, *mandər* Mann, *tsau͂*, *tsäu͂r* Zaun, *kštrau͂*, *kštrau͂r* wälschtirol. *castraun* ital. *castrone*, *sũ*, *sĩr* Sohn, *lũə*, *lĩər* Lohn; immer ohne Umlaut sind *štũə*, *štũər* Stein, *rũə*, *rũər* Rain; man kann darin den Beweis erblicken, dass die Endung *-er* sich bei diesen Wörtern frühe schon festgesetzt hat, zu einer Zeit als mhd. *ei* in der Mundart noch nicht zu dem umlautfähigen *qa* (*ũə*) sich entwickelt hatte. Schon Oswald von Wolkenstein hat *steiner*. Auch das aus dem Nhd. in die Mundart gedrungene *fərãi* Verein, hat im Plur. *fərãir* wie *šãi* Schein, *šãir*. *mo͂unət* (m. und s.) Monat, Plur. *mo͂unətər* und *mo͂unət*, an dieses scheinen sich angeschlossen zu haben: *q̄wət* Abend, *äwət* und *äwətər*, *sǫlət* Salat, *sälətər*, *špǭgət*, Spagat, *špägət* und *špägətər*. Häufig bilden einen Plural auf *-ər* die Namen der Wochentage: *suntig* Sonntag, *suntig* und *suntigər*, analog die übrigen auf *-ig*: *mätig*, *erχtig*, *pfinstig*, *fraitig*, *somstig*, Montag, Dienstag, Donnerstag (mhd. *pfinztag*), Freitag, Samstag.

Die *n*-Stämme.

§ 102. Die männlichen *n*-Stämme haben sich im Singular zu zwei Gruppen entwickelt. Die eine zeigt die Form des Nom. über den Dat. und Acc. ausgedehnt; mhd. *bote* erscheint als *pout* und dies ist die Form des Singulars, der Plural lautet *pouta*, entsprechend mhd. *boten*. Die zweite Gruppe hat im Nom. die Form des Dat. Acc., der ganze Singular lautet auf -*ə* aus ebenso der Plural: *šlītə* Plur. *šlītə* Schlitten.

§ 103. Zur ersten Gruppe gehören alle Substantive, welche Lebewesen bezeichnen: *kχnǫp* Plur. *kχnǫppə* Knappe, *šits*, *šitsə* Schütze, *pökχ*, *pökχə* Bäcker (mhd. *becke*), *hęar*, *hęarə* Herr, *prints*, *printsə* Prinz, *ksöll*, *ksöllə* Geselle, *kχilf*, *kχilffə* Gehilfe, *šörg*, *šörgə* Scherge, *örb*, *örwə* Erbe, *grǭf grǭffə* Graf, *tsuig*, *tsuigə* (*tsaig*, *tsaigə*, mhd. *ziuge* und *geziuge* voraussetzend; die Urkunden haben immer *des sind* (*sein*) *gezuigen*, *gezeugen*) Zeuge, *pirg*, *pirgə* Bürge, *nǫrr*, *nǫrrə*, Narr, *frǫts*, *frǫtsə* Fratz (übles Kind), *puə*, vgl. § 65, *puəwə* Bube, *föttər*, *föttərə* Vetter; *firšt*, *firštə* Fürst, *mentš*, *mentšə* Mensch. Nur schwach sind in der Mundart: *rīs*, *rīsə* Riese, (ahd. *riso* und *risi*), *paur*, *paurə* Bauer. Dieser Klasse der schwachen Substantive haben sich alle Fremdwörter angeschlossen: *sǫldǭt*, *sǫldǭtə* Soldat, *šendarm*, *šendarmə* Gensdarm, *affəkχāt*, *affəkχātə* Advokat, *kχontslišt*, *kχontslištə* Kanzlist, *rekχrut*, *rekχruttə* Rekrut, *kχumədant*, *kχumədantə* Kommandant u. a. m. Völkernamen: *pǫar*, *pǫarə* Baier, *šwǭb*, *šwǭwə* Schwabe, *sǫks*, *sǫksə* Sachse, *šwöid*, *šwöidə* Schwede, *prais*, *praisə* Preusse, *waltš*, *waltšə* Wälsche, *frantsous*, *frantsousə* Franzose, *tirk*, *tirkə* Türke, *kχrǫwǫt*, *kχrǫwǫttə* Kroat, *poul*, *poulə* Pole, *jūd*, *jūdə* u. a. Familiennamen mit betonter letzter Silbe: *wöirts*, *wöirtsə* Wörz, *renn*, *rennə* Renn. Mhd. *christen*, *heiden* haben sich diesen angeschlossen: *kχrišt*, *kχrištə*, *hǫad*, *hǫadə* und *haid*, *haidə*. Tiernamen: *hǭs*, *hǭsə* Hase, *pęar*, *pęarə* Bär, *oks*, *oksə* Ochse, *rǫts*, *rǫtsə* Ratte (mhd. *ratze* M.), *rǫp*, *rǫppə* Rabe, *löib*, *löiwə* Löwe, *ǫff*, *ǫffə* Affe, *fiŋkχ*, *fiŋkχə* Fink, *špǭts*, *špǭtsə* Spatz, *štār*, *štārə* Staar, *šnepf*, *šnepfə* Schnepfe, *hāšrökχ*, *hāšrökχə* Heuschrecke, *gair*, *gairə* Geier (mhd. st. und schw.), *hiərš*, *hiəršə* Hirsch.

§ 104. Zur zweiten Gruppe gehören alle unpersönlichen schwachen Stämme. Singular und Plural lauten gleichförmig auf *-ə* aus. Einige Beispiele: *šlitə* Plur. *šlītə* Schlitten, *rūəmə* Riemen, *štökχə* Stecken, *širpə* Scherbe (westgerm. **skirbj-* voraussetzend, § 61), *šiŋkχə* Schenkel, *raiffə* Reifen (mhd. *rîfe* pruina); *gǫrtə* Garten, aber *poŋŋərt* Baumgarten, *hūəŋert* Heimgarten, Plur. *peŋŋərt*, *hūəŋərt*.

Anm. Zu erwähnen sind einige unpersönliche Wörter, die im Singular die apokopierte Form des Nom. haben: *moū* Mond (mhd. *māne*), *mǫa* Mai selten *mǫaijə* (mhd. *meic*), *möirts* März (mhd. *merze*). Plurale dazu kommen nie vor. Mhd. *smërze* hat im Singular selten *šmartsə* neben *šmarts*, im Plural *šmartsə*; *psǫlm*, *psǫlmə* Psalm, steht unter fremdem Einflusse.

§ 105. Mehrere der hiehergehörigen Wörter bilden ihren Plural heute durch Umlaut des Stammvokals in Anlehnung an die *o*- und *i*-Stämme: *šrǭgə* Plural *šrāgə* Schragen, *kχrǭgə* Plur. *kχrāgə* Kragen, *mǭgə*, *māgə* Magen, *šǭdə*, *šādə* Schaden (die ursprüngliche Form des Nom. ist erhalten in *əs išt šǭd* es ist schade), *lǭdə*, *lādə* Laden, *pǭrə*, *pārə* Barn (ahd. *parno*), *wǭsə*, *wāsə* Rasen, *grǭwə*, *grāwə* Graben, *pǫkkə*, *pakkə* Backen, *kχǫštə*, *kχaštə* Kasten, *pǫtsə*, *patsə* Knollen aus Kot, Teig, *kχǫrrə*, *kχarrə* Karren, *pǫlkχə*, *palkχə* Balken, Fenster, *gǫlgə*, *galgə* Galgen, *pǫllə*, *pallə* Ballen (aber Plural *šnęapǫllə* Schneeballen), *foūnə*, *feīnə* Fahne (nur mask.), *droūmə* Plur. *drāmə* und *dreīmə* Dachbalken (mhd. st. und schw.), *noūmə* Plur. *neīmə* und *nāmə* Name, *soūmə*, *seīmə* und *sāmə* Samen; *roūmə* Rahmen und *gədoŋkχə* Gedanken (mhd. *gedanc* und *gedanke*) haben nie Umlaut. Schwache Mask. mit kurzem *o* im Stamme lauten nie um: *prokχə* Plur. *prokχə* Brocken, *kχnoχχə* Knochen, *kχolwə* Kolben, *štollə* Stollen, *kχnollə* Knollen, *sokχə* Socken, *pfoštə* Pfosten, *tropfə* Tropfen, zu *tsopfə* Zopf (Schmeller bair. Wörterb.[2] II. 1145) ist eine häufige Nebenform *tsopf* Plur. *tsöpf*. Gedehntes mhd. *o* lautet um in: *pougə*, *pöigə* Bogen, *šroufə*, *šröifə* Schrofen, nicht aber in: *kχnoudə* Knöchel. *u* in *prunnə*, *prinnə* Brunnen, *au* in *hauffə*, *haiffə* Haufen; dagegen: *putsə* Plur. *putsə* Butzen, *tupfə* Tupfen, *štutsə* Stutzen, *nutsə* Nutzen (heute nur schwach, mhd. st. und schw.), *gãumə* Gaumen, *dãumə* Daumen. Der Umlaut zeigt sich also nur bei *ǫ* vollständig durchgeführt, bei andern Vokalen ist er vereinzelt. Aus der Tatsache, dass das einzige schwache Mask., welches in den Imster Urkunden des 15. Jahrh. vorkommt, mhd. *schade*, durchwegs die Formen Sing. Nom. *schad*, Gen. Dat. Acc. *schaden*, Plur. *schäden* aufweist, ergibt sich, dass der Umlaut an und für sich schon als Charakteristikum des Plurals gefasst wurde und dass nicht erst eine Ausgleichung des Singulars stattgefunden hat, bevor der Umlaut eintrat; es war demnach nicht die direkte Analogie zu etwa mhd. *wagen, faden* als Singular-Formen wirksam; der Plural zeigt sich hier unabhängig von der Singularflexion.

§ 106. Mit abweichender Entwicklung sind zu verzeichnen: *nǫbḽ* Plur. *näbḽ* Nabel, *ermḽ* Plur. *ermḽ* Ärmel, *ũəsigḽ* Einsiedel (ahd. *nabulo, ermilo, einsidilo*). Sie haben sich der grossen Gruppe der starken Mask. auf *-ḽ* angeschlossen. Die Mundart kennt keinen männlichen *n*-Stamm mit einer solchen *l*-Ableitung, welcher der schwachen Flexion erhalten geblieben wäre und auf *-lə* auslauten würde. *gätər* Gatter (ahd. *gataro*) hat im Plur. neben *gätər* seltener *gätərə* als Rest der ursprünglichen Deklination; *kχöifər* Käfer, hat immer *kχöifər*.

Die *jo*-Stämme.

§ 107. Einfache *jo*-Stämme sind selten. Sie haben sich teils der *o*-, teils der *n*-Deklination angeschlossen. Ihre ursprüngliche Flexion muss früh verloren gegangen sein, sonst wäre der Übergang in die *n*-Klasse nicht zu erklären (vgl. Paul, mhd. Gramm. § 121. 1); denn ihr Plural war dem der *o*- und *i*-Stämme gleich und die lautgesetzliche Entwicklung ihrer Deklination hätte zu einem Zusammenfall mit diesen Stämmen geführt. Nur *kχäs* Käse, und *hölp* Axtstiel (mhd. bereits *help*), erscheinen heute wie die starken Stämme, Plural *kχäs*, *hölp*. *rukkə* Rücken, hat im Plural *rukkə* und *rikkə*. *wökkə* Weck; *wǫatsə* Weizen, Plur. auch *wǫatsə*; diese drei sind schwach geworden. *hiərt* Hirt, Plural *hiərtə* flektiert heute wie die persönlichen schwachen Stämme.

§ 108. Die *jo*-Stämme auf ahd. *-âri* haben sich regelrecht entwickelt und lauten im Singular und Plural auf *-ər* aus; im Plural tritt nie der Umlaut ein. Vgl. Singular und Plural *lęarər* Lehrer, *nǫχtwǫχtər* Nachtwächter, *trǫgər* Träger, *mǭdər* Mäher (Bildung zu *mǭd* Mahd). *šuəχtər* Schuster, *raitər* Reiter. *ǫrwətər* Arbeiter. *fiərər* Führer u. a.

Anm. An dieser Stelle sind eine Gruppe von Substantiven auf *-ər* zu nennen. Sie sind von Zeitwörtern abgeleitet, ihre Grundbedeutung ist die einmalige, rasche Tätigkeit; es sind demnach Nomina actionis. Ihrer Flexion nach decken sie sich mit den soeben genannten *jo*-Stämmen auf *-ər*. Vgl. *ritsər* ein einmaliges, rasches Ritzen, *štǫssər* ein unvermuteter, rascher Stoss, *kχlokχər* zu *kχlokχə* klopfen, *fǭrər* das rasche darüber hin Fahren mit der Hand, das Durchzucken zu *fǭrə*, *plintskər* zu *plintskə* blinzen, *plitsər* zu *plitsə* blitzen, *rottlər* zu *rottlə* schütteln, *šittlər* zu *šittlə* schütteln, *lǫχχər* das schrille Auflachen zu *lǫχχə* lachen, *wīsslər* zu *wīsslə* winseln, *drūər* zu *drūə* drehen, *šupfər* zu *šupfə* stossen, *pullər* zu *pullə* bellen, *ūuχtskər* zu *ūuχtskə* ächzen, *tsukχər* zu *tsukχə* zucken, *prillər* zu *prillə* brüllen, *drukχər* zu *drukχə* drücken, *huəštər* zu *huəštə* Husten, *kχurrər* zu *kχurrə* knurren, *špritsər* zu *špritsə* spritzen, *šlipfər* zu *šlipfə* schlüpfen, *wiššər* zu *wiššə* wischen, *kχrǫχχər* zu *kχrǫχχə* krachen; die Beispiele lassen sich häufen. Man vgl. aus dem Nhd. Seufzer, Jauchzer. Bei Schmeller sind solche nur spärlich belegt (bair. Wörterb.[2] II. 231, 708).

§ 109. Reste anderer Stämme. Die wenigen *wo*-Stämme sind mit den *o*-Stämmen zusammengefallen. *šnęu* Schnee, *kχlęa* Klee, *węa* Weh, *pau* Plur. *pau* und *pai* Bau, *sęa* See; *šǫttə* ist schwach geworden und lautet im Plural um: *šattə* Schatten.

Die langsilbigen *u*-Stämme sind bereits im Ahd. (Braune, ahd. Gramm.[2] § 229) zu den *o*- und *i*-Stämmen übergetreten. Von den kurzsilbigen kommen nur noch *sīg* Sieg. und *frīd* Friede. vor; *frīdə* verrät nhd. Einfluss. *sū* Sohn. ist bereits behandelt (§ 101). *sittə* ist heute weiblich. Die drei Verwandtschaftsnamen *pruədər* Bruder, *šwǭgər* Schwager, *fǭtər* Vater. bilden den Plural durch Umlaut: *priədər*, *šwāgər*, *fātər*: daneben auch, wohl in Anlehnung an *föttər* (§ 103), ein *fātərə*.

Anm. Die urkundlichen Belege für die Deklination des starken Mask. zeigen folgende Verhältnisse: Der Gen. Sing. hat immer *s* (*briefs*, *kaufs*, *pharrers*, *Huebers*, *mangels*); der Dativ ist ohne Endung, nur

1471 *an sant Veitz tage.* Im Plur. sind der Nom. Gen. Acc. immer ohne Endung, der Dat. hat ohne Ausnahme *-en*. Von umlautfähigen sind belegt: Acc. 1468 *ägker*, *agker*, *mängl*, 1524 *bäch*, *ständt*, Dat. 1471 *Nützn*, 1524 *margtstägen*, das in einem Zusatz von späterer Hand *morkhtstagen* geschrieben ist. Der Dat. Plur. ist also noch nicht den übrigen Kasus angeglichen worden; dass dies auch in der Mu. zu dieser Zeit noch nicht der Fall war, wird durch die Tatsache wahrscheinlich gemacht, dass das vordere Ötztal den Dat. Plur. heute noch auf *n* bildet: *laitn̥* Leuten, *haisarn̥* Häusern, *kχiən̥* Kühen. Die übrigen Kasus haben den Endungsvokal verloren. Der Umlaut im Plural erscheint ebenfalls über die *o*-Stämme ausgedehnt; das Nebeneinander von *ägker* und *agker* 1468, *margtstägen* und *morkhtstagen* 1524 ist bloss durch den Schreibgebrauch veranlasst, die *a* sind ebenso als Umlautsvokale (§ 37) aufzufassen wie die *ä*.

Das schwache Mask. zeigt den Nom. durchwegs ohne Endung, den Gen. Dat. Acc. dagegen immer auf *en*, *n* gebildet. Vgl. z. B. Nom. 1448 *Gerhab*, *her*, *Hanns*, 1450 *schad*; Gen. *herren*, *fürsten*, *perchtolden*, *Hannsen*, *Micheln*, *Matheisen*, *Jörgen*; Dat. *hannsen*, *namen*, *garten*, *Jacoben*, Acc. *prunnen*, *schaden* u. s. w. Da der einzige Nom. der unpersönlichen schwachen Mask., den die Urkunden bieten, die Apokope des mhd. *e* zeigt, 1450 *schad*, und andrerseits alle persönlichen schwachen Mask. den Nom. apokopiert haben (1448 *graue zu Tyrol*, 1450 *graffe zu Tyrol* sind starre Wendungen), den Gen. Dat. Acc. aber auf *en* bilden, so muss man schliessen, dass die heute geltende Trennung zwischen persönlichen und unpersönlichen *n*-Stämmen damals noch nicht vorhanden war; die Ratsprotokolle des 17. Jahrh. aber weisen sie auf; es kommt dort kein apokopierter Nom. von unpersönlichen Mask. vor, wohl aber apokopierte Dat. Acc. von persönlichen. Der Plur. hat in allen Kasus *en*; die beiden einzigen belegten umlautfähigen sind 1450 *schäden* Gen. Acc., 1451 *prunnen* Nom. Gen. Acc.; soweit daraus, dass kein umlautfähiges mit *a* vorkommt, welches nicht den Umlaut hätte, Schlüsse gezogen werden können, zeigt sich, dass der Plural analog zu den starken Mask. Umlaut annehmen konnte, auch ohne dass die Kasus des Sing. ausgeglichen waren. *prunnen* ist ohne Umlaut: die betreffende Urkunde schreibt *für*, *würden*, bezeichnet also das umgelautete *u*.

B. WEIBLICHE SUBSTANTIVE.

Die *â*- und *jâ*-Stämme.

§ 110. Der Singular geht im Mhd. in allen vier Kasus auf *-e* aus; die Mundart hat diese Endung in lautlicher Entwicklung verloren. Demnach bleibt es der Beobachtung entzogen, ob und inwieweit in der Mundart die im Ahd.

ohne Endung erscheinende Form des Nom. (Braune, ahd. Gramm.[2] § 207. 2) vorhanden gewesen ist. Der Singular mhd. *gâbe* erscheint als *gǭb* Gabe. Der Plural hat in allen Kasus die Endung *-ə*, welche auf *-en* zurückgeht; diese kommt im Mhd. nur dem Gen. Dat. Plural zu. Sie hat sich über den Nom. Acc. ausgedehnt, gewiss unter Einfluss der schwachen Feminina, die im Plural im Mhd. *-en* haben. Dieselbe Entwicklung wie *gǭb : gǭwə* haben folgende *â*-Stämme: *gnǭd*, *gnǭdə* Gnade, *hart*, *hartə* Herde, *tsǭl*, *tsǭlə* Zahl, *kχwǭl*, *kχwǭlə* Qual, *ęar*, *ęarə* Ehre, *lęar*, *lęarə* Lehre, *sęal*, *sęalə* Seele, *ęa*, *ęaijə* (vgl. § 5) Ehe, *ęart*, *ęartə* Erde, *huət*, *huətə* Hut, das Hüten, *fuər*, *fuərə* Fuhre, *pit*, *pittə* Bitte, *špais*, *špaisə* Speise, *fröid*, *fröidə* Freude, *šond*, *šondə* Schande, *šīd*, *šīdə* Scheidung, das Absondern, *rǫas*, *rǫasə* Reise, *puəs*, *puəssə* Busse, *grents*, *grentsə* Grenze, *pōū*, *pōūnə* Bahn, *pū̃*, *pū̃nə* Pein, *gmuə̃*, *gmuə̃nə* Gemeinde, *wǫad*, *wǫadə* Weide, *šuld*, *šuldə* Schuld, *šuəl*, *šuələ* Schule, *hǭb (hǭwə)* Habe, *štrǭf*, *štrǭffə* Strafe, *fǫrb*, *fǫrwə* Farbe, *wǭg*, *wǭgə* Wage, *kχlǭg*, *kχlǭgə* Klage, *frǭg*, *frǭgə* Frage, *aussǭg*, *aussǭgə* Aussage, *oūtsǫag*, *oūtsǫagə* Anzeige, *sǫχ*, *sǫχχə* Sache, *šprǭχ*, *šprǭχə* Sprache, *ǭχ*, *ǭχə* Ache, *sǫrg*, *sǫrgə* Sorge, *folg*, *folgə* Folge, *truəg*, *truəgə* Traglast, *lūg*, *lūgə* Lüge (setzt ein * *luga* voraus) *lǭg*, *lǭgə* Lage, *holtslöig*, *-löigə* Holzlege, *mištlöig* Mistlege, *paiχt*, *paiχtə* Beicht, *šnaid*, *šnaidə* Schneide, Wagemut, „Schneid" (der Flurname *šnaidə* fordert ein schwaches mhd. *snîde*), *šonts*, *šontsə* Schanze, *pflöig*, *pflöigə* Pflege, *rui*, *ruijə* Reue, *fair*, *fairə* Feier, *fǫrχt*, *fǫrχtə* Furcht, *wais*, *waisə* Weise, *wǫχt*, *wǫχtə* Wacht, *wǫχ*, *wǫχχə* Wache, *wail*, *wailə* Weile, *pǭr*, *pǭrə* Bahre, *wid*, *widə* Strang aus Zweigen, *šǭr*, *šǭrə* Schar, *au*, *auə* Au, *hilf*, *hilfə* Hilfe, *kfǭr*, *kfǭrə* Gefahr, *möss*, *mössə* Messe, *štimm*, *štimmə* Stimme, *pit* das Warten (auf eine Schuld ohne Schein. mhd. *bite*), *mǫas*, *mǫassə* gerodeter Waldstrich. — Die *jâ*-Stämme sind im Mhd. bereits mit den *â*-Stämmen zusammengefallen: *sind*, *sində* Sünde, *höll*, *höllə* Hölle, *röid*, *röidə* Rede, *ripp*, *rippə* Rippe, *kχlemm*, *kχlemmə* Klemme, *treŋkχ*, *treŋkχə* Tränke, *štuir*, *štuirə* Steuer (vgl. § 54). Ferner gehören hierher alle mit der Ableitung auf *-uŋ* (ahd. *ung*, *unga*): *tsiəhuŋ* Ziehung

Plur. *tsiəhuŋə*, *mīənuŋ*, *mīənuŋə* Meinung, *falduŋ*, *falduŋə* Faldung, *tsaituŋ*, *tsaituŋə* Zeitung, *lǫasuŋ*, *lǫasuŋə* Erlös, *hoffnuŋ*, *hoffnuŋə* Hoffnung, *ǫχtuŋ*, (*ǫχtuŋə*) Achtung, *pössəruŋ* Besserung, *fərsomluŋ*, *fərsomluŋə* Versammlung u. a. Die wenigen Feminina auf *-nis* haben im Plural *nissə*; vom Standpunkt der Mundart aus kann nicht mehr beurteilt werden, ob ahd. *nissî* oder *nissja* zu Grunde liegt (Braune, ahd. Gramm.[2] § 201. 1) *fārnis*, *fārnissə* fahrendes Gut, *finštərnis*, *finštərnissə* Finsternis, *pəgröibnis*, *pəgröibnissə* (auch sächlich) Begräbnis, *wildnis*, *wildnissə* Wildnis, *pšwār-nis*, *pšwārnissə* Beschwerlichkeit, *pədreŋnis*, *pədreŋnissə* Bedrängnis. Die Feminina auf mhd. *inne* (*jâ*-Stämme) gehen im Singular auf *-in* aus; daneben kommt seltener *-ņ* vor; der Plural lautet *-innə*, sie schliessen sich also den starken Stämmen an. *pairin* und *pairņ*, *pairinnə* Bäuerin, *wiərtin*, *wiərtņ*, *wiertinnə* Wirtin, *haisərin*, *haisərņ* Häuserin u. a. Die Wörter auf *-ai* (nhd. *-ei*) haben im Plural *aijə*, *šwāīnə-rai*, *šwāīnəraijə* Schweinerei, *littənai*, *littənaijə* Litanei, *šin-tərai*, *šintəraijə* Schinderei, *sennərai*, *sennəraijə* Sennerei, *liəwəlai*, *liəwəlaijə* Liebelei, *šraiwərai*, *šraiwəraijə* Schreiberei. Dieselbe Pluralbildung haben auch alle auf einen Konsonanten ausgehenden Fremdwörter: *pröidig*, *pröidigə* Predig, *nǫtūr*, *nǫtūrə* Natur, *figūr*, *figūrə* Figur, *ūr*, *ūrə* Uhr, *fabrikχ*, *fabrikχə* Fabrik, *mūsig*, *mūsigə* Musik, *ass*, *assə* Ass im Kartenspiel, *meditsī*, *meditsīnə* Medizin, *mikstūr*, *mikstūrə* Mixtur, *prantš*, *prantšə* Branche, Trupp, *pošt*, *poštə* Post, *kχitār*, *kχitārə* Guitarre.

Die *ân*- und *jân*-Stämme.

§ 111. Im Mhd. ging der Nom. Singular auf *-e* (*zunge*) aus, die übrigen Kasus des Singulars und die des Plurals hatten die Endung *-en*. Die Mundart hat im Sing. und Plur. *-ə*, also den Nom., der * *tsuŋŋ* mit Abwerfung des *-e* lauten sollte, den übrigen Kasus angeglichen. Bei manchen Wörtern kann ein abweichender Plural gebildet werden auf *-nə*: *štūwə*, Plur. *štūwə* und *štūbnə* Stube, *štaudə*, Plur. *štaudə* und *štaudnə* Staude, *kχirχə*, Plur. *kχirχə* und *kχirχnə*. Doch ist diese Pluralbildung keine feststehende; sie kann nicht bei allen Femininen verwendet werden, jedoch bei allen auch fehlen. Ihre Entstehung erklärt sich am einfachsten so: für die *â*-Stämme muss eine Deklination *gâb*, Plur. *gâben* vorausgesetzt werden, da der Abfall des auslautenden *-e* früher erfolgte, als der des *-n*. Für die *ân*-Stämme setzen die heutigen Verhältnisse einen Sing. *stuben*, Plur. *stuben* voraus. Aus *gâb* : *gâben* entnahm das Sprachgefühl ein Plural bildendes *-en*, welches nun neu an *ân*-Stämme trat: wie *gâben* zu *gâb* bildete man *stubenen* zu *stuben* und aus *stubenen* hat sich das heutige *štūbmə* entwickelt. Jetzt hat diese Gleichung keine Geltung mehr. Die Pluralendung *-nə* kommt fast ausschliesslich schwachen Stämmen zu.

§ 112. Bereits in ahd. Zeit sind *â*-Stämme in die Deklination der *ân*-Stämme übergetreten; die Mundart hat eine Reihe von Beispielen aufzuweisen. Eine genaue Scheidung der heute im Sing. auf *-ə* auslautenden weiblichen Stämme in ursprünglich starke und schwache ist nicht immer möglich (Braune, ahd. Gramm.[2] § 208, 2). Ursprünglich stark flektierten: *wompə*, Plur. *wompə* und *wompmə* Bauch (ahd. *wamba*) *ǫrχə* Ufermauer, *gruəwə*, Plur. *gruəwə* und *gruəbmə* Grube, *maurə*, Plur. *maurə* und *maurnə* Mauer, *portə* Borte, *saitə*, Plur. *saitə* Seite, *wundə* Wunde, *hǫadə* Heiderich, *štaudə* Staude, *mailə* Meile, *sǫlwə* Salbe, *šǫrtə* Scharte, *pintə* Binde, *rintə* Rinde, *wində* Winde, *šruntə* Schrunde, *štaigə* Hühnersteige; *prukkə* Brücke, *hittə* Hütte, *kχrippə* Krippe, *šairə* grosser, leerer Raum, Scheuer, und wohl noch andere der auf *-ə* auslautenden Feminina, für die mir keine Belege starker Formen zu Gebote stehen. Die Aufzählung der *â*- (*jâ*-) Stämme bei Grimm, Gramm. I, ist nicht erschöpfend.

§ 113. Die Wörter, welche im Plural neben der Form des Singulars, also der regelmässigen Entwicklung, die Bildung auf *-nə* haben, sind: *pfaiffə*, *pfaiffnə* Pfeife, *šaiwə*, *šaibmə* Scheibe, *sǫaffə*, *sǫaffnə* Seife, *šupfə*, *šupfnə* Schuppen, *kχluppə*, *kχluppmə* Kluppe, *wippə*, *wippmə* Witwe, *glūfə*, *glufnə* Stecknadel, *šwǫlwə*, *šwǫlbmə* Schwalbe, *housə*, *housnə* Hose, *mǫsə*, *mǫsnə* Narbe, Fleck (mhd. *mâse*), *nǫsə*, *nǫsnə* Nase, *pǫsə*, *pǫsnə* Base, *taššə*, *taššnə* Tasche, *gǫssə*, *gǫssnə*

Gasse, *kχrǫtsə, kχrǫtsnə* Kratze, Spaten, *kχǫtsə, kχǫtsnə* Katze, *špritsə, špritsnə* Spritze, *pflontsə, pflontsnə* Pflanze, *šǫadə, šǫadnə* Scheide, *kχirχə, kχirχnə* Kirche, *kχaiχə, kχaiχnə* Gefängnis, *hǫkχə, hǫkχnə* Hacke, *štiəgə, štiəgnə* Stiege, *glokkə, glokkŋə* Glocke, *šlǫgə, šlǭgŋə* Schlagfalle, *trūhə, trūhnə* Truhe, *plǭhə, plǭhnə* Blahe, *sǭgə, sǭgŋə*, Säge, *suppə, suppmə* Suppe; vereinzelt haben auch noch andere Wörter diese Bildung des Plurals; doch ist ihre Anwendung nach meinem Sprachgefühl individuell und nicht allgemein in Gebrauch. Gehört habe ich Plurale wie: *šmittnə* zu *šmittə* Schmiede, *flǫššnə* zu *flǫššə* Flasche, *kχlausnə* zu *kχlausə* Klause, Verhau beim Holzrichten, *taubmə* zu *tauwə* Taube, *štrǫssnə* zu *štrǫss* Strasse, *ǫlbmə* zu *ǫlb* Alpe, *kχlassnə* zu *kχlass* Klasse, *fabrikχnə* zu *fabrikχ* Fabrik.

§ 114. Von schwachen Femininen, die den Singular und Plural gleich haben, seien angeführt: *wöšpə* Wespe, *gǫrwə* Garbe, *silwə* Silbe, *hauwə* Haube, *rūfə* Eiterkruste, (zu ahd. *hruf*), *ǫšpə* Espe, *šölfə* Schale von Früchten (ahd. *sceliva*), *kχipfə* Wagenleiste, *kχǫlwə* weibl. Rind, das zum erstenmal trächtig ist (zu Kalb), *soulə* Sohle, *šǭlə* Schale, *nǭlə* Ahle (vgl. § 73), *rollə* Rolle, *šallə* Schelle, *šnǫllə* Schnalle, *tsailə* Zeile, *wollə* Wolle, *failə* Feile, *nallə* Genick (zu ahd. *hnël* Hinterhaupt), *kχǫppə* Kappe, *plūəmə* Blume, *hommə* Schenkel (ahd. *hamma*), *pfrauˀmə* Pflaume, *höifommə* Hebamme, *rǫusə* Rose, *lǫasə* Wagenspur, im Plur. Geleise, *wīsə* Wiese, *lǫttə* Latte, *tuttə* Zitze, *kχroutə* Kröte, *sǫatə* Saite, *plǫttə* Platte, *niətə* Niete, *wontsə* Wanze, *štaltsə* Stelze, *wǫltsə* Walze, *šǫatə* Hobelspan, *šwǫrtə* Schwarte, *kχruštə* Kruste, *pirštə* Bürste, *kχarštə* Kirsche, *wartsə* Warze, *štöftə* Stift, *hǫftə* Hafte, *pfonnə* Pfanne, *rinnə* Rinne, *šīnə* Schiene, *lānə* Lawine, *pīnə* Bühne, Bretterboden, *tonnə* Tanne, *sunnə* Sonne, *wonnə* Wanne, *nunnə* Nunne, *tinnə* Stirn (mhd. *tinne*), *kχrinnə* Kerbe, Rinne (mhd. *krinne*), *lūənə* Lehne (mhd. *leine*), *lukχə* Lücke, *faigə* Feige, *fluigə* Fliege, *larχə* Lerche, *woχχə* Woche, *šlęahə* Schlehe, *fuəgə* Fuge, *wiəgə* Wiege, *tsiəχə* Zieche, Decke, *puəχə* Buche, *pirχə* Birke, *sǫlhə* Weide (mhd. *salhe*), *špǫaχə* Speiche, *saihə* Seihe, *tsǫrgə* Zarge, *tsuŋŋə* Zunge, *štoŋŋə* Stange, *šliŋŋə* Schlinge, *šloŋŋə* Schlange, *tsoŋŋə* Zange, *kχliŋŋə* Klinge, *paijə* Biene (mhd. *bie*), *diərnə* Dirne; *lökkə* Holzschicht (zu ahd. *leggen*), *ökkə* Egge, *kχöirtsə* Kerze, *dillə* Dachboden (vgl. nhd. Diele), *lãnə* Leine, *kχrukχə* Krücke, *mukkə* Mücke, *prukkə* Brücke, *heŋŋə* Hängvorrichtung, Gestell, das an der Wand hängt, *kχöllə* Kelle, *triəssə* Drüse, *prittə* schmales Brettchen (germ. **bridjôn-*), *pailə* Beule, *faiχtə* Fichte, *hennə* Henne, *tsillə* Zülle, Schiffchen, *honthöiwə* Handhabe.

§ 115. Die mehrsilbigen Feminina mit der Ableitung *-ala*, *-ila*, *-ula*, *-ara* u. s. w. gehen heute alle auf *-ə* bezw. auf *-lə*, *rə* aus. Die hierher fallenden Stämme sind also alle schwach geworden. Die Mundart kennt kein mehrsilbiges Femininum auf *-l*, *-r* (im Gegensatz zum grössten Teile des Bairisch-Österreichischen, wo diese Feminina alle auf *-l*, *-r* ausgehen). *nǫdlə* Nadel, *kχūglə* Kugel, *gǫwlə*, Gabel, *kχǫχlə* Kachel, *siχlə* Sichel, *šisslə* Schüssel, *mušlə* Muschel, *ǫsslə* Assel, *gǫasslə* Geissel, *prennösslə* Brennessel, *šǫχtlə* Schachtel, *hǫttlə* Ziege (mhd. *hatele*), *tǫflə* Tafel, *tǫχtlə* Dachtel, Ohrfeige, *luŋglə* Lunge (und *luŋŋə*), *kχǫndlə* Kanne (mhd. *kanele*), *mondlə* Mandel, *waidlə* Weide, *gromlə* Flachsbreche (vgl. Schmeller, bair. Wörterb.[2] I, 995), *šindlə* Schindel, *šauflə* Schaufel, *ǫrglə* Orgel, *driššlə* Drischel, *wǫlglə* Ballen (vgl. mhd. *welgeln*), *pǫpplə* Pappel, *gurglə* Gurgel, *daikslə* Deichsel, *kχǫntslə* Kanzel, *nūdlə* Nudel, *wǫχtlə* Wachtel, *haχlə* Hechel, *šwöiglə* Schwegel, *grušplə* Gruspel, *omšlə* Amsel, *ǫkslə* Achsel, *špindlə* Spindel, *hǫslə* Haselnuss, *wurtslə* Wurzel (und *wurtsə*), *fǫkχlə* Fackel, *tsusslə* unordentliches Weib, *öidlə* Erle, *omplə* Ampel; dass *rēgl̥* Regel, und *pāsl̥* Base, mundartliche Lehnwörter sind, ist leicht zu ersehen; *ǭdərə* Ader, *ǫtərə* Natter, *plǭtərə* Blatter, Blase, *ǫlštərə* Elster, *šǫltərə* Barnbaum, an welchem die Ketten hängen (vgl. nhd. Schalter), *hǫlftərə* Halfter, *kχommərə* Kammer, *nummərə* Nummer, *kχlompərə* Klammer, *eŋŋərə* grosser Anger, fast nur als Flurname gebraucht (zu 'Anger'), *löiwərə* Leber, *föidərə* Feder, *kχilwerə* junges weibl. Schaf (ahd. *chilpurrea*), *špiltərə* Zaunspilter, *šiltərə* Splitter, *tsittərə* Zither, *lǫatərə* Leiter, *raitərə* Kornsieb (mhd. *rîtere*). Auf *-ə* auch im Singular lauten auch alle folgenden aus (abweichend vom

Bairischen im allgemeinen): *söigəsə* Sense (mhd. *segense*), *siŋŋəsə* Schelle (Schöpf, tirol. Id. S. 675), *ommasə* Ameise, *pimməsə* Binse, *pǫχχətə* Speckseite (zu ahd. *pacho*), *öigərtə* Wiesenfleck (mhd. *egerte*), *tsügətə* Holzlast, welche am Boden geschleift wird (zu 'ziehen'), *lwənətə* an einen Baum gelehnter Holzhaufen, *gossətə* in einer Pfanne kalt gewordenes Schmalz (zu 'giessen'), *heŋŋətə* eine Reihe aufgehängter Gegenstände. Als schwach flektierend werden für die Mundart vorausgesetzt: *kχöttnə* Kette, *fẹaršnə* Ferse, *kχištnə* Kiste; auf einen starken Stamm weist *kχuχχə* Küche, weil **kχuχχnə* zu erwarten wäre, falls ein schw. ahd. *kuchina* vorläge; schwach ist *pīrə* Birne.

Die ursprünglich schwachen Stämme *frau* Frau, *huər* Hure, zeigen im Singular heute eine starke Form, beide wohl unter nhd. Einfluss. Vgl. die schwachen Formen in der Zusammensetzung: *frauətǫg* Frauentag (in Imst der 15. August), *huərəpokχ*, *huərəjāgər*.

Die Feminina abstracta.

§ 116. Die von Adjektiven abgeleiteten Substantive gehen heute bei einigen auf Konsonanten, bei der Mehrzahl aber auf *-ə* aus; die ersteren müssen auf den ahd. Singular auf *-î* (*hohî*), die übrigen auf die Nebenform auf *-în* zurückgeführt werden: es sind die alten Doppelformen (Braune, ahd. Gramm.[2] § 212) erhalten. In der Entwicklung derselben bevorzugt die Mundart die Form auf *-în*, sie weicht also vom mhd. Gebrauche ab (vgl. Paul, mhd. Gramm.[3] § 126. 3). *leŋŋ* Länge, *prẹat* Breite, *grẹas* Grösse, *hẹaχ* Höhe, *liəb* Liebe, *hẹas* Hitze; so weit Plurale vorkommen, werden sie auf *-ə* gebildet. Alle übrigen haben im Singular *-ə* wie im Plural: *waitə* Weite, *tiəffə* Tiefe, *šmöilə* Schmäle, *šwöχχə* Schwäche, *dirrə* Dürre, *waissə* das weiss Sein, *šwörtsə* Schwärze, *rẹatə* Röte, *eŋŋə* Enge, *liəχtə* das licht Sein, *riŋŋə* Leichtigkeit an Gewicht (zu mhd. *ring*), *finštərə* Finsterheit, *štikχlə* Steilheit (zu *štikχl̥* steil), *gröidə* Geradheit, *tuirə* Teuerung, *saiwərə* Sauberkeit, *kχiələ* Kühle, *föllə* Vollsein, *kšwində* Geschwindigkeit, *wildə* Wildheit, *sairə* das sauer Sein, *štörχə* Stärke, *hörtə* Härte, *möigərə* das mager Sein, *šiənə* Schönheit, *trikχnə* Trockenheit u. a. m.

Die *i*-Stämme.

§ 117. Die regelmässige Entwicklung der Endungen der *i*-Stämme führte mit analogischer Verdrängung des Dat. Plur. zum Schwunde derselben. *gǫas* Sing. und Plur. Geiss, *arwəs* Erbse. Die Doppelformen des Singulars (mhd. Nom. Acc. *kraft*, Gen. Dat. *kraft*, *krefte*) wurden meist zu Gunsten des Nom. Acc. ausgeglichen. Der Umlaut im Plural ist nur bei einem Teile erhalten; diese und die beiden angeführten haben auch den Plural ohne Endung. *štǫt*, *štöt* Stadt, *nǫχt*, *naχt* Nacht, *mǫkt*, *mökt* Magd, *fərdǫχt*, *fərdäχt* Verdacht, *hont*, *hent* Hand, *wont*, *went* Wand, *poŋkχ*, *peŋkχ* Bank, *gons*, *gens* Gans, *kχuə*, *kχiə* Kuh, *sau*, *sai* Sau, *huff*, *hiff* Hüfte, *furχ*, *firχ* Furche, *luft*, *lift* Luft (auch Mask. erstarrt ist der Dat. Sing. *a dər lift* in der Luft), *kχluft*, *kχlift* Kluft, *gruft*, *grift* Gruft, *fluχt* Flucht, Plur. in *šneəfliχt* Schutzorte vor Schnee im Hochgebirge, *prušt*, *prišt* Brust, *purt*, *pīrt* Bürde, *suχt*, *siχt* Sucht, Krankheit, *fruχt*, *friχt* Frucht, *wuršt*, *wiršt* Wurst, *kχunšt*, *kχinšt* Kunst, *haut*, *hait* Haut, *maus*, *mais* Maus, *laus*, *lais* Laus, *praut*, *prait* Braut, *faūšt*, *fāišt* Faust. Der umgelautete Gen. Dat. Sing. hat sich über den Nom. Acc. ausgedehnt in *sail* Säule (ahd. *sûl*), *öib* Mutterschaf (ahd. *au* Gen. *ewi*, Braune, ahd. Gram.[2] § 219, 3), *šar* Schere (ahd. *scâr*); der Plural wird zu diesen auf *-ə* gebildet: *sailə*, *öiwə*, *šarə*, sie fielen also mit den *â*-Stämmen zusammen. Dasselbe musste eintreten bei *tir* Thüre, dem der Umlaut auch im Nom. Acc. zukam (ahd. *turi*). Zu *oŋkšt* Angst, *kχrǫft* Kraft, können zwei Plurale gebildet werden: *eŋkšt*, *kχröft* und *eŋkštə*, *kχröftə*; letztere stammen aus dem Dat. Plur., der sich in den festen Wendungen *i də n eŋkštə* in den Ängsten, *pai*, *fu kχröftə* bei, von Kräften, erhalten hat.

§ 118. Eine Reihe umlautfähiger *i*-Stämme und alle nicht umlautfähigen bilden den Plural mit *-ə*, sind also in die Analogie der *â*-Stämme übergetreten. Für die letzteren erklärt sich der Anschluss leicht: die Gruppe der *â*-Stämme hatte eine ungleich grössere Anzahl von Substantiven; dass das Streben, den Plur. vom Sing. zu scheiden, der Mundart eigen ist, zeigt die ganze Entwicklung der Deklinationsverhältnisse. Die Tatsache, dass auch umlautfähige *i*-Stämme zu den *ô*-Stämmen übergetreten sind, zeigt, dass der Umlaut bei den Femininen nicht produktiv geworden ist, wie bei den Maskulinen. Die Beispiele für diesen Übertritt sind: *walt* Welt, Plur. *waltə*, *tsait*, *tsaitə* Zeit, *pfliχt*, *pfliχtə* Pflicht, *šrift*, *šriftə* Schrift, *frišt*, *frištə* Frist, *laiχ*, *laiχə* Leiche, *trift*, *triftə* Trift, *kšiχt*, *kšiχtə* Geschichte, *šiχt*, *šiχtə* Schicht, Taglohn, *hoatsət*, *hoatsətə* Hochzeit, *qrwət*, *qrwətə* Arbeit; die auf *-hait* (*-kχait*): *ksunthait* Gesundheit, *çawikχait*, *çawikχaitə* Ewigkeit u. a.; *troχt*, *troχtə* Tracht, *šloχt*, *šloχtə* Schlacht, *joχt*, *joχtə*, *jokt*, *joktə* Jagd, *lošt*, *loštə* Last, *tōt*, *tōtə* Tat, *ǫrt*, *ǫrtə* Art, *fǫrt*, *fǫrtə* Fahrt, *sǫt*, *sǫtə* Saat, *purg*, *purgə* Burg, *gəpurt*, *gəpūrtə* Geburt; die auf *-šoft*: *qagəšoft*, *qagəšoftə* Eigenschaft, *frūtšoft*, *frūtšoftə* Verwandtschaft. Der umgekehrte Fall, dass *ô*-Stämme den Plural durch Umlaut bilden, kommt nie vor. *antə*, Ente, ist die Form des ahd. Gen. Dat. *anuti*; das *-ə* weist darauf hin, dass es zu den *ân*-Stämmen übergetreten ist.

§ 119. Wörter anderer Stämme sind frühe schon zu den *i*- und *ô*-Stämmen übergegangen. Zu *hont* ist der alte Dat. Plur. erhalten in *ts hontə* zu Händen, *fu hontə* von statten. Von den Verwandtschaftsnamen hat *šwöštər* im Plur. *šwöštərə*, Schwester. *toχtər* Tochter, ist selten, Plur. *töχtər*, *muətər* Mutter, hat *miətər* und *miətərə*, letzteres in Anlehnung an *šwöštərə* und *fätərə* (vgl. § 109).

Anm. Das starke Fem. zeigt in den Urkunden im Sing. überall die apokopierten Formen, im Plur. sind nur Gen. und Dat. belegt, beide auf *en*, *n*.

Vom schwachen Fem. ist der einzige belegte Nom. *Hausfraw* 1448 u. ö.; Gen. Dat. Acc. zeigen ausnahmslos *-en*, *Hausfrauen*, *Jungkfrawen*, Dat. *seitn* (2) 1471, Acc. *messerschmitten*, *gerwstuben vnd padstuben* 1451; *gassen* 1471; leider kommt nur der oben genannte Nom. vor, doch darf man schliessen, dass die Flexionsendungen des Singulars sich lautlich entwickelt haben, der Nom. also sein *e* verlor; war das in der Mundart der Fall, so ist er erst spät in Analogie zum Dat. Acc. umgebildet worden. Wichtig ist, dass der Sing. der schwachen Fem. scharf von dem der starken geschieden ist. Dieser hat die Endung *e* (des Mhd.) apokopiert, in jenem sind die schwachen *en* des Gen. Dat. Acc. erhalten. Der Dat. Sing. *seitn* zeigt, dass dieses Wort früh schon zu den schwachen übergetreten ist.

C. SÄCHLICHE SUBSTANTIVE.

§ 120. Die Deklinationsendungen der *o*- und *jo*-Klasse unterliegen dem Schwunde nach den Auslautgesetzen der Mundart, der Dativ Plural ist überall analogisch verdrängt.

Die ahd. Neubildung des Plurals auf *-ir* ist in der Mundart herrschend geworden (*-ər*). Interessant für die Geschichte dieses Suffixes sind die erstarrten Genetive der Mundart in den Zusammensetzungen *kχölwərskχopf*, der abgeschnittene Kopf eines Kalbes, *kχölwərskχuə*, Kuh die gekalbt hat. Sie sind identisch mit den ahd. Genitiven Sing. *rindares*, *Kelbirisbach*, *Pletirsbahc*, Braune ahd. Gramm.[2] § 197, 1. Heute bilden die meisten starken Neutra den Plural auf *-ər*: *nöšt* Plur. *nöštər* Nest, *fald*, *fuldər* Feld, *tiər*, *tiərər* Tier, *gult*, *gultər* Geld, *kχind*, *kχindər* Kind, *rind*, *rindər* Rind, *waib*, *waiwər* Weib, *fuir*, *fuirər* Feuer, *fęal*, *fęalər* Fell, *pröit*, *pröitər* Brett, *liəd*, *liədər* Lied, *šait*, *šaitər* Scheit, *rais*, *raisər* Reis, *liəχt*, *liəχtər* Licht: *gəpai*, *gəpaijər* Gebäude, *pöt*, *pöttər* Bett, *nöts*, *nötsər* Netz, *griχt*, *griχtər* Gericht, *ksiχt*, *ksiχtər* Gesicht, *pilt*, *piltər* Bild, *hemmət*, *hemmətər* Hemd, *gwaks*, *gwaksər* Gewächs, *kχeŋŋ*, *kχeŋŋər* Gehänge, *ent*, *entər* Ende, *ök*, *ökkər* Eck, *gwöir*, *gwöirər* Gewehr, *kfrīs*, *kfrīsər* Antlitz (eine *jo*-Bildung zu „fressen" **gafrizzi*), *pīs*, *pīsər* Gebiss, *höft*, *höftər* Heft, *kšeft*, *kšeftər* Geschäft, *gwiχt*, *gwiχtər* Gewicht, *gmiət*, *gmiətər* Gemüt, *gəpliət*, *gəpliətər* Geblüte, *gŋak*, *gŋakkər* Genick, *glīd*, *glīdər* Glied, *šwaī*, *šwaījər* und *šwaīr* Schwein, *puə*, *puər* Bein, *ǫa*, *ǫar* Ei, *plai*, *plaijər* und *plair* Bleigewicht -stäbchen, *kχeīm*, *kχeīmər* Stubenherd (ahd. *kemî*), *kχamī*, *kχamīr* Kamin, *rīs*, *rīsər* abschüssige Bodenrinne, *kšleχt*, *kšleχtər* Geschlecht: *fiχ*, *fihər* Vieh (*u*-Stamm), *möir*, *möirər* Meer.

§ 121. Die Umlautfähigen nehmen im Plural mit der Endung *-ər* auch den Umlaut an. *holts*, *höltsər* Holz, *ploχ*, *plöχχər* Block, *loχ*, *löχχər* Loch, *folkχ*, *fölkχər* Volk, *ross*, *rösser* und *ross* Ross, *joχ*, *jöχχər* Joch, *mous*, *möisər* Moos, *kšlous*, *kšlöisər* Schloss, *puəχ*, *piəχər* Buch, *tuəχ*, *tiəχər* Tuch, *guət*, *giətər* Gut, *huə*, *hiər* Huhn, *haus*, *haisər* Haus, *kχraut*, *kχraitər* Kraut, *loup*, *löipər* Laub, *maul*, *mailər* Maul, *drumm*, *drimmər* nhd. Plur. Trümmer (mhd. *drum*), *lukχ*, *likχər* Deckel, *dǫrf*, *darffər* Dorf, *pǭd*, *pöidər* Bad, *rǭd*, *röidər* Rad, *plǫt*, *plöttər* Blatt, *kχǫlb*, *kχölwər* Kalb, *grǭb*, *gröiwer* Grab, *grǭs*, *gröisər* Gras, *glǭs*, *glöisər* Glas, *tǭl*, *töilər* Tal, *špitǭl*, *špitöilər* Spital, *lomp*, *lempər* Lamm, *lond*, *lendər* Land, *pont*, *pentər* Band, *pfont*, *pfentər* Pfand, *gwont*, *gwentər* Gewand, *omt*, *emtər* Amt, *mǫd*, *mädər* und *möidər* Mahd, *mǭl*, *mälər* Mal. Fleck, *dǫχ*, *daχχər* Dach, *fǫss*, *fassər* Fass, *šǫff*, *šaffər* Schaff, *mǫrχ*, *marχer* die Marke (mhd. *marc* Neutr.), *mǭs*, *mässər* Mass. Beachtenswert ist, dass auch bei den Sächlichen zu *ǫ* zwei Umlautvokale vorhanden sind, *a* und *ö*, *öi*; letzterer ist produktiv geworden, wie der Plur. *špitöilər*, *möidər* (mhd. *mâd*) erweist. Die Wörter, in welchen *a* herrscht, müssen den Umlaut auf lautgesetzlichem Wege erhalten haben (vgl. § 38 ff.). Das Suffix *-ir* ist also im Plural der Neutra früh schon weit verbreitet gewesen, andernfalls könnte die Scheidung zwischen *a* und *ö*, *öi* nicht wohl erklärt werden. Dass der Umlaut mit der Endung *-ər* eng verbunden ist, erweist *sǫal* Plur. *sę̄alər* Seil; angeschlossen hat es sich an *tǫar*, *tę̄arər* Tor.

§ 122. Selten ist die einfache Pluralform ohne *-ər*, die dem Sing. gleich ist. *šǭf* Plur. *šǭf* Schaf, *rę̄aχ* Reh, *kχits* Kitze, *pfund* Pfund, *muəs* Mus. Einige Wörter haben neben der Bildung auf *-ər* die alte Plur. Form erhalten. Beide Plurale haben dann gewöhnlich verschiedene Bedeutung. *wǫart* Plur. *wǫart* Worte, *wę̄artər* Wörter, *štukχ* Pl. *štukχ* eine Gesamtzahl von Stücken und *štikχər* einzelne Stücke, *ǫart* Plur. *ǫart* und *ę̄artər* (vgl. § 101. auch männlich); zu diesem ist der Dativ *ǫartə* (mhd. Dat. Plur. *orten*) erhalten. daneben wird auch *ǫart* als Dat. Plur. verwendet. *hǭr* Plur. *hǭr* Haar und *harər* einzelne Haare. *diŋŋ* Plur. *diŋŋ* Dinge, *diŋŋər* einzelne, *rǫar* Plur. *rǫar*, *rę̄arər* Rohr, *šöif* Schiff, *šöif* und *šöifər*.

§ 123. Die Deminutive haben in regelmässiger Entwicklung im Singular und Plural dieselbe Form erhalten; Plurale auf *-ər* kommen bei ihnen nicht vor. *föigələ* Plur. *föigələ* Vögelein, *waldələ* Wäldchen, *haislə* Häuschen. Wie die Deminutive, welche alle auf *-lə* ausgehen, haben die wenigen Wörter auf *-ə* im Plural nur die Form des Sing. *wǫppə* Plur. *wǫppə* Wappen, *aisə* Eisen, *fərgyiəgə* Vergnügen, *löiwə* Leben, *tsǫaχə* Zeichen; ferner die im Mhd. einsilbigen auf *-rn*, das heute über *-ren* zu *rə* geworden ist. *hiərə* Hirn, *gǫrə* Garn, *hǫarə* Horn, *kχǫarə* Korn.

§ 124. Die *n*-Stämme. Die im Mhd. erhaltenen hat auch die Mundart als schwach flektierend bewahrt. Im Singular zeigt sich überall die apokopierte Form. *harts* Herz, *oug* Auge, *ǫar* Ohr, *wonŋ* Wange; der Gen. Dat. haben die Form des Nominativs angenommen. Der Plural geht in regelmässiger Entwicklung auf *-ə* aus *hartsə* (*hartsər* für Herz-Karten), *ougə*, *ǫarə*, *wonŋə*. Ein erstarrter Dat. Sing. erscheint in den festen Wendungen *fn hartsə* von Herzen, *ts hartsə* zu Herzen.

§ 125. Bei Neutralen, welche im Singular auf *-ər* ausgehen, kommt vereinzelt ein Plural auf *-ə*, also *-ərə*, vor, der jedesfalls nach dem Muster der schwachen Substantive gebildet ist. Schon die Erhaltung der schwachen Deklination bei den vier genannten Wörtern zeigt, dass die aus ihr gebildeten Formen (*oug*, *ougə*) lebenskräftig genug waren, andere Wörter in Analogie zu ziehen. *fenštər* Plur. *fenštər* und *fenštərə* Fenster, *luədər* Plur. *luədərə* Luder, *fuədər* Plur. *fuədər* und *fuədərə* Fuder, *mössər* Plur. *mössər* und *mössərə* Messer, *aitər* Plur. *aitər*, *aitərə* Euter, *wöttər* Plur. *wöttər* und *wöttərə* Wetter; *wǫssər* Plur. mit Umlaut *wassər*, selten *wassərə*; es ist nahe liegend zur Erklärung des Umlauts die *jo*-Ableitung *gwassər* Gewässer Sg. und Plur., heranzuziehen. Nie tritt diese Pluralbildung auf *-ə* ein bei *lǫštər* Sing. und Plur. Laster, *löigər* Lagerplatz des Viehes (mhd. *lëger*), *wundər* Wunder, *fuətər* Futter, *kχlǫftər* Klafter, *kχwǫdər* viereckiges Gartenbeet (aus latein. *quadr-*). *jǫr* Jahr, hat im Plur. *jǫr* und *jǫrə*, dies besonders gerne im Dativ.

§ 126. Von den mehrsilbigen Neutren anderer Art bilden die auf *-niss* eine Gruppe. Sie haben im Plural neben der Form des Singulars auch die Bildung auf *-ər*. *kfeŋnis* Gefängnis, *kfeŋnis* und *kfeŋnissər*, *tsaigŋis* Zeugnis, *tsaigŋis* und *tsaigŋissər*, *hintərnis* Hindernis, *hintərnis* und *hintərnissər*, *glaiχnis* Gleichnis, *glaiχnis* und *glaiχnissər*, *örgərnis* Ärgernis, *örgərnis* und *örgərnissər*, *wǭgŋis* Wagnis, *wǭgŋis* und *wǭg-ŋissər*, *kχuǟmnis* Geheimnis, *kχuǟmnis* und *kχuǟmnissər* u. a. *ībḷ* Plur. *ībḷ* Übel, *toubḷt* Plur. *toubḷt* Tobel (mhd. *tobel*), *ksindḷ* Singular und Plural *ksindḷ*. Femdwörter nehmen im Plural gewöhnlich *-ər* an. *paŋənēt* Bajonnet, *paŋənēt* und *paŋənētər*, *purtrēt* Porträt, *purtrētər*, *inštrument* Instrument, *inštrumentər*, *pergəment* selten *pirment* Pergament, Urkunde *pergəmentər* Urkunden, *eləment* Element, *eləmentər*.

Anm. Das Neutr zeigt in den urkundlichen Belegen überall apokopierte Formen, nur der Dat. Plur. hat immer *en*, *n*. 1448 ist der Acc. Plur. *rechte* (1) neben *recht* (1) *erbrecht* (6) belegt. Plur. auf *er* kommen vor *güter*, *gütern* oft, *kinder*, *kindern*, *ayr* 1471; durchwegs auf *-er* bildet den Plural *stugk* (*stügker*). Der Gen Sing. hat *-s*.

Zur Übersicht.

§ 127. Vom gegenwärtigen Standpunkt aus besitzt die Ma. folgende Pluralbildungen.

A. Für das männliche Geschlecht.

I. Der Plural ist vom Singular verschieden:

1) durch den Umlaut, 2) durch das Suffix *-ə*, 3) durch das Suffix *-ər*.

II. Der Plural ist dem Singular gleich.

B. Für das weibliche Geschlecht.

I. Der Plural ist vom Singular verschieden:

1) durch den Umlaut, 2) durch das Suffix *-ə* beziehungsweise *-nə*.

II. Der Plural ist dem Singular gleich.

C. Für das sächliche Geschlecht.

I. Der Plural ist vom Singular verschieden:

1) durch das Suffix *-ər*, mit dem sich der Umlaut verbindet, 2) durch das Suffix *-ə*.

II. Der Plural ist dem Singular gleich.

§ 128. Als Anhang zur Behandlung der Substantivdeklination sei ein Verzeichnis jener Wörter gegeben, welche in der Mundart ein anderes Geschlecht haben als im Nhd. beziehungsweise im Mhd. Ahd. Durchwegs männlich sind *kχröss* Kresse, *uŋgunšt* Ungunst, *hairət* Heirat, *rǫts* Ratte (mhd. *ratze* mask. Bildung). *šnök* Schnecke, *šnepf* Schnepfe, *paihl̥* Beil. *šraufə* Schraube, *špits* Spitze, *glǫts* Glatze (mask. Adjektive substantiviert), *trouf* Traufe, *tennə* Tenne, *fōunə* Fahne, *tsẹahə* Zehn. *daūmə* Daumen, *tswīfl̥* Zwiebel, *furm* Form. *luiksə* Leuchse, *pluəšt* Blüte, Knospe. *larχ* Lärche, (*rātig* ist ebenfalls männlich, vgl. latein. *larix*, *radix*), *puttər* Butter. *haksə* Fuss (mhd. *hehse* latein. *coxa*), *gātər* Gatter, *polštər* Polster, *tsāhər* Zähre, *öihər* Ähre; *hašrökχ* Heuschrecke, *špuelə* Spule. Immer sächlich sind *tallər* Teller. *ök* Ecke, *kχoul* Kohle.

Doppeltes Geschlecht haben: *huəštə* Husten, *gams* Gemse, *touf* Taufe. *traupə* Traube. *gwǫlt* Gewalt, *flǫaχ* Floh, *šǫas* Schoss, *luft* Luft, *wolkχə* Wolke. *höirədaks* Eidechse, *tǫtsə* Tatze (vgl. oben *tsẹahə*, *haksə*. die mhd. Feminina sind); diese haben das männliche und weibliche Geschlecht. Männlich und sächlich sind: *loub* Lob, *hoūnig* Honig (die Nebenform *hēnig* ist nur sächlich), *moūnət* Monat. *tswaig* Zweig. Weiblich und sächlich ist *gīχt* Gicht.

II. DAS ADJEKTIV.

§ 129. Von den Kasus sind Nom. Dat. Acc. vorhanden. Der Gen. wird durch *fu* von, mit dem Dat. umschrieben. Die Flexion des Singulars ist heute eine zweifache. Ist das Adjektiv mit dem bestimmten Artikel verbunden (substantivisch und attributivisch), so hat sie folgende Gestalt. *raiχ* reich.

	Mask.	Fem.	Neutr.
Nom.	*dər raiχ*	*t raiχ*	*s raiχ*
Dat.	*in raiχə*	*dər raiχ*	*in raiχə*
Acc.	*də raiχə*	*t raiχ*	*s raiχ*

Im Mhd. wird in dieser Fügung regelmässig die schwache Form verwendet (Weinhold, mhd. Gr.[2] § 523). Das Mask. und Neutr. lassen sich ohne Schwierigkeit auf schwache Formen zurückführen (*der daz rîche, dem den rîchen*; auslautendes *-e* ist geschwunden, *-en* zu *-ə* geworden.). Beim Fem. entspricht nur der Nom. der mhd. Form (*diu rîche*); der Dat. und Acc. sind analogisch gebildet. Zuerst muss der Acc. sich dem Nom. angeschlossen haben, vergleiche im Nhd. den Acc. „die reiche" mhd. *die rîchen*. Beide Kasus haben dann auf den Dat. eingewirkt. Einfluss von Seite der starken Substantivdeklination des Fem. ist wohl ausgeschlossen.

Die zweite Art der mundartlichen Adjektivflexion wird verwendet, wenn das Adjektiv mit dem unbestimmten Artikel verbunden wird (substantivisch und attributivisch) oder mit dem Possessiv.

	Mask.	Fem.	Neutr.
Nom.	*ə raiχər*	*ə raiχə*	*ə raiχs*
Dat.	*in ən raiχə*	*in ərə raiχə*	*in ən raiχə*
Acc.	*ən raiχə*	*ə raiχə*	*ə raiχs*

Der Nom. entspricht den flektierten starken Formen des Mhd., ebenso der Dat. Acc. des Mask. Neutr. (*-em* wurde wie *-en* zu *-ə*). Sollen beim Fem. der Dat. Acc. aus den starken Formen (mhd. *rîcher, rîche*) erklärt werden, so ist man zur Annahme gezwungen, dass der Acc. sich an den Nom. angeschlossen hat und beide Kasus den Dat. sich gleich gestaltet haben, dessen *-er* zu Gunsten des heutigen *-ə* verdrängt wurde. Einfacher gestaltet sich die Erklärung, wenn auch für unsere Mundart der mhd. Gebrauch vorausgesetzt werden darf, dass im Gen. Dat. in der Verbindung mit dem unbestimmten Artikel neben den starken Formen die schwachen verwendet werden konnten (Weinhold, a. a. O. § 521). Das Nhd. „einer reichen" ist in dieser Weise zu erklären.

Der Gebrauch des Adjektivs als Attribut ohne Artikel ist nur teilweise erhalten; durchwegs nur der Nom., der syntaktisch als Vokativ fungiert. Vgl. *du qrmər mentš* du armer Mensch, *kχlüənər* Kleiner, *o grǫassə walt* o grosse Welt, *šwǫrtsə* (du) Schwarze, *liəps kχind* liebes Kind. Von obliquen Kasus mit dieser Konstruktion sind nur einige erstarrte Wendungen erhalten; sie zeigen die starke Adjektivflexion. *tummər wais* dummer Weise, *šlauhər* —, *guətwilligər wais* schlauer, gutwilliger Weise. Es sind Genetive; sie kommen nur in der Verbindung mit *wais* vor. Starke Dative sind von den Fem. *miə* Mühe, *qrwət* Arbeit, in Gebrauch: *mit filər* —, *grǫassər* —, *hǫrtər miə* mit vieler, grosser, harter Mühe; *pai hǫrtər qrwət* bei harter Arbeit. Sonst: *pai guətər, rauhər, šleχtər wittəruŋ* bei gutem, rauhem, schlechtem Wetter; *mit waissər fǫrb* mit weisser Farbe, *pai šleχtər kχošt* bei schlechter Kost. Individuell mag noch die eine oder andere Verbindung dieser Art gebraucht werden, aber nur bei wenigen. Die s. g. unflektierte Form bewahren noch die Wendungen *šleχt* —, *guet* —, *rauχ* —, *šiə wöttər*, schlecht, gut(es), rauh(es), schön Wetter; *af guət glickχ* auf gut

Glück. Vom Mask. kommt nur *guət, šleχt wöig* gut(er), schlecht(er) Weg, vor.

Der Plural endigt beim Adjektiv heute auf *-ə*, *raiχə*, in allen Kasus der drei Geschlechter. Es ist dies die Form der schwachen Flexion (mhd. *-en*). Beim zweiten Paradigma ist die starke Pluralflexion verdrängt worden. Erleichtert wurde die analogische Bildung der heutigen Verhältnisse durch den Dativ (mhd. *rîchen* wurde zu *raiχə*) sowie durch den Nom. Acc. des Neutr., dessen *-iu* zu *-ə* geworden ist; in zweiter Linie durch die Gleichförmigkeit des schwachen Plurals, dessen *-en* überall als *-ə* auftritt.

Im prädikativen Gebrauch des Adjektivs kann für alle Geschlechter in allen Kasus des Sing. und Plur. neben der (unflektierten) einfachen Form, *raiχ*, eine auf *-ər*, *raiχər*, angewendet werden. Wahrscheinlich ist die flektierte Form des Nom. Sing. Mask. (mhd. *rîcher*) die Grundlage für diesen Gebrauch; vielleicht hat auch der Gen. Sing. Fem. zur Verallgemeinerung beigetragen, indem das *wais* in Wendungen wie *kχroŋkχər wais, guətər wais* kranker, guter Weise, und ähnlichen wegfiel und der Gen. des Adjektivs erstarrte. Vgl. *ər ist kχroŋkχər furt und ksuntər kχemmə*, er ist krank fort und gesund gekommen, *si hǫwə lǫχχətər tsuə kšaukt*, sie haben lachend zugesehen (geschaut), *si sai gwǫksnər kštǫrwə* sie sei erwachsen gestorben, *ər hǫts kχǫltər gössə* er hat es kalt gegessen, *s grǭs grīənər māijə* das „grüne Gras“ mähen.

§ 130. Die Flexion des Pronominaladjektivs *ūə* (mhd. *ein*) hat sich in der Mundart in vierfacher Weise ausgestaltet. 1. Es ist mit dem bestimmten Artikel verbunden (als Substantiv und Adjektiv); seine Flexion in dieser Stellung deckt sich mit der des Adjektivs.

	Masc.	Fem.	Neutr.
Nom.	*dər ūə*	*t ūə*	*s ūə*
Dat.	*in ūənə*	*dər ūə*	*in ūənə*
Acc.	*dən ūənə*	*t ūə*	*s ūə*

Plur. N. *t ūənə* D. *dən ūənə* A. *t ūənə*.

Seine Bedeutung in dieser Verwendung ist: 'der eine, der andere'.

2. Es ist substantivisch als Zahlwort und Pronomen gebraucht (ohne Artikel).

	Mask.	Fem.	Neutr.
Nom.	*ũər*	*ũənə*	*ũəs*
Dat.	*ũəm*	*ũərə*	*ũəm*
Acc.	*ũən*	*ũənə*	*ũəs*

Diese Formen entsprechen der starken Flexion des Mhd.: *einer*, *einiu*, *einez*. Der Dat. Acc. *ũən* sind auf Formen mit langem Nasal zurückzuführen, da heute *n* im Auslaut steht: früheres *eineme*, *einen* über *einn*, *einn* zu der heutigen Form mit Lenis. Daneben ist eine Form *ũəm*, in schwachtoniger Stellung *um*, vorhanden, welche als Dat. und Acc. verwendet wird und die Funktion eines verallgemeinernden Pronomens hat, mit dem der Sprechende immer sich selbst meint. Vgl. *du muəšt um it gwǫlt ǫ̃utũə*, du musst mir nicht Gewalt antun, *si tarffə n ũəm šũ ǫ̃uröidə*, sie dürfen mich schon anreden. Der Dat. Fem. *ũərə* hat sein *-ə* (mhd. *einer* konnte nur zu *ũər* werden) in Analogie zum Nom. *ũənə* angenommen, der auch den Acc. beeinflusst hat; für mhd. *eine* wäre *ũə* zu erwarten. Im Fem. ist also wie beim Adjektiv für alle Kasus eine einheitliche Form hergestellt worden.

3. Es steht attributivisch als Zahlwort.

	Mask.	Fem.	Neutr.
Nom.	*ũə*	*ũə*	*ũə*
Dat.	(*in*) *ũən*	*ũər*	*ũən*
Acc.	*ũən*	*ũə*	*ũə*

Der Nom. geht auf die s. g. unflektierten Formen zurück, der Dat. Acc. *ũən* sind wie in 2. zu beurteilen; die Formen des Fem. sind normal entwickelt, aus mhd. *einer*, *eine* konnte nur *ũər*, *ũə* werden.

4. In seiner Verwendung als unbestimmter Artikel zeigt es die in der schwachtonigen Stellung entwickelten Formen; die erweiterten des Dat. und Acc. sind sekundär entstanden auf Grundlage der einsilbigen.

	Mask.	Fem.	Neutr.
Nom.	*ə*	*ə*	*ə*
	ən, *ənən*, *nən*	*ərə*	*ən*, *ənən*, *nən*
	ən, *ənən*, *nən*	*ə*, *ənə*, *nə*	*ə*, *ənə*, *nə*

Die einsilbigen Formen decken sich mit Abschwächung des Diphthongs zu *ə* mit denen von 3; die zweisilbigen sind aus der Verbindung des unbestimmten Artikels mit Präpositionen hervorgegangen. Den Ausgangspunkt bildete die Präposition *nöiwə* neben. Vor vokalischem Anlaut stellt sich nach dem *ə* das *n* ein. Aus einem Dat. *nöiwə nən štũə* neben einem Steine, wurde mechanisch *nən* als Dat. des unbestimmten Artikels nach andern Präpositionen verwendet: *hintərnən pöum* hinter einem Baum, *untərnən kχǫrb*, unter einem Korbe, *ĩwərnən pröit* über einem Brette. Nach *nöiwənən* haben sich weitere Verbindungen einsilbiger Präpositionen gebildet wie *fǫar ənən* vor einem, *pai ənən* bei einem; neben diesen erweiterten Formen wird die einfache *ən* gebraucht. *fǫar ən* vor einem, *tsuə ən* zu einem, *hintər ən* hinter einem, *untər ən* unter einem. *ənən* trat auch an zweisilbige Präpositionen, so dass wir heute drei Fügungen besitzen: *hintər ən, hintər nən, hintər ənən.* Dem Ineinandergreifen dieser Fügungen ist es zu verdanken, dass die Präposition *nöiwə* auch einsilbig als *nöiw*, vor stimmlosen Konsonanten als *nöp*, auftritt, ebenso *göigə* gegen, auch als *göig, gök*: *nöiwə miər, nöib mər* neben mir, *nöiwə diər, nöiwə dər, nöp tər* neben dir, *göigə t lait* gegen die Leute, *gök tər kχirχə* gegenüber der Kirche (gegen die Kirche hin). Seltener ist *nən* nach einsilbigen Präpositionen: *in nen štǫll* in einem (einen) Stall, *auf nən haus* auf einem Haus. Die Formen *ənə, nə* des Acc. Fem. Neutr. erklären sich in gleicher Weise. *nöiwə nə kχištə* neben eine Kiste, *hintər nə wont* hinter eine Wand, *untər ənə plǫttə* unter eine Platte; gleichwertig sind *hintər ə, untər ə. fǫar ə hittə* vor eine Hütte, *fĩr ə kχuə* für eine Kuh, daneben *fǫar ənə, fĩr ənə*, selten bei einsilbigen Präpositionen *nə, fǫar nə. in ə haus* in ein Haus, *hintərnə gläslə* hinter ein Gläschen, *fĩr ənə dǫχ* für ein Dach, *nöiwə nə loχ* neben ein Loch. Der Dat. Fem. könnte in regelmässiger Entwickelung nur zu *ər* geworden sein; *ərə*, das ausschliesslich vorkommt, ist in Analogie zum zweisilbigen Acc. *ənə* gebildet; *rə* ist theoretisch zu fordern aber nach Konsonanten nach den heutigen Artikulationsverhältnissen nicht möglich (vgl. § 57). Dass die Herleitung dieser zweisilbigen Formen aus einer Kombination der zweisilbigen Präpositionen mit den einsilbigen Kasus des unbestimmten Artikels und der analogen Weiterbildung daraus das richtige trifft, erweist der Umstand, dass die zweisilbigen Artikelformen nur in der Verbindung mit Präpositionen verwendet werden; der Dat. kommt überhaupt nicht ohne Präposition vor — wo man den einfachen Artikel erwarten würde, steht die Präposition *in* : *in ən puə* einem Buben, *in ərə šwöštər* einer Schwester, *in ən waib* einem Weibe (darüber s. u. § 144).

Das Pronominaladjektiv *kχũə* kein, flektiert wie *ũə* 3 als Adjektiv, *kχũər* keiner, wie *ũər* 2 als Substantiv.

	Mask.	Fem.	Neutr.
Nom.	*kχũə*	*kχũə*	*kχũə*
Dat.	*kχũən*	*kχũər*	*kχũən*
Acc.	*kχũən*	*kχũə*	*kχũə*
	Plur. *kχũənə*		
Nom.	*kχũər*	*kχũənə*	*kχũəs*
Dat.	*kχũən*	*kχũərə*	*kχũən*
Acc.	*kχũən*	*kχũənə*	*kχũəs*
	Plur. *kχũənə*		

§ 131. Wie *raiχ* werden sämtliche Adjektive flektiert, wobei die lautliche Gestaltung des Wortes keinen Ertrag tut. Die *jo*-Stämme haben den im Mhd. als *e* erscheinenden Vokal verloren und sind nur mehr am Umlaut bezw. an der Konsonantendehnung als solche zu erkennen, soweit das *j* überhaupt eine Wirknng hinterlassen hat. Auch die *wo*- (und *u*-) Stämme decken sich mit den *o*-Stämmen. Die Flexion der Partizipien ist dieselbe wie die des Adjektivs. Die des Präsens endigen auf *-ət* (aus *ent*), die des Präteritums auf *-ə* (aus *-en*) und *-t*, *-ət*. *lǫχχət* lachend, *wǫksət* wachsend; *glīhə* geliehen, das im Auslaut geschwundene *n* ist in den inlautenden Formen bewahrt: *glīhnər* geliehener, *də glīhnə* den geliehenen; *kšlǫgə* geschlagen, *kšlǫgŋə* geschlagene. In derselben Weise zeigen die Adjektive auf *-ə* (mhd. *-en*) im Inlaut das *n* : *trukχə* trocken, *trukχnər* trockner, *offə* offen, *offnə* offenen. Schwache Partizipien: *tsöilt* gezählt, *tsöiltə* gezählte; *kχöftət* geheftet, *kχöftətər* gehefteter.

§ 132. Die Bildung des Komparativs erfolgt heute durch das Suffix *-ər*, *raiχər*: bei den umlautfähigen tritt meistens der Umlaut ein, der, ursprünglich durch das Suffix *-ir* hervorgerufen, sich zum Komparativ- und Superlativbildungsprinzip entwickelt hat.

Der Superlativ hat das Suffix *-št*, *raiχšt*. Sein Stammvokal ist derselbe wie der des Komparativs; wo dieser den Vokal des Positivs umlautet, hat auch jener den Umlaut. Die Flexion des Komparativs ist von der des Positivs nicht verschieden, der Superlativ erscheint nur mit dem bestimmten Artikel verbunden.

	Mask.	Fem.	Neutr.
Nom.	*dər raiχər*	*t raiχər*	*s raiχər*
Dat.	*in raiχərə*	*dər raiχər*	*in raiχərə*
Acc.	*də raiχərə*	*t raiχər*	*s raiχər*
		Plur. *t raiχərə*	
Nom.	*ə raiχərər*	*ə raiχərə*	*ə raiχərs*
Dat.	*in ən raiχərə*	*in ərə raiχərə*	*in ən raiχərə*
Acc.	*ən raiχərə*	*ə raiχərə*	*ə raiχərs*
		Plur. *raiχərə*	
	dər raiχšt	*t raiχšt*	*s raiχšt*
	in raiχštə	*dər raiχšt*	*in raiχštə*
	də raiχštə	*t raiχšt*	*s raiχšt*
		Plur. *t raiχštə.*	

Die Adverbien des Positivs und Komparativs stimmen mit der nicht flektierten Form überein; auch der Stammvokal ist derselbe. Nur *fǫšt* fast, und *šŭə*, schwachtonig *šū*, *šu* schon. zeigen die alte Form. Sie haben sich der Bedeutung nach vom Adjektiv isoliert wie im Nhd.

Erhaltene Reste der mhd. Adverbien auf *-lîchen* zeigen *gāligə* 'jählings', allmählich, mhd. *gaehelîchen*, *glaiχligə*, gleichlich; darnach gebildet scheint das vereinzelt gebrauchte *wĕ̄nigə* wenig. Das Adverb des Superlativs ist dem Nhd. gleich *an*, *ən*, *in raiχštə* am reichsten, *ən kšaidəštə* am gegescheitesten, *in wĕənikštə* am wenigsten.

§ 133. Die umlautfähigen, im Komparativ und Superlativ umlautenden Adjektive der Mundart sind; *šwǫχ* schwach,

Komp. *šwöχχər*, Sup. *šwöχšt*; *štǫrχ* stark, *štörχər*, *štörχšt*: *ǫrg* arg, *örgər*, *örkšt*; *ǫrm* arm, *örmər*, *örmšt*; *wǫrm* warm, *wörmər*, *wörmšt*; *šǫrf* scharf, *šörffər*, *šörfšt*; *šmǫ̈l* schmal, *šmöilər*, *smöilšt*; *loŋŋ* lang, *leŋŋər*, *leŋŋšt* (*leŋkšt*); *poŋŋ* bang, *peŋŋər*, *peŋkšt*: *tsoĩm* zahm, *tseĩmər*, *tseĩmšt*; *loĩm* lahm, *leĩmər*, *leĩmšt*; *ǫlt* alt, *öltər*, *öltəšt*; *kχǫlt* kalt, *kχöltər*, *kχöltəšt*: *mǫt* matt, *möttər*, *möttəšt*; *glǫt* glatt, *glöttər*, *glöttəšt*; *sǫt* satt, *söttər*, *söttəšt*; *nǫss* nass, *nössər*, *nössəšt*; *plǫss* blass, *plössər*, *plössəšt*; *šwǫrts* schwarz, *šwörtsər*, *šwörtsəšt*; *ǫltš* falsch, *föltšər*, *föltšəšt*; *grǫd* gerade, *gröidər*, *gröidəšt* (Vgl. S. 68).

Dass sich der Umlaut analogisch weiter ausdehnte, zeigen *plǫb* blau, *plöiwər*, *plöipšt*; *grǫb* grau, *gröiwər*, *gröipšt* (mhd. *blâw-*, *grâw-*); *nǫhə* nahe, *nöihnər*, *nöihnəšt* und *nähnər*, *nähnəšt* *toll* tüchtig, *töllər*, *tölšt*; *foll* voll, *föllər*, *föl̈št*; *groub* grob, *gröiwər*, *gröipšt*; *noubḷ* nobel, *nöiblər*, *nöiblšt*; *wolfḷ* wohlfeil, *wölflər*, *wölflšt*. *kχurts* kurz, *kχirtsər*, *kχirtsəšt*; *ksunt* gesund, *ksintər*, *ksintəšt*; *runt* rund, *rintər*, *rintəšt*; *tum* dumm, *timmər*, *timšt*; *kχrump* krumm, *kχrimpər*; *juŋŋ* jung, *jiŋŋər*, *jiŋkšt*; *trukχə* trocken, *trikχnər*, *trikχnəšt*; *kχluəg* fein, *kχliəgər*, *kχliəkšt*; *gŋuəg* genug, *gŋiəgər*; *rǫat* rot, *rǫatər*, *rǫatəšt*; *nǫat* (nur prädikativ gebraucht, sieh Lexer II. 103) nötig, *əs hǫt nǫat* es ist nötig, hat not, *miər tuəts nǫatər* ich kann es eher brauchen; *rǫaχ* roh, *rǫahər*, *rǫaχšt*; *hǫaχ* hoch, *hǫahər*, *hǫaχšt*, *frǫa* froh, *frǫaər*, *frǫašt*; *grǫas* gross, *grǫassər*, *grǫašt* (frühe Synkope). Analogische Umlautbildung zeigen deutlich folgende: *hǫakḷ* heikel, *hǫaklər*, *hǫaklšt*; *prǫat* breit, *prǫatər*, *prǫatəšt*; *hǫas* heiss, *hǫassər*, *hǫassəšt*; *wǫaχ* weich, *wǫaχər*, *wǫaχšt*; *plǫaχ* bleich, *plǫaχər*, *plǫaχšt*. Sie schlossen sich den Adjektiven an, deren *ǫa* sich aus *ō* entwickelt hat. *rauχ* rauh, *raihər*, *raiχšt*; *saur* sauer, *sairər*, *sairšt*; *faul*, faul, *failər*, *failšt*; *šlauχ* schlau, *šlaihər*, *šlaiχšt*; *sauwər* sauber, *saiwərər*, *saiwəršt*: selbst zum alten *jo*-Stamme *luk* locker, kann ein Komparativ *likkər*, ein Superlativ *likšt* gebildet werden. Es ist zu beachten, dass zu allen Adjektiven neben der umgelauteten Stammform im Komparativ und und Superlativ vereinzelt auch die nicht umgelautete, also die des Positivs vorkommt.

Nie tritt der Umlaut ein bei *kχlǭr* klar, *kχlǭrər*, *kχlǭršt*, *floχ* flach, *flǫχχər* selten *flöχχər*, *flǫχšt* und *flöχšt*. Die Adjektive mit betonter Nebensilbe haben den Vokal des Positivs auch im Komp. Superl. *nǫrrət* närrisch (mhd. *narreht*), *nǫrrətər*, *nǫrrətšt*; *ǭrtig* artig, *ǭrtigər*, *ǭrtikšt*; *fǫrwig* farbig, *fǫrwigər*, *fǫrwikšt*; *štrǭfpǭr* strafbar, *štrǭfpǭrər*, *štrǭfpǭršt*; *nǭrhǫft* nahrhaft, *nǭrhǫftər*, *nǭrhǫftəšt*; *šǭdhǫft* schadhaft, *šǭdhǫftər*, *šǭdhǫftəšt*; die auf *-som* können auch umlauten: *hǫalsom* heilsam, *hǫalsomər*, *hǫalsomšt* seltener *hǫalsemər*, *hǫalsemšt*; *špǭrsom* sparsam, *špǭrsomər*, *špǫrsomšt*, vereinzelt *špǭrsemšt*; *loŋksom* langsam, *loŋksomər*, *loŋksemər*, *leŋksomər*, *leŋksemər*, *loŋksomšt*, *loŋksemšt*, *leŋksomšt*, *leŋksemšt*.

Der Vokal der Komparativ- (und Superlativ-) Endung war einst synkopiert worden; das beweisen folgende Doppelformen: *kχlũə* klein, *kχlũmer*, *kχlũmər* und *kχlũədər*, *kχlĩədər*, *kχlũəšt*, *kχlĩəšt*; die *d* stammen aus einer einstigen Lautfolge *nr* (vgl. § 72). *prãũ* braun, *prãũnər*, *prãũdər*, *prãũšt*; *fãĩ* fein, *fãĩdər*, *fãĩnər*, *fãĩšt*; *šĩə* schön, *šĩənər*, *šĩədər*, *šĩəšt*; *grĩə* grün, *grĩənər*, *grĩədər*, *grĩəšt*.

§ 134. Isolierte Komparative und Superlative sind: *ouwər* ober, *ouwəršt* und *öiwəršt*; *untər* unter, *untəršt*; die Annahme, dass *ouwəršt*, *untəršt* sowie die Komparative als mit den Suffixen ahd. *or*, *ost* gebildet für unsere Mundart vorausgesetzt werden dürfen, wird durch den Mangel des Umlautes befestigt. *pössər* besser, *pöšt* beste, zu *guət*; Adverb. *mĩə*, *męarər* mehr, *mǫašt* meiste (mhd. *mê*, *mêrer*, *meiste*), ein erweiterter Superlativ zum Komp. *męarər* ist *męarikšt*; zu *mĩə* wird *mĩəšt* gebildet. Zu *fīl* viel, auch *fīlər*, *fīlšt*; zu *wĩənig* wenig, *wĩənigər*, *wĩənikšt* und *mindər*, *mindəšt*; zu *löts* (mhd. *letze*) schlecht, übel daran, *lötsər*, *lötsəšt*, daneben ein Superlativ *lööšt* mit isolierter Bedeutung 'der letzte'.

III. DAS PRONOMEN.

§ 135. Mhd. *ich* tritt in betonter Stellung als *ī* auf, schwachtonig in pro- und enklitischer Stellung als *i*, in letzterer auch als *ig*. *ig* hat sich aus *ich* gebildet wie das Adjektivsuffix mhd. *-lich* heute zu *lig* geworden ist (§ 75); wie aus altem *vrîlich frailig*, so aus Fügungen wie *bin ich*, *sag ich* unser *pinnig*, *sǫgig*. Schwund des Konsonanten konnte nur in schwachtoniger Stellung eintreten, zunächst in Fügungen wie *dǭ pinn i gęarə* da bin ich gerne, *i gęa it* ich gehe nicht Dem hochtonigen *ich* ist der Konsonant durch Einwirkung des unbetonten *i* verloren gegangen. Die Formen des Acc. *mī*, *mi*, *mig* sind genau in gleicher Weise zu beurteilen.

Der Gen., der nur in der Verbindung mit der Präposition *wöigə* wegen, vorkommt, lautet *mãinər*, *mãidər*, zeigt also eine erweiterte Form. Das *-er* (*ər*) ist vom starken Femininum des Adjektivs übertragen worden; das *d* in der Nebenform *mãidər* wird durch mhd. *mînre* (Weinhold mhd. Gr.[2] § 471) erklärt.

Der Dat. ist *miər* in betonter, *mər* in unbetonter Stellung, also normal entwickelt.

Der Plural: Im Nom. ist *miər* und *mər* allein gebraucht; über *m* für *w* vgl. § 63. Der Gen., mhd. *unser*, wird nur in der Verbindung mit *wöigə* wegen, verwendet und in der Fügung mit *ũər*, einer; *wöigə n insər*, *insər ũər* unser einer. *i* ist aus *u* umgelautet; ursprünglich kam der Umlaut des *u* zu *ü* nur dem Acc. (ahd. *unsih*) zu, er hat sich über alle

Formen des Stammes *uns* ausgedeht. Dat. Acc. lauten *ins* (vgl. das Possessiv *insər*).

§ 136. Mhd. *du*. Es erscheint als *dū* in starktoniger, als *du*, *də* in schwachtoniger Stellung. Von dem gedehnten ahd. mhd. *dū* ist keine Spur vorhanden. Die schwächste Form *t* mit Schwund des Vokals wird noch in dem *t* der zweiten Person Sing. des Verbs gefühlt: *löpšt* lebst du. *du lōpš* du lebst, aber auch (*du*) *löpšt*. Nur bei der zweiten Person kann das pronominale Subjekt fehlen; die alte Satzfügung mit dem enklitischen Anschluss des schwachtonigen Pronomens, der das *st* der deutschen Konjugation in der zweiten Person erzeugt hat, ist also noch lebendig. *du* ist proklitisch, *də* enklitisch: *dū piššəs* du bist es, *du muəšt folgə* du musst folgen, *wiə də wilšt* wie du willst.

Der Gen. (mhd. *dîn*) lautet *daīnər*, ist also zu beurteilen wie *maīnər*. Der Dat. zeigt die Formen *diər*, *dər*, der Acc. *dī*, *di*, *dig*; für sie gilt das über den Dat. Acc. der ersten Person bemerkte.

Im Plural fehlen die mhd. Pluralformen *ir* u. s. w. gänzlich; dafür sind *öis* ihr, *eŋkχər* euer, *enkχ* Dat. und Acc. euch, gebraucht. Zu *öis* (älter bair. *ēʒ*) lautet die schwachtonige Form *ös*, *əs*; an die zweite Person Plur. des Verbums ist *s* suffigiert und mit *t* zu *ts* verschmolzen, so dass neben einander z. B. *ös hǫwəts* und *ös hǫwət* ihr habt, *hǫwət öis* und *hǫwəts öis* verwendet werden.

§ 137. Das Reflexivum. Der Gen. mhd. *sîn* zeigt sich in erweiterter Form *saīnər*, *saīdər* und fungiert nur als Gen. des geschlechtigen Pronomens der dritten Person, im gleichen Umfange wie die Gen. der Pronomina der ersten und zweiten Person. Der mhd. Acc. *sich* hat die Form *sig* und wird nur schwachtonig in der Enklise gebraucht; *sig* ist das Reflexiv für den Dat. und Acc. des Sing. und Plur.

§ 138. Mhd. *ër*. Der Nom. hat sich in starktoniger Stellung zu *ęar*, in schwachtoniger zu *ər* entwickelt. Der alte Gen. *ës* ist nicht erhalten. Der Dat. *īm*, mhd. *im*, wird immer starktonig verwendet; in unbetonter Stellung erscheint er als *ŋ*, nach Vokalen *n*, aber nur enklitisch. *īm tuəts niχt* ihm tut es nichts, *ər hǫt ṇ ǫwər göiwə* er hat ihm aber gegeben, *si laihən sgalt* sie leihen ihm das Gold; wo dieser Dat., der auch als Reflexiv gebraucht wird, (wie im Mhd. Ahd.), vor dem Verbum steht, ist immer ein starker Ton damit verbunden. Die auslautende Nasalis erscheint also hier wir beim Dat. Acc. der Formen von mhd. *ein* in der Mundart als Charakteristikum dieser Kasus. Ganz gleich sind diese Verhältnisse im Acc. dieses Pronomens: *īn* in starktoniger, *ṇ, n* in nebentoniger Stellung. *īn wẹart mə mūənə* ihn wird man meinen, *əs hǫt ṇ glaiχ troffə* es hat ihn gleich getroffen, *mər šlǫgən* wir schlagen ihn. Nur wenn der Dat. und Acc. in schwachtoniger Stellung verbunden erscheinen, zeigt sich bei beiden eine regelmässig entwickelte Form *ənə*, aus *im, in* über *enen*: *mə gait ənə* man gibt ihm ihn. Dass in *ənə* der Dativ an erster Stelle steht, möchte man aus Verbindungen wie *gīb mər ṇ* gib mir ihn, *i tuə dər ṇ* ich tue dir ihn, und analogen schliessen.

§ 139. Mhd. *sî* tritt im Nom. als *sī* in betonter, *si* in schwachtoniger, *sə* in enklitischer Stellung auf. Schwund des Vokals kommt nie vor. Der Dat. mhd. *ir* (*ire*) lautet *iərə*, in der Enklise *ərə*; es liegt hier — an Erhaltung des ahd. *u* als *ə* ist nicht zu denken — eine Erweiterung durch die schwache Adjektivendung *-en* vor, die wohl durch das Fem. des Possessivs vermittelt wurde. In der Verbindung mit *wöigə, wöigən iərə* und *wöigərə*, kann ebenso ein Dativ wie ein Gen. vorliegen. Der Acc. ist ganz dem Nom. gleich: *sī, si, sə*. Von den alten Doppelformen dieses Pronomens, mhd. *siu, sî, sie* ist in der Mundart keine Spur nachzuweisen.

§ 140. Mhd. *ëz*. Der Nom. und Acc. werden heute nur schwachtonig gebraucht: *əs* und enklitisch *s*, der Acc. nur *s*. *əs mǫχt siχ* es macht sich; *wiə tuəts* wie tut es; *wẹar gaits* wer gibt es; nur nach *s, š* des Verbums wird im Acc. auch *əs* gebraucht. *i wǫassəs* ich weiss es, gegen *i kχoufs* ich kaufe es; *wašš əs* wasche es, *waššəts* waschet es. Für den Dativ ist das schwachtonige *ṇ*, nach Vokalen *n*, also dieselben Formen wie beim Mask., gebraucht; die starktonige

Form wird auch hier wie im Nom. und Acc. durch das Substantiv ersetzt; das gleiche gilt für den neutralen Plural.

§ 141. Der Plural des geschlechtigen Pronomens. Für den Nom. Acc. gilt *sī*, wo er betont ist, *si* in proklitischer und enklitischer, *sə* nur in letzterer Stellung. *sī hǫwə t šuld* sie haben die Schuld; *hǫwə si t šuld?* haben sie die Schuld? *si hǫwəs* sie haben es; *wǫs kχennəsə prauχə?* was können sie brauchen? Im Acc. ist das starktonige *sī* für das Mask. Fem. selten. Der Dativ lautet *īnə*, *inə*, *ənə*, dem nhd. 'ihnen' entsprechend; das zu Grunde liegende *-en* ist als schwache, vom Adjektiv übernommene Kasusendung aufzufassen. Auch im Plural haben die schwachtonigen Formen die starktonigen, mhd. *sî*, *siu*, *sie*, verdrängt gleich wie im Sing. Fem. und beim Personalpronomen.

§ 142. Die Possessiva, *mãi* mein, *dãi* dein, *sãi* sein, *iər* ihr (im Mhd. fehlend), *insər* unser, *eŋkχər* euer, flektieren genau so wie *dər ũə* und *ũə* (§ 130). Vgl. *dər dãi* der Deine, *s dãi holts* dein Holz und *dãi holts*, *dair hittə* deiner Hütte, *i dər dãi hittə* (in) deiner Hütte. *iər* ist ebenso wie im Nhd. für den Sing. und Plur. verwendet. *si hǫt iər ŋ huət* sie hat ihren Hut, *si göiwə sig mit iərŋ tsuig tsfrīdə* sie geben sich mit ihrem Zeug zufrieden; *iərŋ* kann in beiden Fällen sowohl eine Einzahl als eine Mehrzahl von Besitzenden vertreten.

Sehr häufig ist die meist mit dem bestimmten Artikel verbunden auftretende Weiterbildung der Possessiva auf *-ig*: *mãinig*, *dãinig*, *sãinig*, *iərig*, *insərig*, *enkχərig*. Selten steht hier der unbestimmte Artikel.

§ 143. Mhd. *der diu daz*. Es hat sich in zweifacher Weise entwickelt, 1. aus den betonten Formen 2. aus den unbetonten. Die ersteren fungieren heute als Demonstrativ und Relativ wie nhd. 'der die das', die letztern als bestimmter Artikel. 1. Die Formen des Sing. Mask. sind: Nom. *dęar*; Gen. nur in der Verbindnng mit *wöigə* als *dösswöigə*; Dat. und Acc. *dein*. Syntaktisch sind beide Kasus geschieden, den lautlichen Zusammenfall mag einerseits eine schwächer betonte Dativform *dem* verursacht haben, andrerseits die

Dative der Formen von mhd. *ein* (*ūm, ən*), von *im* (*ŋ n*), in welchen ja das auslautende *n* ebenso wie im Acc. in der lebenden Mundart als Kasusendung gefühlt wird. Der Sing. Fem. *diə* im Nom. und Acc. entspricht dem mhd. Acc. *die*; vom Nom. *diu* ist keine Spur vorhanden. *diə* kann sehr wohl im Satzgefüge vor einem folgenden *a, e, o* in ahd. Zeit aus *diu* entstanden sein, Analogie zum Acc. ist ebenfalls möglich. Der Dat. mhd. *der* erscheint als *dẹar* und *dẹarə*; letzteres entspricht nhd. 'deren'. *dẹar* wird vor dem Substantiv gebraucht, also attributivisch, substantivisch nur als Relativum, wenn sich ihm ein enklitisches Wort anschliesst. *dẹarə* kann nicht attributivisch stehen. *dẹar hittə* dieser Hütte, *sǫg dẹarə* sage der, *dẹarə mǫg nīəmət öppes* 'der mag niemand etwas', diese achtet niemand, *dẹar məs furt hǫt* der man es fort hat. Der Gen. ist in attributiver Verwendung als *dẹarə* vorhanden: *əs saī dẹarə kχindər* es sind die Kinder 'dieser Frau'. *i dẹarə lait tuəts niχt* deren Leuten (den Leuten dieser Frau) tut es nichts; als Relativ: *dẹarə haus ər görpt hǫt* deren Haus er geerbt hat; Der Nom. Acc. Neutr. lautet *döis*, entsprechend dem mhd. *dez*, das sich in der Stellung vor *i* im Satze entwickelt hat — *daz ist* zu *dez ist*, das schwachtonige *daz ist* zeigt sich schon im Ahd. als *deist*. Der Dat. *deīn* ist zu beurteilen wie beim Mask. Der Plural lautet für alle drei Geschlechter gleich. Nom. *diə* ebenso der Acc.; das Neutr. mhd. *diu* ist verloren gegangen. Als Gen. erscheint *dẹarə* in der gleichen Verwendung wie bei Sing. Fem. *ǫllə lait, dẹarə galt* alle Leute, deren Geld. Der Dat. *deīnə* zeigt eine erweiterte Form.

§ 144. Der Entwicklung unter schwachem Accent entsprechen die Formen des bestimmten Artikels. Mask. Nom. *dər*, Gen. *s*, Dat. *in, ŋ, n*, Acc. *də, in*. Über die Verwendung des Gen. vgl. § 85. Der Schwund des anlautenden *d* ist aus der Stellung im Satze zu erklären; frühe Belege bietet Weinhold, bair. Gramm. S. 376. Die Form *in* mit dem dem Dat. und Acc. eigenen *n* ist offenbar bezüglich des Vokals durch die Präposition *in, i* in, beeinflusst; auf lautlichem Wege ist die Entstehung des *in* aus dem vorauszusetzenden *em, en* nicht denkbar. Der heute herrschende mundartliche Sprachgebrauch, jeden Dat. mit der Präposition *in* zu bilden, erklärt sich aus dieser Vermischung des Dat. des Artikels mit der Präposition *in*. Vgl. *in fǫtər* dem Vater, *i dər muətər* neben *dər muətər* der Mutter, *i dər kχirχə* neben *dər kχirχə* der Kirche, *i də lait* neben *də lait* den Leuten, *i də peĩm* neben *də peĩm* den Bäumen; beim Adjektiv: *i dər raiχ* neben *dər raiχ* der reichen, *i də raiχə* neben *də raiχə* den reichen; beim unbestimmten Artikel steht im Dat. immer *in* s. o.; beim Possessiv: *i dər mãi* neben *dər mãi* der meinen, *i də sãinə* neben *də sãinə* den seinen; hier kann *in* nicht fehlen, wenn das Possessiv als Attribut vor einem Substantiv steht: *i mãin fǫtər* meinem Vater, *i mãir muətər* meiner Mutter; selbst beim substantivischen Pronomen *i miər* neben *miər* mir, *i diər* neben *diər* dir, *in eŋkχ* neben *eŋkχ* euch, *i weĩm* und *weĩm* wem. Steht *in*, *i* als Präposition, so lautet die Konstruktion genau gleich: *i dər kχirχə* in der Kirche, *in eŋkχ* in euch u. s. w. Die Formen *n̥*, *n* werden nach Präpositionen gebraucht. *aufn̥ tiš* auf dem Tisch, *hintərn̥ parg* hinter dem Berge, *fǫarn̥ houf* vor dem Hof, *nöiwən štuəl* neben dem Stuhle, *fun ǫkχər* vom Acker, *tsun oks* zum Ochsen. In derselben Weise werden *n̥*, *n* beim Acc. verwendet. *aufn̥ wöig* auf den Weg, *untərn̥ poudə* unter den Boden, *göigən gǫrtə* gegen den Garten. Die dem Dat. eigene Neubildung mit *in*, *i* fehlt dem Acc. gänzlich; es kann nur heisen: *də fǫtər* und *in fǫtər* den Vater, nicht aber *i də fǫtər*.

Der Nom. des Fem. ist *t*, also mit völligem Schwunde des ursprünglichen Diphthongs; dass die Fortis *t* erscheint für die zu erwartende Lenis *d*, erklärt sich aus der Stellung des Artikels im Satze. *t* verbindet sich mit den folgenden Konsonanten nach den Gesetzen der Mundart: *t ǫlt* die alte, *t housə* die Hose, *t lǫg* die Lage, *t nǫχt* die Nacht, *p̍ muətər* die Mutter, *tonnə* die Tanne, *tikχ* die Dicke (*dikχ*), *kǫb* die Gabe (*gǭb*), *pfǫrhə* die Föhre (*fǫrhə*), *pfonnə* die Pfanne, *kχirχə* die Kirche. Der Acc. ist dem Nom. gleich: *t*. Der Gen. lautet *dər*; er kommt nur bei persönlichen Substantiven vor (vgl. § 85). Der Dat. ist dem Gen. gleich: *dər*; in Verbindung mit vokalisch auslautenden Präpositionen zeigt sich *r* analog dem *ŋ*, *n* des Mask. *pair* bei der, *tsur*, *tsuər* zu der, *fur* von der, *nöiwər* neben der.

Der Nom. Acc. des Neutr. ist *s*, ebenso der Genitiv; der Dat. ist dem des Mask. gleich. *s ǫrwətə* das Arbeiten, *s mädləs* des Mädchens, *in kχind* dem Kinde, *fǫarŋ haus* vor dem Hause, *untərn dǫχ* unter dem Dache, *nöiwən pōt* neben dem Bette.

Der Plural lautet im Nom. Acc. wie im Fem. *t* für alle drei Geschlechter; der Dat. ist *də* (*i də*); der Gen. kommt fast nur in dem Ausdruck *dər kχindər fərmöigə* der Kinder Vermögen, vor.

§ 145. Mhd. *diser* fehlt der Mundart, ebenso das einfache *jëner*. Von diesem hat sich eine Spur in *ēīhǫlb* (mhd. *enhalb*) erhalten, doch hat es nicht mehr die Bedeutung 'jenseits' sondern ist zum Ortsnamen geworden, unter dem man in Imst die Gegend über dem Inne, also Arzl, Imsterberg versteht. *ts ēīhǫlb* zu —, *auf* — auf —, *fu* — von —. Als Kompositum ist erhalten *dẹarjēīnig* derjenige; beide Bestandteile werden flektiert, *dẹar* wie das Demonstrativ, *jēīnig* wie das Adjektiv in der Verbindung mit dem bestimmten Artikel. *diəjēīnig* diejenige, *döisjēīnig* dasjenige, Dat. (*i*) *dēīnjēīnigə*, (*i*) *dẹarjēānig* u. s. w.

Mhd. *sëlp* erscheint als *salwər*, *salt*; beide Formen sind unflektierbar und können für alle drei Geschlechter verwendet werden. Sie tragen immer einen Hauptton und bedeuten 'selbst'. *dərsall* (mhd. *dersëlbe*) flektiert wie ein schwaches Adjektiv; es bedeutet 'jener'. *t sall* 'dieselbe', *in sallə* 'demselben', *s sall* 'dasselbe', *t sallə* 'dieselben' u. s. w. 'jene, jenem, jenes, jene'.

Mhd. *solch* ist erhalten in *ə sölnər* ein solcher, zu dem auch eine erweiterte Form *ə sölnigər* vorkommt. Beide haben immer den unbestimmten Artikel bei sich und werden wie das Adjektiv flektiert. Das *n* ist als Rest des *ein* (*sölheiner* zu **sölhner* zu *sölnər*): *ə sölnə*, *ə sölnigs* eine solche, ein solches, Plur. *sölnigə*, *sölnə* solche.

§ 146. Das alte Fragepronomen *wër*, *waz* ist relativ und fragend gebraucht. *wẹar* Neutr. *wǫs*, *wǫss*, schwachtonig *wǫs*. Dat. *weīm* in regelmässiger Entwicklung; seltener ist *weīn* mit dem charakteristischen *n*. Acc. *wein*. Das Nebeneinander von *weim* und *wein* im Dat. hat ein analoges *weim* für den Acc. hervorgerufen. *i wqass it weim də gmuət hqšt*, ich weiss nicht, wen du gemeint hast, neben *wein də gmuət hqšt*.

Gewöhnlich als Fragepronomen, seltener als Relativ, wird verwendet: *dərwöil* 'welcher'. Es ist zusammengesetzt aus dem Artikel und *wöil* (ahd. *welih*); beide werden flektiert. Das einfache **wöil* 'welch' fehlt. Die Erweiterung auf *-ig*: *dərwöilig*, die gleich wie *derwöil* flektiert, kommt nicht häufig vor. Das nhd. 'was für einer' kennt die Mundart: *wqss fir üər*; *üər* wird flektiert. Weiterbildungen dazu sind *wqssfirnər* (als Stamm davon gilt heute *wqssfirn-*, *ər* ist Flexionsendung), *wqssfirnigər* (aus dem vorigen mit *-ig* gebildet), *wqssfirigər* (nach *wqssfirüər*); sie haben immer den unbestimmten Artikel vor sich, ihre Bedeutung ist die des nhd. 'was für einer'. Ihre Flexion deckt sich mit der von *ə raiχər*.

§ 147. Teils Fragepronomen, teils unbestimmtes ist *dərwöidər* 'wer von zweien, der eine von beiden' (ahd. *wëdar*); es hat immer den bestimmten Artikel vor sich und flektiert wie das Adjektiv in dieser Stellung (Fem. Nom. *t wöidər*, Neutr. *swöidər*).

Von Indefiniten kommen vor: *dər kχüətwöidər* 'keiner von beiden', zusammengesetzt aus *kχüə* kein, und dem ahd. *dewëder*; *dər üətwöidər* 'der eine von beiden', aus *üə* ein, und ahd. *dewëder*; *dər iətwöidər* 'jeder von beiden', auch allgemein 'jeder' (mhd. *ietweder*); *ən iədər* 'jeder' ist nur mit dem unbestimmten Artikel verbunden in Gebrauch, *-ər* ist heute Flexionsendung. Fem. *ən iədə* 'jede', Neutr. *ən iəds* 'jedes'. (Spät ahd. *iowëder*; doch lässt sich *iədər*, ebenso wie nhd. 'jeder' als spätere Bildung *ie-der*, *ie-diu* auffassen). Jung ist *dər iəd* 'jeder', Fem. *t iəd*, Neutr. *s iəd*. *öppər* 'etwer' jemand, ist nicht flektierbar, das alte Neutr. *öppəs* etwas, ist erstarrt. *nüəmət* niemand, *öttligə* etliche; andere fehlen.

Anm. Die urkundlichen Belege des Pronomens schliessen sich näher den mhd. Formen an: *ich*, *mich*, *wir*, *uns*, *er*, *es*, *im*, *sy*, *ir*; der Dat. Plur. des geschlechtigen Pronomens erscheint als *in*, *inn*, 1473 *in* neben *inen*, später regelmässig *inen*. Mhd. *der* zeigt als Artikel und als Demonstrativ, Relativ die gleichen Formen: *der*, *des*, *dem*, *den*; *die*, *dy*, *der*, *der*, *die*, *dy*; *das*, *des*; Plur. *die*, *dy* (*y* wird im Auslaut für mhd. *ie* (*üe*) geschrieben), *der*, *den*, *die*, *dy*. In den Formeln *nach dem egemeltn landsrechten* ist in den frühen Urkunden der Artikel als *dem* belegt, sonst immer als *den* (Dat. Plur.). Mhd. *diser* ist im Acc. Neutr. belegt *ditzs*, *dizs*, im Acc. Masc. *disen brief*. Das Possessiv *ir* ist bereits für den Sing. Fem. und den Plur. gebraucht: *mit Ir arbait*, Acc. *ir phrüend*, *iren erben*, *ir lebtag*.

IV. DAS ZAHLWORT.

§ 148. Von den Grundzahlen hat nur *uə* 1, eine Flexion (§ 130). *tswǫa* 2, ist nicht flektierbar; es entspricht dem ahd. Neutr. *zwei*; auch die Fem. Form *zwô* hätte zu *tswǫa* werden müssen. Vom alten Mask. *zwêne* ist keine Spur vorhanden. Die Zahlen 4—19 haben, wenn sie nicht attributiv (vor einem Substantiv) stehen, eine Endung *-ə*, die auf die alte Pluralendung des Neutr., *-iu*, zurückgeht. Von 3 sind Doppelformen erhalten: *drai* mhd. *drî* und *drui* mhd. Neutr. *driu*, letzteres nur von der Stundenzeit gebraucht, *hǫlwə drui* halb drei, *drui* drei Uhr. *fiər* 4 und *fiərə*, z. B. *wiəfl̥ suīs? fiər kχraitsər — fiərə.* Wie viel sind es? Vier Kreuzer — vier. *fimf, fimfə* 5; *söks, söksə* 6; *sīwə, sibmə* 7; *ǫht, ǫhtə* 8; *naī, naīnə* 9; *tsöihə, tsöihnə* und *tseī, tseīnə* 10; die Formen ohne *h* sind jungen Ursprungs und dürfen nicht mit Notkers *zên* in Verbindung gebracht werden. *elf, elfə* 11; selten ist *üəlf, üəlfə*; *tswölf, tswölfə* 12; *draitseī, draitsenə* 13; in den mit 10 zusammengesetzten Zahlen ist die ältere Form *tsöihə, tsöihnə* seltener gebraucht. *fiərtseī, fiərtsenə* 14; *fuftseī, fuftsenə* 15 (über den Schwund des Nasals vgl. Kauffmann PBB. 12, 512 A.); *seχtseī, seχtsenə* 16; *sīwətseī, sīwətsenə* 17; *ǫχtseī ǫχtsenə* 18; *naītseī naītsenə* 19. Die Zehnzahlen 20—90 sind heute Zusammensetzungen der betreffenden Einheit mit *tsk* (*zug* mit der Synkope des *u*). *tswuə̄tsk* 20; *draisk* 30; *fiərtsk* 40; *fuftsk* 50; *seχtsk* 60; *sīwətsk* 70; *dǫχtsk* 80; *naītsk* 90; die Zwischenzahlen 21—29 u. s. w. gehen auf eine Zusammenfügung der Einer mit der Zehnzahl durch *und* zurück; dieses *und* hat sich unter Schwachton zu *ə* entwickelt. *ūmətswuətsk* 21; *tswǫaədraisk* 32; *draijəfiərtsk* 43; *fiərəfuftsk* 54; *fimfəseχtsk* 65; *söksəsīwətsk* 76; *sībmədǫχtsk* 87; *ǫχtədǫχtsk* 88; *naīnənaītsk* 99. Vor dem vokalisch anlautenden mhd. *ahzec* ist das *d* von *und* erhalten und durch die Silbentrennung von *ǫχtədǫχtsk* u. s. w. auf die Zehnzahl übertragen worden: *dǫχtsk*. Umgekehrt hat sich der Anlaut der Zehnzahl in den Zusammensetzungen festgesetzt in den übrigen Zahlen ausser den Zwanzigern. Man würde als Wirkung des *d* z. B. **draijə traisk* (aus *dd*), **fimfə pfiərtsk* (aus *df*), **fiərə tseχtsk* (aus *ds*) u. s. w. erwarten.

hundərt 100; *tausət* 1000; die Zwischenzahlen werden durch einfache Anfügung an *hundərt* (selten durch eine Verbindung mit *und*) gebildet. Vgl. *hundərt ǫχt* 108 (*hundərt und ǫχt*). Die Zahlen 4—19 behalten in diesen Zusammensetzungen die Fähigkeit ein Endungs-*e* anzunehmen. *draihundərttswölf guldə* 312 Gulden, *tswǫatausətundfimfə* 2005.

§ 149. Die Ordinalzahlen von 2—19 werden durch Anfügung eines *t* an die Grundzahl gebildet. Sie flektieren wie die Adjektive mit dem bestimmten und unbestimmten Artikel. *dər tswǫat*, *ə tswǫatər* der zweite, ein zweiter; *dər fuftsöihət* der fünfzehnte; zu *drai* ist die Ordinalzahl *dər drit*, *ə drittər* vom alten Ablautstamm gebildet (ahd. *dritto*), zu *ūə* 1, ist (wie ahd. *êristo*) *dər ęršt* im Gebrauch. Von 20 an werden die Ordinalzahlen durch *išt* (*əšt*) gebildet. *dər tswūətskišt*, der 20., *dər fimfəsīwətskəšt*, der 75. Der Vokal dieses Suffixes zeigt sich synkopiert in: *dər hundərtšt* der 100., *der tausətšt* der 1000.

Eigentliche Distributivzahlen fehlen; für nhd. 'je zwei' wird *tswǫa und tswǫa* gebraucht. *ūəfǫχ* einfach, *draiskfǫχ* dreissigfach. *fünfmǫl* fünfmal, *hundertmǫl* hundertmal u. s. w. Zu erwähnen sind die adjektivischen Bildungen *dritsig*, *fiərtsig*, *fimftsig* dreifach, vierfach, fünffach (nur beim Kartenspiele verwendete Ausdrücke); es liegt ihnen wohl dasselbe Suffix zu Grunde, welches *ūətsig* einzig, hat. (Vgl. Kluge, etym. Wb.[5] 'einzig, winzig').

V. DAS VERBUM.

§ 150. Vom Aktiv ist in der Mundart das Präsens (Indicativ, Konjunktiv (Optativ) und Imperativ) und der Konjunktiv Präteritum erhalten. Alle diese Modi haben Singular und Plural. Von den Nominalformen des Verbums sind vorhanden: Infinitiv Präsens, Partizip Präsens und Präteritum; das Gerundium fehlt.

Das starke Verbum.

§ 151. Mit Ausnahme des Imperativs sind die durch die Entwicklung der Flexionsendungen entstandenen Formen logisch nicht mehr so bedeutsam, dass sie ohne Pronomen verwendet werden könnten (doch vgl. § 136). Der Indikativ des Präsens zeigt folgende Formen. *štaigə* steigen.

	Sing.	Plur.
1.	*štaig*	*štaigə štaig*
2.	*štaigšt štaigš*	*štaigət štaigəts*
3.	*štaigt*	*štaigə.*

Die 1. Sing. zeigt den mhd. kurzen, auslautenden Vokal apokopiert; in der 2. 3. ist der inlautende Vokal synkopiert. Erhalten ist er als *ə* in der 2. nach (*p*) *t* (*k*) *d*, *s*, *š* des Stammes: *raitəšt* reitest, *šnaidəšt* schneidest, *šuissəšt* schiessest, in der 3. nach (*p*) *t* (*k*) *d*: *pintət* bindet, *suidət* siedet. Dass diese Verhältnisse erst spät aus Gründen des Wohllautes geregelt worden sind, erweisen die urkundlichen Belege (§ 170 Anm.). Analog sind die Verhältnisse im Konjunktiv Präsens (und beim schwachen Verbum im Präsens

und Partizip Präter). Von den Doppelformen der 2. Sing. ist *štaigšt* die primäre; sie geht auf eine sekundäre Bildung zurück, welche schon im Ahd. vorhanden ist (Braune, ahd. Gramm.[2] § 306, 4. 5). Das *t* setzte sich in den Stellungen fest, in welchen das Pronomen *du* enklitisch an die 2. Person trat; aus *-st* ging *št* hervor. Wenn in der lebenden Mundart das Pronomen schwachtonig auf das Verbum folgt, wird *du* in dem *t* gefühlt. *štaigšt auf ų poum?* Steigst du auf den Baum? Aus satzphonetischen Scheideformen und solchen Stellungen wie der vorhergenannten erklärt sich die Nebenform *štaigš*. Die 1. Plur. *štaigə* entspricht in regelmässiger Entwicklung mhd. *stîgen*; *štaig* wird nur verwendet, wenn das Pronomen nachfolgt und enklitisch ist und auch in diesem Fall kann *štaigə* gebraucht werden. *štaigmər* steigen wir, wie mhd. *stîge wir* (Paul mhd. Gramm.[4] § 155, 2, Weinhold, bair. Gramm. § 283). Das *e* von mhd. *stîge wir* wurde synkopiert. Die 2. Plur. zeigt einen Vokal *ə*. Lautgesetzlich kann dieser nur aus *ent* entstanden sein, oder aus gedecktem langem Vokal; letzterer war in den Formen des Konj. vorhanden und dieser hat wohl auf den Indikativ gewirkt; doch ist *ent* als Endung der 2. Plur. Ind. nicht abzuweisen (Weinhold mhd. Gramm.[2] § 369, bair. Gramm. § 284). Die 3. Plur. endet auf *-ə*; die Endung *ent* (des Mhd.) ist durch Analogiebildung nach der 1. Plur. einerseits, nach der 3. Plur. Konj. andrerseits verdrängt worden. Die Nebenform der 2. Plur. *štaigəts* ist durch Enklise des schwachtonigen Pronomens entstanden. *štaigəts* kann 'steiget' und 'steiget ihr' bedeuten; *öis štaigəts* und *öis štaigət* ihr steigt, *štaigəts* und *štaigəts öis* steiget ihr. Diese Bildung ist der ahd. Erweiterung der 2. Sing. *is*: *ist* vollkommen parallel.

§ 152. Die Formen des Konj. sind:

	Sing.	Plur.
1.	*štaig*	*štaigə*
2.	*štaigš štaigšt*	*štaigət štaigəts*
3.	*štaig*	*štaigə*.

Die Entwicklung der Endungen ist wie im Ind. zu beurteilen; die Synkope in der 2. Sing. ist analog zu der im

Ind., lautgesetzlich hätte der lange Vokal des Ahd. als *ə* erhalten bleiben müssen. *štaigšt* und *štaigəts* sind seltener, da der Konj. meist in Wendungen gebraucht wird, in welchen das Pronomen vorausgeht.

Der Imperativ hat im Sing. regelmässig die Stammform: *štaig* steig; der Plur. *štaigət* ist analog dem Konj. und Ind. gebildet. Die Form *-əts* fehlt dem Imp., sie konnte hier nicht entstehen, da das Pronomen sich nie enklitisch anschliesst. Dies gibt auch den Hinweis, dass *əts* als Endung verhältnismässig jung ist; es kann sich erst gebildet haben, nachdem der Imperativ analogisch die Endung *-ət* erhalten hatte. Sonst wäre es nicht zu erklären, dass der Imp. nicht auch *əts* hätte, das im Ind. (Konj.) mit *ət* gleichwertig ist.

§ 153. Der Konjunktiv des Präteritums unterscheidet sich in den Flexionsendungen nicht vom Präsens.

	Sing.	Plur.
1.	*štīg*	*štīgə štīg*
2.	*štīgšt*	*štīgət štīgəts*
3.	*štīg*	*štīgə.*

Der Infinitiv endigt auf *-ə* in regelmässiger Entwicklung des *-en*; das Part. Präs. auf *-ət* (aus *ent*), das des Prät. auf *-ə* (aus *-en*). Über die Flexion des Part. vgl. § 131. *štaigə* steigen, *štaigət* steigend, *gštīgə* (*kštīgə*), gestiegen.

Die Vorsilbe mhd. *ge* des Part. Prät. erscheint als *g* vor Vokalen und stimmhaften Lauten, als *k* vor *f*, *s*, mit *h* verbindet sie sich zu *kχ*; dagegen fehlt sie vor den Verschlusslauten gänzlich. Dies gilt für alle Verba, für die starken und schwachen. Vgl. *össə* essen, *gössə* gegessen, *līgə* liegen, *glöigə* gelegen; *mǫχχə* machen, *gmǫχt* gemacht; *jǭgə* jagen, *gjǫkt*, *gjöit* gejagt; *wöilə* wählen, *gwöilt* gewählt; *fǭrə* fahren, *kfǭrə* gefahren; *sitsə* sitzen, *ksössə* gesessen; *hǫassə* heissen, *kχǫassə* geheissen; *hauə* hauen, *kχaut* gehauen; *paissə* beissen, *pissə* gebissen; *pfentə* pfänden, *pfentət* gepfändet; *tuə* tun, *toū* getan; *tsǭlə* 'zahlen', *tsǭlt* 'gezahlt'; *kχuijə* käuen, *kχuit* gekäut; *deŋkχə* denken, *deŋkχt* gedacht; *drukχə* drücken, *drukχt* gedrückt; *göiwə* geben, *göiwə* gegeben; *graiffə* greifen, *griffə* gegriffen. Für *d* und *g* möchte man *t* und *k* erwarten (*ged- geg-* über *gd, gg* zu *t, k*). Entstanden ist dieser Schwund durch Assimilation des *g* an den Konsonanten, zunächst an *k* in *kχ*, dann an *g*; wie *kχuijə kχuit* bildete man *göiwə* Part. *göiwə* für **köiwə* u. s. w.

§ 154. Die Ablautgruppen der starken Verba sind in der Mundart erhalten; der Vokal bezw. Diphthong des Ind. Prät. ist verloren wie der Modus. Der Konj. Prät. kann zu jedem starken Verbum auf *ət* + Endung vom Stamme des Präsens nach Art der schwachen Verba gebildet werden. Manche haben nur diesen schwachen Konj. Prät., dagegen noch die starken Partizipien; wenn aber dieses schwach geworden ist, ist auch der Übergang zu den schwachen Verben vollzogen. Kein starkes Verb hat das Prät. bewahrt, wenn das Part. schwach gebildet wird.

Die Verba der 1. Ablautreihe. Mhd. Präs. *stîgen*, Konj. Prät. *stige*, Part. Präs. *gestigen*. Die Mundart hat *î* zu *ai* entwickelt, kurzes *i* vor Lenis gedehnt. *štaigə, štīg, kštigə; waiχə* weichen *wiχ, gwiχχə; štraiχə* streichen *štriχ, kštriχχə; šlaiχə* schleichen *šliχ, kšliχχə; paissə* beissen *piss, pissə* gebissen; *raissə* reissen *riss, grissə; šaissə, šiss, kšissə; šmaissə* schmeissen *šmiss, kšmissə; pəflaissə* befleissen *pəfliss, pəflissə; raitə* reiten *rit, grittə; šraitə* schreiten *šrit, kšrittə; štraitə* streiten *štrit, kštrittə; pfaiffə* pfeifen *pfiff, pfiffə; graiffə* greifen *griff, griffə; šlaiffə* schleifen *šliff, kšliffə; plaiwə* bleiben *plīb plīwə; raiwə* reiben *rīb, grīwə; šraiwə* schreiben *šrīb, kšrīwə; traiwə* treiben *trīb, trīwə; špaiwə* speien *špīb, kšpīwə; šnaiwə* schneien *šnīb, kšnīwə; šaīnə* scheinen *šīn, kšīnə; šraijə* schreien *šriə, kšriə*; in den Präteritalformen dieses Verbs erscheint der Vokal der Endung überall mit dem *i* des Stammes zum Diphtong *iə* verbunden. *d* und *t* wechselt in: *laidə* leiden *lit, glittə; šnaidə* schneiden *šnit, kšnittə*; verallgemeinert wurde *d* in *maidə* meiden *mīd, gmīdə* und *raidə* drehen *rīd, grīdə*; in letzterem ist bereits im Ahd. das Part. *giridan* allein herrschend, (Braune ahd. Gramm.[2] § 330, 2). Man vgl. dazu die Mask. *šnit* Schnitt, *rit* Ritt, aber *rīd* Drehung, Krümmung. *tsaihə* zeihen *tsīχ, tsīhə; laihə* leihen *līχ, glīhə; saihə* seihen *sīχ, gsīhə*; selten ist *naigə, gnīgə* neigen. Mhd. *schîden* hat sich in der Mundart mit dem reduplizierenden *scheiden* vermischt. Im Präs. kommt fast nur *šǫadə* (mhd. *scheiden*) vor, im Prät. *šǫadət* und *šiəd* (selten) im Part. *kšǫadət*; dafür ist regelmässig Prät. *šīd*, *kšidə* in Verwendung. Selten gebraucht sind die Part. *kšwīgə* geschwiegen, *dīgə* gediehen, die Präs. dazu fehlen. — Die Kindersprache bildet nicht ungern schwache Prät. und Part. zu allen starken Verben.

§ 155. Die Verba der 2. Ablautreihe. Mhd. Präs. *biuge*, *biegen*, Konj. Prät. *büge*, Part. *gebogen*; die Verba dieser Reihen haben in der Mundart im Präs. die Diphthonge *ui* und *iə*, im Prät. *u* oder *ū*, im Part. *o* oder *ou*; *ū* und *ou* vor Lenis und zum Teil vor *t*. Die *ui* im Präs. Ind. Imp. Sing. sind ziemlich fest, doch kommen auch Formen mit *iə* vor, eine durch die Schriftsprache wesentlich geförderte Analogiebildung nach dem Plural. Das *u* des Konj, ist nicht umgelautet worden. Präs. Sing. Ind. 1. *puig*, 2. *puigš*, *puigšt* (*kš*), 3. *puigt*, Imp. *puig*; daneben seltener *piəg*, *piəgš*, *piəgt*, *piəg*; Plur. Ind., Konj. Inf. *iə*: *piəgə*; Konj. Prät. *pūg*, Part. *pougə* biegen; *luig*, *liəgə*, *lūg*. *glougə* lügen; *truig*, *triəgə*, *trougə* trügen, Konj. Prät. nur schwach *triəgət*; *fluig*, *fliəgə*, *flūg*, *kflougə* fliegen; *fluiχ*, *fliəhə*, *flūχ*, *kflouhə* fliehen; *tsuiχ*, *tsiəhə*, *tsūχ*, *tsouhə* ziehen; der Wechsel zwischen *h* und *g* ist in diesen beiden zu Gunsten des *h* aufgegeben. *kχruiχ*, *kχriəχə*, *kχriəχət*, *kχroχχə* kriechen; *ruiχ*, *riəχət*, *groχχə* riechen; *šmiəgə* schmiegen, hat nur das Part. stark *kšmougə*; *šuis* *šiəssə*, *šuss*, *kšossə* schiessen; *šluis*, *šliəssə*, *šluss*, *kšlossə* schliessen; *guis*, *giəssə*, *guss*, *gossə* giessen; *fərdruist*, *fərdriəssə*, *fərdruss*, *fərdrossə* verdriessen; *gŋuis*, *gŋiəssə*, *gŋossə* geniessen; *špruist*, *špriəssə*, *špriəssət*, *kšprossə* spriessen; *fluist*, *fliəssə*, *fluss*, *kflossə* fliessen; *nuis*, *niəsə* niesen; *ui* ist sehr selten, das Prät. ist nur schwach *niəsət*, *gŋiəst*; *puit*, *piətə*, *piətət*, *poutə* neben *pottə* bieten; *kχluib*, *kχliəwə*, *kχlūb*, *kχlouwə* klieben; *šuib*, *šiəwə*, *šūb*, *kšouwə* schieben; *šluif*, *šliəffə*, *šluff*, *kšloffə* schliefen; *štuib*, *štiəwə*, *štūb*, *kštouwə* stieben; *truift*, *triəff* triefen, Prät. *triəffət*, *triəft*; *kfruir*, *kfriərə*, *kfrūr*, *kfrǫarə* (*or* zu *ǫar*) gefrieren; *fərluir*, *fərliərə*, *fərlūr*, *fərlǫarə* verlieren: in beiden ist *r* auch im Präs. fest geworden. *d* und *t* wechselt in *siədə* sieden, *suid*, *sut*, *ksottə* wie noch im Nhd.; *suuffə* saufen, *saugə* saugen, haben im ganzen Präsens *au*, im Part. *ksoffə*, *ksougə*, der Konj. Prät. ist *suff*, *saugət*. Zu den schwachen Verben übergetreten sind von dieser Klasse: *pluijə* bläuen, *ruijə* reuen, *kχuijə* käuen; ihnen fehlte im Präsens der Wechsel *ui* : *iə*, sie konnten sich wegen der Sonderentwicklung des Stammvokals als starke Verba nicht halten. *pruijə* bräuen, ist durch das nhd. *praijə*, *prauə* nahezu verdrängt.

§ 156. Die 3. Ablautreihe. a) Mhd. *binde*, *band*, *bunden*, *gebunden*; die Mundart hat im Präsens *i*, im Part. Prät. *u*, im Konj. Prät. aber *a*, also einen Umlautvokal. Hier liegt keine rein lautgesetzliche Entwicklung vor; wenn das *a* durch die *i* der Konjunktivendung umgelautet wäre, müsste eine Verallgemeinerung des *a* vom Sing. Ind. Prät. über das ganze Präteritum für sehr frühe Zeit angenommen werden; dafür aber fehlt es an Belegen. Man muss sich mit der Annahme begnügen, dass das ursprüngliche *u* des Konj. in Analogie zu den Konj. der Verba der 4. und 5. Reihe welche umgelautetes *a* haben, durch *a* verdrängt wurde; dass das Bestreben die Vokale des Konj. und Part. Prät. zu trennen mitgewirkt hat, wird durch die Abteilung b) dieser Reihe, welche im Konj. *u* im Part. *o* hat, nahe gelegt. *prinnə*, *prann*, *prunnə* brennen; *rinnə*, *rann*, *grunnə* rinnen; *sinnə*, *sann*, *ksunnə* sinnen; *špinnə*, *špann*, *kšpunnə* spinnen; *dərtrinnə*, *dərtränn*, *dərtrunnə* entrinnen; *gwinnə*, *gwann*, *gwunnə* gewinnen; *pintə*, *pant*, *puntə* binden; *šlintə*, *šlant* (gewöhnlich *šlintət*), *kšluntə* verschlingen (ahd. *slintan*); *šintə* (Prät. fehlt), *kšuntə* schinden; *wintə*, *want*, *gwuntə* winden; *šwintə*, *šwant*, *kšwuntə* schwinden; *fəršwində* (seltener ist hier *nt* bewahrt *fəršwintə*), *fəršwand*, *fəršwundə* verschwinden; *fində*, *fand*, *kfundə* (*d* im Prät. wie im Präs.) finden; *driŋŋə*, *draŋŋ*, *druŋŋə* dringen; *kχliŋŋə*, *kχlaŋŋ*, *kχluŋŋə* klingen; *gliŋŋə*, *glaŋŋ*, *gluŋŋə* gelingen; *siŋŋə*, *saŋŋ*, *ksuŋŋə* singen; *fərsliŋŋə*, *fəršlaŋŋ*, *fəršluŋŋə* 'verschlingen' sich verwickeln; *špriŋŋə*, *špraŋŋ*, *kšpruŋŋə* springen; *tswiŋŋə*, *tswaŋŋ*, *tswuŋŋə* zwingen; *hiŋkχə*, *kχuŋkχə* hinken; *siŋkχə*, *saŋkχ*, *ksuŋkχə*, sinken; *štiŋkχə*, *štaŋkχ*, *kštuŋkχə* stinken; *triŋkχə*, *traŋkχ*, *truŋkχə* trinken. *wiŋkχə*, *gwuŋkχə* winken; *priŋŋə*, *pruŋŋə* bringen (Part. häufiger *prǫχt*; Konj. *präχt*; über das starke Part. vgl. Kluge, Pauls Grundr. I. S. 376).

b) Mhd. *hilfe, helfen* (*half*), *hulfen, geholfen*. Die Mundart hat den Wechsel im Präs., mhd. *i* und *ë*, teilweise gewahrt: *ë* vor *r, l* wurden zu *a*, gedehnt zu *ęa*; im Konj. Prät. fehlt der Umlaut. *hilf, halffə, hulf, kχolffə* helfen; *i* ist im Präs. Sing. Ind. Imp.; *gilt, galtə, gult, goltə* gelten; *kšwill, kšwallə, kšwallət, kšwollə* anschwellen (mhd. *geswëllen*); *malχə, gmolχə* melken (im Präs. überall *a*, im Prät. schwach). von mhd. *smëlzen* ist nur die 3. Sg. Ind. Präs. *šmiltst* erhalten, desgleichen das Part. *kšmoltsə* geschmolzen, die übrigen Formen werden vom Fakt. *šmöltsə* (ahd. *smelzen*) gebildet; von mhd. *bevëlhen, schelten* sind die Part. *pefolhə, kšoltə* erhalten, die übrigen Formen sind schwach; ganz schwach geworden sind: *pallə* bellen, *wallə* wälzen, *šallə* schellen. Vor *r* zeigen sich die Vokale *i, a, u, ǫ* in *štirb, štarwə, šturb, kštǫrwə* sterben; *wirf, warffə, wurf, gwǫrffə* werfen; *fərdirb fərdarwə, fərdurb, fərdǫrwə* verderben; von mhd. *bërgen* ist das Präs. als *pargə*, das Part. als *pǫrgə* vorhanden. Mhd. *wërden* ist zu *węarə* geworden mit Schwund des *d*: Präs. *węar, węarə*, Konj. Prät. *wūr*, Part. *gwǫarə* (und *wǫarə* nach einem Part., *glīhə wǫarə* geliehen worden).

§ 157. Die 4. Ablautreihe. Mhd. *nime, nemen* (*nam*), *næme, genommen*. Die Mundart hat: *nim, nemmə, namm, gnommə* nehmen; *priχ, pröχχə, praχ, proχχə* brechen; *štiχ, štöχχə, štaχ, kštoχχə* stechen; *špriχ, špröχχə, špraχ, kšproχχə* sprechen; *trif, tröffə, traf, troffə* treffen; auffallend ist die Kürze des Vokals im Konj. Prät. gegenüber mhd. *æ*, ahd. *â*; sie kann nur durch eine Ausgleichung der Quantität aller Ablautvokale entstanden sein. Nominale Ableitungen von diesen Stämmen zeigen die Länge *šprǭχ* Sprache; *prǭχ* brach. *dəršrikχə* erschrecken hat *i* im ganzen Präs. unter Einfluss des Mask. *šrikχə* Schrecken, und um es von *dəršrökχə* in Schrecken setzen, zu scheiden; Prät. *dəršrakχ* Part. *dəršrokχə* (Vgl. Braune ahd. Gr..[2] § 341, 2); früh schon in die 5. Reihe übergetreten ist *kχimm, kχemmə, kχam, kχemmə* kommen (Braune a. a. O. § 340, 2). Gedehnter Stammvokal liegt vor in: *dərtšwęarə* schwären, *dərtšuūr, dərtšwǫarə*, das ganze Präsens hat *ęu*; *štęalə* stehlen *štūl*, *kštoulə*; Analogiebildung nach den Verben der 2. Reihe zeigt die Nebenform des Präs. dieses Verbums *štuil*, veranlasst durch die Übereinstimmung des Konj. und Part. Schwach geworden sind: *šęarə* scheren, *drüššə* dreschen, *feχtə* fechten; zu *flöχtə* flechten ist das Part. *kfloχtə* noch vorhanden. *lössə* löschen, hat sich mit dem Faktitivum vermengt; selten sind Präs. *dərlišt* erlischt, Part. *dərloššə* erloschen. Mhd. *bërn* ist der Mundart nicht erhalten, das Partizip *gəpourə* zeigt im *gə* und *our* nhd. Einfluss.

§ 158. Die 5. Ablautreihe. Mhd. *sihe*, *sehen*, (*sach*) *sæhe*, *gesehen*. Die Mundart hat: *sīχ*, *söihə*, *sāχ*, *ksöihə* sehen; *ksīχt*, *ksöihə*, *ksāχ*, *ksöihə* geschehen; *iss*, *össə*, *ass*, *gössə* essen; *fərgiss*, *fərgössə*, *fərgass*, *fərgössə* vergessen; über die Kürzung des Stammvokals im Konj. Prät. vgl. das bei der vierten Reihe bemerkte: *āssig* gut zum Essen, *kfrās* schlechtes Essen (mhd. *gevraeze*) zeigen die Länge. *göiwə* geben, hat in der 1. Präs. Sing. Ind. *gīb*, in der 2. 3. *gaišt*, *gait*, entsprechend mhd. *gîst*, *gît*; das gleiche ist der Fall beim *j*-Präsens *līgə* liegen, *laišt*, *lait*, mhd. *lîst*, *lît*; Prät. *gāb*, *lāg*, *göiwə*, *glöigə*. *sitsə* sitzen, hat wie *līgə* im Präs. *i*, im Prät. mit Kürzung *sass*, im Part. *ksössə*. Schwach geworden sind: *pflöigə* pflegen, *wöigə* wiegen, *pəwöigə* bewegen, *wöiwə* weben, *löisə* lesen, *mössə* messen, *pittə* bitten, Part. Prät. *pittət*, *jöttə* jäten, *tröttə* treten (mhd. neben *trëten* ein Fakt. *treten*, das sicher mitgewirkt hat die starke Flexion zu verdrängen), *kχnöttə* kneten. Vom Stamme *wës-* sind an Verbalformen erhalten: Konj. Prät. *wār* wäre, und Part. Prät. *gwöisə*, nicht selten ist das schwach gebildete *gwöst* gebraucht.

§ 159. Die 6. Ablautreihe ist die schwächste, weil sie nur zwei Vokalstufen hat, von denen die eine nur dem Konj. Prät. zukommt. Dieser ist in der Mundart nur bei drei ursprünglich starken vorhanden; sein Vokal ist *iə* aus *üe*, also umgelautet. Es sind *fiər* zu *fǫrə* fahren, *triəg* zu *trǫgə* tragen, *šliəg* zu *šlǫgə* schlagen; letzteres hat den grammatischen Wechsel wie im Nhd. aufgegeben. Diese drei haben im Präsens in der 2. 3. Person den Umlaut *föiršt* fährst, *föirt* fährt, *šlöišt* schlägst, *šlöit* schlägt. *tröišt,tröit*, trägst, trägt; aus *šlöišt šlöit* lässt sich vermuten, dass bereits in ahd. Zeit *g* für *h* eindrang; denn *slehis*, *slehit* hätten nicht zu *sleist*, *sleit* werden können und später eingeführtes *g* für *h* wäre nicht vokalisiert worden. Schon im Ahd. kommt im Prät. Sing. *g* für *h* vor, Braune a. a. O. § 346, 2. Die Partizipien lauten *kfǫrə*, *trǭgə*, *kšlǭgə*. Starke Partizipien (neben schwachen Konj.) sind vorhanden von *lǭdə* laden, *glǭdə*; *mǭlə* mahlen, *gmǭlə*; *wǫksə* wachsen, *gwǫksə*; *šǫffə* schaffen, *kšǫffə* und *kšǫfft*: ganz schwach sind *nǭgə* nagen, *pǫχχə* backen, *wǭtə* waten, *waššə* waschen, *grǭwə* graben; *šöpfə* schöpfen, *höiwə* heben, *šwöirə* schwören, sind *j*-Präs.; zu letzterm wird das Part. *kšwourə*, also in nhd. Lautform, (für Imst wäre *kšwǫarə* zu erwarten) gebraucht.

§ 160. Die ursprünglich reduplizierenden Verba sind stark zusammengeschmolzen. *fǫllə* fallen, *fölšt*, *fölt* fällst, fällt, *fiəl* fiele, *kfǫllə* gefallen; *hǫltə* halten, *hiəlt*, *kχǫltə*; das komponierte *kχǫltə* (mhd. *gehalten*), behalten ist ganz schwach geworden; *rǭtə*, *riət*, *grǭtə* raten; *grǭtə* geraten, gelingen, entbehren, Part. *grǭtə*; *hǫassə*, *hiəs*, *kχǫassə* heissen; *štǫassə*, *štiəs*, *kštǫassə* stossen, *louffə* laufen, *liəf* und *luff* im Anschluss an die 2. Reihe (schon mhd., Paul, mhd. Gramm. § 164 A. 3). *lǫssə* lassen, zeigt Formen, die der schwachtonigen Stellung im Satze zugeschrieben werden müssen. Überall ist der Stammvokal *ǫ* kurz. *du lǫšt* du lässest, weist auf frühe Synkope des ahd. *i* (*lâzist* zu **lâzst* **lâst*), *lǫt* er lässt (schon ahd. *lât*). Die 1. Plur. *lǫssə*, *loss*, in der schnellen Rede manchmal bei Enklise des Pronomens *lommər* (vgl. mhd. *lân wir*); die 2. *lǫssət*, *lǫt*, die 3. *lǫssə*. Der Konj. Präs. hat die Formen *lǫss*, *lǫssəš lǫš*, *lǫss*, *lǫssə*, *lǫssət*, *lǫssə*; der Imp. hat *lǫss*, seltener *lǫ* in schwachtoniger Stellung, Plur. *lǫssət*, *lǫt*; der Konj. Prät. *liəs*, dies ist die regelrechte Form; daneben kommt vor eine schwache Bildung *lǫssət*, eine Mischbildung *liəssət*, in welcher an die ursprünglichen Konjunktivformen die heute gebrauchte schwache Präteritalendung trat, und *liəšt*, deren *t* ebenfalls dem schwachen Prät. zu verdanken ist; das Part. *glǫt*, also schwach gebildet. — Starke Partizipien haben folgende bewahrt: *šlǭffə* schlafen, *kšlǭffə*,

Prät. Konj. *šlǫffət*, sehr selten *šliəf*; *sǫltsə* salzen, *ksǫltsə*; *šmǫltsə* schmalzen, *kšmǫltsə*; ganz zu den schwachen übergegangen ist: *plǭsə* blasen, *prǭtə* braten, *šponnə* spannen, *ponnə* bannen. *fǫltə* falten, *wǫlχə* walken, *hauə* hauen, *fǭhə* fangen (mhd. *vâhen*), *oũfoŋŋə* anfangen.

Das schwache Verbum.

§ 161. In der lebenden Ma. müssen zwei Gruppen unterschieden werden, die einsilbigen und die mehrsilbigen Stämme. Die einsilbigen flektieren im Präsens genau wie die starken Verba. *tsǫagə* zeigen, Präs. Ind. Sing. 1. *tsǫag*, 2. *tsǫagšt*, *tsǫagš*, 3. *tsǫagt*, Plur. 1. *tsǫagə*, *tsǫag*, 2. *tsǫagət*, *tsǫagəts*, 3. *tsǫagə*; Präs. Konj. Sing. 3. *tsǫag*, Imp. 2. *tsǫag* Plur. *tsǫagət*, Part. *tsǫagət*.

Die mehrsilbigen haben folgende Präsensformen: *reχnə* rechnen, *sūdlə* sudeln, *ǫrwətə* arbeiten, *paĩnigə* peinigen. Präs. Ind. Singl. 1. *reχnə*, *sudlə*, *ǫrwətə*, *paĩnigə*, 2. *reχnəšt*, *sūdləšt*, *ǫrwətəšt*, *paĩnigəšt*, (neben *əšt* auch *əš*), 3. *reχnət*, *sūdlət*, *ǫrwətət*, *paĩnigət*, Plur. 1. *reχnə*, *sūdlə* u. s. w., selten die kürzere Form ohne *ə* vor dem enklitischen *mər* z. B. *ǫrwətmər*, 2. *reχnət*, *reχnəts* u. s. w. 3. *reχnə*; Konj. Sing. 3. *reχnə*, *sūdlə*, *ǫrwətə*, *paĩnigə*, die übrigen Formen gleich dem Ind.; Imp. Sing. 2. *reχnə*, *sūdlə*, *ǫrwətə*, *paĩnigə*, Plur. *reχnət*.

Das *ə* der 1. Sing. lässt sich nicht anders als aus *-en* entstanden erklären; dies ist die Fortsetzung des ahd. *ôn*, *ên* der schwachen Verba der 2. und 3. Klasse (Paul mhd. Gramm. § 167, 3). Die Endung dieser Verba hat sich erhalten und in der Entwicklung der Mundart auf alle mehrsilbigen ausgedehnt, während sie den einsilbigen verloren ging; ich verweise auf die mehrsilbigen Feminine, welche heute alle der schwachen Deklination zugefallen sind § 115. Eine gleiche Verschiebung der ursprünglichen Klassenverhältnisse zeigt die 2. 3. Präs. Sing. Ind., deren Vokal *ə* als Entsprechung des langen *ō*, *ē* der ahd. Konjugation zu deuten ist, ahd. *salbōs*, *habēs*, *salbōt*, *habēt*; die mehrsilbigen vom Typus *reχnə*, *sūdlə* haben daneben Formen mit *n̥*, *l̥* also *reχn̥št*, *reχn̥t*, *sūdl̥št*. *sūdl̥t* für das häufigere *nəšt*. *nət*, *ləšt*, *lət*; es ist dies die Entsprechung für die mit kurzem Vokal gebildete Endung (der ahd. 1. Klasse). Der Imp. Sing. *reχnə* u. s. w. ist analogisch gebildet.

§ 162. Das Präteritum wird zu allen schwachen Verben auf *ət* gebildet: *tsǫagət* ich würde zeigen, *reχnət*, *südlət*, *ǫrwətət*, *paînigət*. Die Flexionsendungen sind dieselben wie im Konj. Präs.; 2. *tsǫagətšt*, *ǫrwətətšt*, 3. *tsǫagət*, *ǫrwətət*, Plur. 1. *tsǫagətə*, *ǫrwətətə*, *tsǫagət mər* zeigten wir, 2. *tsǫagətəts*, *tsoagətət*, 3. *tsǫagətə*. Auch hier bieten die schwachen Verba der 2. 3. Klasse des Ahd. die Erklärung; die langen Vokale der Konj. Endung *ōti*, *ēti* blieben erhalten und diese Bildung dehnte sich über die gesamten schwachen Verba aus; der kurze Vokal der Prät. der 1. schwachen Klasse musste der Synkopierung erliegen. Der ganze bairische Dialekt hat heute diese Bildungsweise vgl. Weinhold, bair. Gramm. § 316. Dass in der Ma. die Konj. Bildung auf *ət*- dominierend ist, zeigt die 2. Sing., deren Endung nicht *əšt* ist, wie man nach dem *t* erwarten würde, sondern *št*, also ohne Vokal. Die langsilbigen der ahd. 1. Klasse haben in der Ma. durchwegs im Prät. *ət*, der 'Rückumlaut' ist überall analogisch beseitigt. Vgl. *deŋkχə* denken, Prät. *deŋkχət*, Part. Prät. *deŋkχt*; *prennə* brennen, *prennət*, *prent*; *kχennə* kennen, *kχennət*, *kχent*; *rennə* rennen, *rennət*, *grent*; *nennə* nennen, *nennət*, *gŋent*. Das Part. Prät. endet auf *t* bei denen, welche in der 3. Präs. Sing. Ind. die Synkope haben: *tsǫagt* gezeigt, *gfrǫgt* gefragt, *kχǫst* gehasst, *kχötst* gehotzt; auf *ət* nach *p*, *t*, *k*: *gšoppət* zu schoppen, *glǫatət* geleitet, *gǭrtət* geartet, *gŋǫakət* geneigt, zu *nǫakə* neigen (trans.), ferner bei den mehrsilbigen: *greχnət* gerechnet, *ksüdlət* gesudelt (seltener *greχŋt*, *gsüdḷt*), *gǫrwətət* gearbeitet, *paînigət*, gepeinigt. Über die durch Vokalisierung des *g* entstandenen Formen der Verba *sǭgə* sagen, *jǭgə* jagen, *löigə* legen, vgl. § 36, § 76. Ihre Part. Prät. sind Überreste der Part. Bildung der ahd. schwachen Verba der 1. Klasse, ebenso auch *kχöt* gehabt (ahd. *gihebit*, vgl. Braune ahd. Gramm.[2] § 368, 2).

§ 163. Einzelne schwache Verba sind zu den starken übergegangen. In die erste Ablautreihe: *waisə* weisen, Prät. *wīs*, Part. *gwīsə*; *praisə* preisen, *prīs*, *prīsə*; *glaiχə* gleichen, *gliχ*, *gliχχə*; *špraissə* spreitzen, *špriss*, *kšprissə*; *šnailsə* schneuzen, *šnits*, *kšnitsə*; alle auf weiterem Gebiete, vgl. für die beiden letzten Schmeller b. Wb.[2] II. 591, 706. *waihə* weihen, hat *waihət* und *wīχ*, *gwaiχt* und *gwīhə*; *laitə* läuten, *laitət*, *glaitət*, selten *glittə*. In die dritte Ablautreihe: *tsintə* zünden, Prät. *tsintət*, Part. *tsuntə*; *šimpfə* schimpfen, *kšumpfə*; *wintšə* wünschen, *gwuntšə* neben *gwinšt*; zweifelhaft ist, ob *dərwiššə* erwischen, Part. *dərwuššə* hieher gehört, vielleicht haben sich zwei Wortstämme vermischt (vgl. Schmeller a. a. O. II. 1042). Zu den vier Zeitwörtern *frǭgə* fragen, *jǭgə* jagen, *sǭgə* sagen, *mǫχχə* machen, können Prät. nach Art der reduplizierenden Klasse gebildet werden: *friəg*, *jiəg*, *siəg*, *miəχ* und *miəχt*; westlich von Imst und in Vorarlberg sind die Part. *kfrǫgə*, *gjǫgə* vorhanden. Vgl. Weinhold, bair. Gramm. § 323. Zu *štökχə* stecken, kommt ein (intrans.) Prät. *štakχ* vor, das nach dem alten Prät. *stacta* gebildet sein dürfte.

§ 164. Zu verzeichnen sind die vielfach zusammengezogenen Formen von *hǭwə* haben: Präs. Sing. Ind. 1. *honn* ich habe (ahd. mhd. *hân*), 2. *hǫšt* (mhd. *hâst*), 3. *hǫt* (mhd. *hât*), Plur. 1. *hǭwə*, *hommər* haben wir (mhd. *hân wir*) selten *hǭbmər*, 2. *hǭwət*, *hǭwəts*, 3. *hǭwə*; der Konj. ist regelmässig, 1. 3. *hǭb*, 2. *hǫpš*, Plur. 1. 3. *hǭwə*, 2. *hǭwəts*. Das Prät. zeigt die kontrahierte Form *hat*, die sich mhd. *hæte* vergleicht und ein ahd. **hâti* erschliessen lässt (vgl. Braune a. a. O. § 368, 4). Part. *kχöt* gehabt, dagegen *kχöpt* zu *höiwə* heben.

Unregelmässige.

§ 165. *wissə* wissen. Präs. Sing. Ind. 1. *wǫas*, 2. *wǫašt*, 3. *wǫas*; es sind regelmässig entwickelte Formen; neben *wǫašt* kommt selten *wǫassəšt* vor, eine deutliche Analogiebildung. Plur. *wissə* (*wissmər*), *wissət*, *wissə*; Konj. *wiss*, *wissəšt*, *wiss*, *wissə*, *wissət*, *wissə*; Konj. Prät. *wišt* und *wöšt* (mhd. *wiste*, *wëste*). Das Part. Prät. *gwist* ist eine Neubildung zum Inf.; mhd. *gwist* müsste als **gwišt* erscheinen.

Mhd. *touc* und *gan* haben sich zu schwachen Verben

entwickelt: *taugə* taugen, mit dem Vokal des Sing., und *gwunnə* gönnen, mit dem Vokal des Plur.

kχennə können. Präs. Sing. Ind. 1. 3. *kχonn*, 2. *kχonšt* (*kχontš*); Plur. *kχennə*, *kχennət*, *kχennə*; Konj. *kχenn* u. s. w.; Prät. *kχant*, Part. *kχent*. Der Sing. Präs. ist regelmässig (mhd. *kan*, *kanst*); der Vokal des Plurals ist jedenfalls von dem nhd. 'ö' zu trennen und als umgelautet aus *a* zu erklären, das analogisch nach dem Sing. für das ursprüngliche *u* eindrang. Brenner erklärt PBB. 20, 87 den Umlaut durch die suffigierten Pronomina *wir*, *si*. Der Konj. Prät. *kχant* geht sicher auf eine ältere Stammform *kan* zurück; der Umlaut vergleicht sich dem von *hat* hätte.

tarf dürfen, ist völlig schwach; Plur. *tarffə*, Prät. *tarffət* Part. *tarft*. Da die Ma. westlich von Imst die Form *tęarf* hat, haben wir **dërf* vorauszusetzen und sind demnach gezwungen anzunehmen, dass ein Zeitwort mit *ë* im Stamme früh das Prät.-Präs. ahd. *darf*, *durfun* verdrängt hat.

Ahd. *scal* soll, wird nur noch als Konj. gebraucht. Präs. *söll*, Prät. *sölt*, *söt*. Das *ö* wird als späterer Umlaut zu *o* zu fassen sein, da der grösste Teil des bairischen Dialektes Formen mit *o* kennt; Weinhold a. a. O. § 327, Braune a. a. O. § 374. Der Konj. *söt* zeigt Schwund des *l* wie *wöt* wollte s. § 74.

mǫg mögen (wie nhd.), 2. *mǫkšt* sekundär gebildet; Plur. *möigə*, Konj. *möig*, *öi* ist Umlaut zu *a* (ahd. *magun*); Konj. Prät. *meχt*, *e* kann lautlich nur aus altem *ö* (mhd. *möhte*) erklärt werden; das Part. *gmökt* ist nach dem Präs. gebildet. In der Umgebung von Imst ist im Präs. Ind. Plur. und Konj. vielfach *mīgə*, *mīg* in Gebrauch (umgelautet aus ahd. *mugun*); auch die alte Bedeutung 'vermögen, können' ist in diesen Maa. noch erhalten.

muəs muss, hat in der 2. *muəšt* die ursprüngliche Form mit altem *st* erhalten; der Plur. und der Konj. haben Umlaut *miəssə*; der Konj. Prät. zeigt das alte *st* : *miəšt*, das Part. ist nach dem Präsens gebildet, *gmiəst*.

§ 166. Mhd. *wellen*. Präs. *will*, 2. sekundär *wilšt*, Plur. und Konj. *wöllə* mit *ö* als Umlaut von altem *a*. Der Konj. Prät. *wot*, *wöt*, daneben *wolt*, *wölt*, das Part. *gwölt*.

§ 167. Die Formen zu mhd. *bin*. Präs. Sing. *pinn*, *pišt piš*, *išt iš*; in der 2. 3. sind die Doppelformen genau so unterschiedslos verwendet wie *št*, *š* als Endung der 2. Sing. des Verbums (§ 151); der Plural 1. *sãi*, 2. *sait*, 3. *sãi* in Analogie zur 1. Plur. wie bei *štaigə*. Der Konj. *sai*, *saišt saiš*, *sai* Plur. *saijə*, *saijət saijəts*, *saijə*; die Konj.-Bildung geschah im Anschlusse an die regelmässigen Verba. Der Imp. *sai*, Plur. *sait*: der Konj. Prät. *wār*, nhd. wäre, das Part. *gwöisə* 'gewesen' und *gwöst*, letzteres eine junge Bildung und nicht mhd. *gewëst* entsprechend, da *st* und nicht *št* erscheint. Inf. Präs. *sãi*.

§ 168. Mhd. *tuon*. Die 1. Sing. Präs. Ind. *tuə* ist sekundär nach der 2. *tuəšt*, 3. *tuət* gebildet, da ahd. *tuon* zu *tuõ* hätte werden müssen. Der Plur. 1. *tiõ*, 2. *tiət*, 3. *tiõ* zeigt Umlaut wie der Konj. *tiə*, *tiəšt*, Plur. *tiəijə*, *tiəijət*, der die gewöhnlichen Endungen zeigt. Inf. mit Umlaut *tiõ* wie *möigə*, *miəssə*, *kχennə*. Imp. *tuə*, Plur. *tiət*, Konj. Prät. *tāt* u. s. w. wie mhd. *tæte*, Part. *tõu* mhd. *getân*.

§ 169. Die Verba mhd. *gên*, *stên*. Inf. *giõ*, *štiõ*. Präs. Sing. *gęa*, *gęašt*, *gęat*, *štęa*, *štęašt*, *štęat* Plur. *giõ*, *gęat*, *giõ*, *štiõ*, *štęat*, *štiõ*; die 1. Sing. hat sich nach der 2. 3. gerichtet, die 2. Plur. zeigt wie bei *sãi*, *tiõ* (*sait*, *tiət*), die ursprüngliche Bildung ohne *n* im Gegensatz zum Alemannischen. Der Konj. Präs. hat im Plur. neben den dem Ind. gleichen Formen auch nach Art der regelmässigen Verba erweiterte: *gęaijə*, *gęaijət*, *gęaijə*, *štęaijə*, *štęaijət*. Imp. *gęa*, *štęa*, *gęat*, *štęat*. Das Part. Präs. ist durch Anfügung von *ət* an die Infinitivform sekundär gebildet: *giõnət*, *štiõnət*.

Der Konj. und das Part. Prät. werden dazu von den Stämmen *gang*, *stand* gebildet. Konj. *gaŋŋ*, *štand*; Part. *goŋŋə*, *kštondə* (mhd. *gangen*, *gestanden*). Der Vokal des Konj. *a* ist nicht klar. Von diesen Stämmen sind auch Präs. Formen im Gebrauch: Präs. Ind. Imp. Plur. *geŋŋə*, *geŋŋət*, Konj. *geŋŋ* u. s. w.; *štendə*, *štendət*, Konj. *štend*; sie zeigen ebenso Umlaut wie *tiõ* tun, *möigə* mögen, *kχennə* können, *miəssə* müssen. Keine Doppelform hat der Sing. Ind. Imp. Präs.

§ 170. Die Bildung der s. g. zusammengesetzten Formen

des Zeitwortes geschieht ganz wie im Nhd. Vgl. *i honn kšlǭgə* ich habe geschlagen, *si hǭwə ksöit* sie haben gesagt, *du pišt kfǫllə* du bist gefallen (ich schlug, sie sagten, du fielst); *ər hǭb kšlǭgə* er habe geschlagen, *si wārə gwöst* sie wären gewesen; *i węar ǫrwətə* ich werde arbeiten; der Konj. Prät. wird häufig umschrieben: *ər wūr kχemmə* er würde kommen, *öis tātət louffə* 'ihr tätet laufen', (er käme, ihr liefet); *i węar kšikχt* ich werde geschickt, *mər wūrə kšlǭgə* wir würden geschlagen, *ər išt glopt wǫarə* er ist gelobt worden.

Anm. In den Urkunden zeigt die Konjugation des Verbums folgende Verhältnisse: Die 1. Präs. Ind. Sing. ist apokopiert, die 3. hat Synkope des Vokals der Endung; 1. *gib, hat, rüeff, bekenn*; *lob vnd versprich*, 3. *geschicht, schafft, stost, gibt, begibt, zeucht, verlusst, gepewt* gegen *puitet, verachtet*; die 1. Plur. hat *-en* ebenso die 3., nur in den Formeln *ansehent horent oder lesent, ansehent lesent oder hörent lesen* der Urkunden von 1448, 1450 zeigt sich *-ent*. Vom Verbum substantivum ist die 1. und 3. Pluralis einmal als *sind*, sonst immer als *sein* belegt. Der Konj. Präs. Sing. zeigt Apokope, der Plural kommt nicht vor; der Konj. Prät. Sing. (*wurd, wolt. ging, abging, sach, war, wär, wer, aufgäb, pegab, kam, sturb, warf, hunk, füer, ausschlueg*) hat Apokope, nur je einmal (*käme, liese, würde, fünde*) ist der Endungsvokal noch geschrieben. *hunk* und *fünde* machen es wahrscheinlich, dass damals noch *u* der Vokal des Konj. Prät. der starken Verba der 3a. Klasse war und nicht das *a* der lebenden Ma. Das Part. Prät. endigt bei den starken auf *-en*, bei den schwachen auf *t*. Die Vorsilbe *ge-* wird meist geschrieben; doch zeigen die Belege *hingeben, geben, komen, nachgangen, pracht, petracht, than*, dass sie bereits zu dieser Zeit so behandelt wurde wie heute. Die Formen des schwachen Part. *gemelt, gericht, petracht*, sowie die oben angeführten Präsentia *verlusst, gepewt* lassen ersehen, dass die Synkope des Endungsvokals ohne Rücksicht auf die vorausgehende Konsonanz durchgeführt worden ist, dass sich aber aus Gründen des Wohllautes nach Verschlussfortis der Vokal der Endung erhalten konnte: in der lebenden Ma. erscheinen die Verhältnisse genau geregelt, vgl. Paul, Prinzipien der Sprachgeschichte[3] S. 63.